KB134209

잠 못 드는 밤에 읽는

인지행동이야기

Cognitive Behavioral Therapy

잠 못 드는 밤에 읽는
인지행동이야기

2021년 6월 25일 1판 1쇄 펴냄

지은이 | 정종진
펴낸이 | 김철종

펴낸곳 | (주)한언
출판등록 | 1983년 9월 30일 제1-128호
주소 | 서울시 종로구 삼일대로 453(경운동) 2층
전화번호 | 02)701-6911 팩스번호 | 02)701-4449
전자우편 | haneon@haneon.com 홈페이지 | www.haneon.com

ISBN 978-89-5596-911-5 (03180)

만든 사람들
기획·총괄 | 손성문
편집 | 김세민 윤문 | 정경란
디자인 | 박주란

잠 못 드는 밤에 읽는

인지행동이야기

Cognitive Behavioral Therapy

정종진 지음

학지

인간의 마음은

어떤 생각을 하느냐에 따라

그 모양이 만들어진다.

우리의 영혼과 정신은

생각의 창조물이기 때문이다.

_마르쿠스 아우렐리우스 Marcus Aurelius

생각은 어떻게 삶을 변화시키는가

당신이 인생에서 가장 중요하게 여기는 것은 무엇입니까? 하나하나의 개인으로 보자면 조금씩 다를 수는 있으나, 보통의 현대인이 인생에서 중요하게 여기는 것 중에는 건강, 성공, 행복이 포함되어 있을 확률이 큽니다. 35년 동안 교육심리학 및 상담학 분야를 연구하고 가르치면서 우리에게 건강과 성공, 그리고 행복을 가져다주는 것은 결국 '생각'이라는 결론을 얻게 되었습니다. 여기서 말하는 생각이란 삶에 대한 우리의 자세와 태도를 일컫는 말이기도 합니다. 사람이 어떤 상황에 놓여 있을 때, 그 상황을 어떤 생각 혹은 어떤 태도로 바라보느냐에 따라서 행동과 운명은 달라지기 마련입니다. 똑같은 어려움이라도 사람마다 대처하는 방식이 다른 이유가 바로 이 '생각' 때문입니다.

사업에 실패해서 경제적인 어려움을 겪게 되면 극심한 우울증을 겪다가 극단적 선택을 시도하는 사람들이 있습니다. 반면에 비슷한 심리적, 경제적 어려움 속에서도 자신에게 새로운 동기를 부여하며 노력하는 사람들도 있습니다. 이처럼 상황을 해석하는 태도에 따라서 누군가는 극단적 자살을 선택하기도 하고, 또 누군가는 계속 앞으로 나아가는 선택을 하기도 합니다. 고로 생각이 달라지면 운명도 달라질 수 있습니다.

이와 관련된 재미있는 이야기를 소개해 보겠습니다. 어느 추운 겨울날, 한 남자가 포장마차에서 혼자 소주잔을 기울이고 있었습니다. 결혼 생활은 오래전에 파탄이 났고, 얼마 전에는 뇌수술까지 받을 정도로 건강이 나빠졌습니다. 엎친 데 덮친 격으로 사업마저 몇 차례 실패로 돌아가자, 그에게는 더 이상 살고 싶은 의욕이 남아있지 않았습니다. 소주 두 병을 비운 그 남자는 힘없이 한강으로 향했습니다. 한남대교에 이르러 난간 위로 올라가려던 순간, 누군가가 이런 말을 툭 던지며 지나갔습니다. "지금 뛰어내리면 얼어 죽어요. 강물도 시퍼렇고 언 곳도 있어요. 강에 빠져 죽으려면 기다렸다가 따뜻한 봄에 뛰어내리세요." 그 말에 자살을 결심한 남자는 피식 웃었고, 난간에 걸친 다리를 슬그머니 내려놓았습니다. 절박한 순간에 누군가가 던진 말이 남자의 생각을 바꾸어 놓았고, 봄을 기다리는 사이에 생각이 완전히 바뀌어 심기일전하였습니다. '자살'을 거꾸로 읽으면 '살자'가 된다는 말도 있지요. 이후 남자는 사업가로 재기하는 데 성공했습니다.

이런 이야기도 있습니다. 나이아가라 폭포의 멋진 풍경을 감상하던 한 관광객이 갈증을 해소하기 위해 폭포의 물을 떠서 마셨습니다. "물맛 참 좋다!" 하고 걸어 나오던 그는 폭포 옆에 'POISON'이라고 쓰인 팻말을 보게 되었습니다. 독 성분이 든 물을 마셨다고 생각하니 갑자기 배가 아프기 시작했습니다. 급기야 위장이 뒤틀리는 듯한 극심한 통증을 느낀 그는 일행과 함께 근처에 있는 병원으로 달려갔습니다. 상황을 설명하자 의사는 유쾌하게 웃으며 이렇게 말했습니다. "포이즌은 영어로는 '독'이지만 프랑스어로는 '낚시 금지'란 뜻입니다. 아무 이상이 없을 테니 걱정 말고 돌아가셔도 됩니다." 의사의 말을 듣자마자 거짓말처럼 복통이 사라졌습니다. 상식이나 믿음은 우리의 마음과 몸을 다스리고 지배할 만큼 아주 강력하다는 것을 잘 보여주는 사례입니다.

미국 콜롬비아대학교 명예교수이자 서양인 최초로 티베트 불교 승려가 된 로버트 서먼Robert Thurman은 2012년 한국에 방문해 수덕사의 설정 스님과 대담을 나눈 적이 있습니다. 그때 서먼 교수는 대학교 1학년 때 사고로 왼쪽 눈을 실명한 사연을 설정 스님에게 들려주었습니다. "저는 불행하다고 생각했습니다. 절망스러웠죠. 그러자 삶에 대한 근본적인 질문들이 생기더군요." 젊은 서먼은 방황 끝에 인도에서 불교를 접했고, 수행을 하던 중 몽골 출신의 한 승려를 만나게 됩니다. 그 승려는 서먼에게 한쪽 눈을 잃은 일이 불행의 씨앗이 아니라 행복이 될 수 있다며 '하나의 눈을 잃는 대신 천 개의 눈을 얻는다'는 부처의 가르침을 전해줍니다. "그때 불현듯 깨달았죠. 우리가 삶에서 만나는 불행이 때론 위대한 행운이 될 수 있다는 걸 말입니다. 한쪽 시력을 잃은 대신 삶을 똑바로 볼 수 있는 '비전vision'을 얻었으니 이 얼마나 큰 행운입니까." 시력을 잃은 대신 비전을 얻었다는 서먼 교수의 말은 주어진 상황을 어떤 눈(관점)으로 바라보느냐에 따라서 위기가 기회가 될 수도 있다는 것을 가르쳐 줍니다. 그렇다면 당신은 지금 어떤 관점으로 세상을 바라보고 있습니까?

살다 보면 실패할 때도 있고, 예기치 못한 역경에 부딪힐 때도 있습니다. 실패 역시 꼭 나쁜 것만은 아닙니다. 누구나 실패할 수 있습니다. 중요한 것은 똑같은 실패를 반복하지 않는 것입니다. 실패를 통해 배우고 같은 실수를 반복하지 않기 위해 노력한다면, 그 실패는 값진 것입니다. 이런 과정을 통해 우리는 실패를 바탕으로 성장할 수 있습니다. 역경에 부딪혔다고 그냥 주저앉아 절망하거나 회피하는 사람은 결코 역경을 극복할 수 없습니다.

반대로, 노력했음에도 불구하고 결국 어려움을 극복하지 못할 수도 있습니다. 그렇다 하더라도 역경을 이겨 내려 노력한 경험은 앞으로 삶을 살아가는 데 중요한 경력이 될 수 있습니다. 마치 '역경'을 거꾸로 읽으면 '경력'이 되는 것과 같지요. 역경은 누구에게나 닥치지만, 그 역경을 어떤 자세로 대하고 어떤 생각과 관점으로 바라보는가에 따라 결과는 180도 다를 수밖에 없습니다. 결국 세상은 '나의 생각'에 달려있기 때문입니다.

생각이나 관점의 차이에 따라 누군가의 눈에는 컵에 물이 절반밖에 없어 보이겠지만, 또 다른 누군가의 눈에는 물이 절반이나 차 있기도 합니다. 또, 연인과 헤어지면 세상이 끝난 것만 같고 절망스러워집니다. 앞으로 다른 연인을 만날 수 없을 것만 같기도 합니다. 마음은 상처투성이인 데다 가끔은 나 때문에 연인관계가 파국을 맞은 것만 같아 괴롭기도 합니다. 그러나 관점을 이렇게 한번 바꾸어 봅시다. '그 사람과는 인연이 아니니 다른 사람을 만나라는 하늘의 뜻이 아닐까?' '이렇게 가슴 아픈 경험을 바탕으로 미래의 연인과는 더 성숙한 관계를 만들 수 있지 않을까?' 이같이 생각을 바꾸면 어떻습니까?

미국의 방송인 오프라 윈프리Oprah G. Winfrey는 세상 모든 일은 우리가 무엇을 생각하느냐에 따라 달라진다고 말했고, 저널리스트 휴 다운즈Hugh M. Downs는 행복한 사람은 어떤 특정한 환경 속에 있는 사람이 아니라 오히려 어떤 특정한 삶의 태도를 갖고 살아가는 사람이라고 정의했습니다. 일본의 심리상담사 고코로야 진노스케Kokoroya Zinnosuke 역시 생각이 1% 바뀌면 인생은 99% 바뀐다고 했습니다. 이들이 전하는 메시지는 간단합니다. 행복에 이르는 여정에 우리가 가진 생각만큼 중요한 것은 없다는 것입니다.

이제껏 살펴본 바와 같이 삶을 건강하고 성공적이며 행복하게 만드는 것은 생각, 즉 삶에 대한 자세와 태도입니다. 생각이 모든 행동의 근원이 되기 때문입니다. 그렇기에 잘못된 생각을 바꾸지 않으면 편견의 노예에서 벗어나기 힘듭니다. 생각이 초라해지면 자연히 모습도 초라해집니다.

인간의 뇌 역시 90%가 말의 지배를 받는다고 합니다. 안 된다고 생각하거나 부정적인 말을 내뱉으면 뇌는 그런 부정적인 결과를 가져오는 쪽으로 작동합니다. 반대로, 할 수 있다고 생각하거나 긍정적인 말을 하면 뇌는 실제 긍정적인 결과를 가져오는 쪽으로 작동합니다. 당신은 어떤 태도를 선택하고 싶습니까?

인간의 감정과 행동의 길잡이이자 건강, 성공, 그리고 행복의 필수 요소는 바로 '생각'이라는 것을 이론적으로 설명하고 심리치료에 적용하는 것이 이 책을 통해 이야기하고자 하는 인지행동치료CBT, cognitive behavioral therapy 입니다.

상담 및 심리치료 분야에서 이미 많은 주목을 받고 있는 이론 중 하나인 인지행동치료는 '지금-여기'를 강조하는 목표지향적이고 해결중심적인 치료법으로 알려져 있습니다. 인지행동치료는 우리의 인지(생각)가 정서, 행동, 그리고 대인관계에 커다란 영향을 미치며, 이 세 가지는 서로 밀접하게 연결되어 있다는 전제에서 출발합니다. 말 그대로 인지에 초점을 맞추어 심리적인 문제를 이해하고 설명하며, 다양한 기법을 사용해 인지의 변화를 유도합니다. 인간의 감정과 행동 방식은 생각에 따라 달라진다고 전제하기 때문에 인지를 바꾸는 것 자체가 이 치료기법의 핵심인 셈입니다.

이 책은 먼저 인지행동치료란 무엇인지 소개하고, 실질적으로 현대인들이 실생활에서 많이 겪고 있는 문제들, 즉 불면증, 불안, 우울증, 외로움, 분노(화), 스트레스, 트라우마(정신적 외상), 잘못 길들인 나쁜 습관 등을 개선하는 데 유용한 인지행동치료방법을 제시할 것입니다. 인지행동치료는 일상의 모든 문제에 대한 이해의 지평을 넓게 열어주고 있습니다. 그 결과, 전에는 의식하지 못했던 왜곡된 생각을 찾아내고, 부정적인 편견을 수정하며, 예전과는 다른 방식으로 사람들과 관계를 맺고, 감정을 인식하고 조절하며, 그리고 문제가 되는 행동을 변화시키는 데 큰 도움이 되고 있습니다.

불교에서는 세상사 모든 것은 마음먹기에 달렸다는 '일체유심조一切唯心造' 사상을 가르칩니다. 행복 혹은 불행은 특정한 상황이나 조건에 따라서 달라지는 게 아닙니다. 오직 나의 생각, 나의 마음가짐이 행복과 불행을 결정한다는 걸 오래전 현인들은 이미 알고 있었던 겁니다. 물론 생각을 바꾸는 일은 결코 쉽지 않습니다. 사소한 일일지라도 마음을 고쳐먹는다는 게 얼마나 힘든 일인지 우리는 알고 있습니다. 그러나 이 또한 연습과 훈련으로 개선이 가능합니다.

이 책에서는 실생활에서 직접 활용할 수 있는 인지행동치료의 원리와 기법을 소개했습니다. 이를 통해 많은 사람이 인지행동치료의 원리와 기법을 익혀서 저마다 자신을 옭아매는 감정과 원인이 무엇인지 이해하길 바랍니다. 나아가 새로운 생각의 길을 내어 삶이 생기와 의미로 넘치는 행복한 나날이기를 기원합니다. 생각을 바꿔야 세상을 다르게 볼 수 있고 인생을 바꿀 수 있습니다.

정종진

차 례

1장

인지행동치료(CBT)
변화도 알아야 할 수 있다

인간을 흔들리게 하는 것은

외부의 사건이 아니라,

그 사건을 바라보는 자신의 관점이다.

그러니 어렵고 괴로운 일을 당했다고

세상을 비난하지 말고

바로 네 자신의 생각을 되돌아보라.

_에픽테토스 Epictetus,
고대 그리스의 철학자

많은 사람이 사는 게 힘들고 고통스럽다고 호소한다. 그렇다면 과연 고통의 원인은 무엇일까? 그리고 이 고통을 어떻게 대처해야 할까? 이 질문을 CBTcognitive behavioral therapy, 인지행동치료의 관점에서 대답한다면 다음과 같을 것이다. "고통의 원인은 바로 당신 생각 속에 있다! 그러므로 고통을 해소하려면 당신의 생각을 바꾸어야 한다!" 이 대답에 당신은 동의하는가?

오늘날 상담과 심리치료 분야에서 새롭게 주목받는 상담치료법 중 하나가 CBT라 부르는 인지행동치료이다. 정신분석학적 심리치료가 내담자의 과거 경험과 사건에서 현재의 심리적 장애의 원인을 찾는 데 그쳤다면, CBT는 현재 내담자가 겪는 문제를 해결하기 위해 과학적인 증거를 기반으로 한 접근 방식을 고수한다고 말할 수 있다. 그리하여 CBT에서는 문제가 무엇이고, 문제의 원인은 어디에 있으며, 그 결과 초래된 심리적 장애를 어떻게 완화할 것인지에 초점을 두고 있다.

좀 더 구체적으로 살펴보면, CBT는 내담자(환자)의 사고 및 사고 과정을 변화시켜 정서와 행동의 변화를 촉진하는 것을 목표로 한다. 또한, 내담자로 하여금 자신의 문제와 관련된 생각, 감정, 그리고 행동을 인식하도록 돕고, 다양한 방식의 사고를 탐색하여 자신의 사고와 신념에 관해 대안적인 해석을 할 수 있도록 격려한다. 그 결과 내담자는 새로운 행동을 학습하고 자신의 생각, 감정 및 행동을 보다 합리적인 방식으로 재해석하는 문제 해결 전략을 습득하게 되는 것이다.[1] 먼저 구체적인 문제에 대한 치료법을 제시하기 전에 CBT

가 어떻게 시작되었는지 그 배경부터 살펴보자.

CBT는 행동치료와 인지치료의 발달에 이어 등장하였고, 이 분야를 개척한 인물은 앨버트 엘리스Albert Ellis와 아론 벡Aron T. Beck이다. 먼저 엘리스는 합리적 정서행동치료REBT, rational emotive behavior therapy로 인지 변화를 통해 정서와 행동 변화를 유발하는 데에 초점을 둔 심리치료를 연구했다. 벡은 왜곡된 신념을 이해하고 부적절한 사고를 변화시킬 수 있도록 하는 데 초점을 둔 인지치료를 창시했다.

이들은 공통적으로 정신분석치료를 통해 심리연구에 입문하였으나, 상담과 심리치료 과정에서 기존의 정신분석이 가진 몇 가지 중요한 문제점과 한계를 느끼게 되었다. 정신분석치료가 가진 한계를 극복하는 과정에서 만들어진 이론 체계가 바로 CBT이다. 엘리스는 분노의 원인을 과거나 현재의 상처가 아니라 그 상처를 인식하는 우리의 시각에 있다고 보았다. 벡은 생각이 왜곡된 의미, 비논리적 추론, 그리고 잘못된 해석에 의해 궁지에 몰리게 되면, 진실을 보면서도 보지 못하고 들으면서도 듣지 못하는 것과 같다고 경고했다.

이들이 말하는 CBT의 전제와 결론을 간단히 설명하면 다음과 같다. 먼저 인간의 사고와 감정 그리고 행동은 상호작용하며, 감정이나 행동이 어떤 사건이나 상황에 대한 지각(해석)에 의해 영향을 받는다. 그런데 우리가 경험하는 여러 가지 심리적 어려움의 밑바닥에는 자동으로 작동하는 '생각'이 똬리를 틀고 있다. 특히 자기패배적인 사고, 부정적인 사고, 잘못된 인지, 그리고 역기능적인 인지도식이 장애물처럼 박혀 있어 현재 상황에 적응하는 게 어려워지고 행동 또한 병리적인 모습으로 나타나게 된다. 그러므로 병리적 행동을 고치기 위해서는 행동에 앞서서 작동하는 '생각'을 바꾸어야만 한다는 결론에 도달하게 된다.

요컨대, CBT에서 중요한 개념인 인지cognition란 우리가 살면서 겪는 모든 사건에 대해 떠올리는 내적 이미지를 가리키며 사고, 신념, 태도 등을 넓게 아우른다. 이처럼 CBT에서 정의하는 인지는 모든 심리작용의 근거이기 때문에 특정한 사건에 대해 어떻게 인지하고, 사고하며, 또 어떤 신념과 태도로 대하는가에 따라서 인간의 행동이 상당부분 결정된다고 본다. 따라서 생각을 바꾸면 행동이 바뀌고 행동이 바뀌면 세상이 달라지고 인생도 달라질 수 있기 때문에 부정적으로 왜곡된 사고를 파악, 재구성하도록 교육하고 치료해 나가는 것이 CBT의 핵심이다.

인 지 행 동 치 료 의 탄 생
생각을 바꾸기 위해 노력한 사람들

러시아 생리학자 이반 파블로프Ivan P. Pavlov와 그의 조건반사 실험에 대해 누구나 한 번쯤은 들어보았을 것이다. 1900년대에 파블로프는 개의 소화계통을 연구하면서 개에게 먹이를 줄 때마다 종을 흔들었다. 그러다 먹을 것을 주기도 전에 종소리만 듣고서도 개가 침을 흘리는 현상을 목격하고 조건반사라는 동물의 학습 방식을 이해하게 되었다. 이 과정을 도식처럼 설명하자면, 조건자극(종소리)을 무조건자극(음식)과 결합시키면 동물에게 조건반사(침 분비)를 일으킨다는 것이다. 이를 가리켜서 조건형성 혹은 조건화conditioning라고 부른다.

파블로프의 연구는 동물의 학습 방식을 이해하는 데 새로운 통찰력을 제공하였고 새로운 연구 영역까지 창조하였다. 그의 연구는 동물에만 한정되지 않고 인간심리연구에도 큰 영향을 주게 된다. 파블로프의 조건반사 이론은 미국의 행동주의 심리학과 결합하면서 '일정한 훈련을 받으면 동일한 반응이나 새로운 행동의 변화를 가져온다'는 새로운 학습 이론으로 발전되었다.

후대의 벌허스 프레더릭 스키너Burrhus F. Skinner가 창안한 조작적 조건형성 이론operant conditioning theory은 파블로프의 조건반사 이론의 심리학 버전이라고 할 수 있으며, 그 이후로 파블로프의 이론은 고전적 조건형성 이론classical conditioning theory이라고 부르게 되었다. 고전적 조건형성 이론은 자극과 반응이 반복되면 자극과 반응이 연합(즉, 조건화)된다고 본다. 반면에 조작적 조건형성 이론은 우연히 일어난 행동이 유기체에게 강화(즉, 보상)를 제공하거나 혐오 자극을 피할 수 있게 한다면 그 행동을 다시 할 가능성이 증가하지만, 반대로 강화를 제공하지 않거나 혐오 자극이 제시된다면 그 행동을 다시 할 가능성은 감소한다는 입장이다.

이처럼 동물의 학습 과정을 연구 대상으로 시작한 조건화연구는 그 범위가 인간의 행동으로까지 넓어졌고, 인간 행동을 조형shaping하는 데 학습 이론 원리를 적용해서 탄생한 것이 바로 행동치료behavior therapy이다. 여기서 말하는 조형이란 치료자가 원하는 방향 안에서 일어나는 반응만을 강화 또는 보상하고, 원하지 않는 방향의 행동에 대해서는 강화 또는 보상을 받지 못하도록 하여 결국 원하는 방향의 행동만을 습득하도록 인도하는 것을 말한다.

혼동하지 말아야 할 것은 행동치료란 단순한 정신분석이 아니라는 점이다. 행동치료는 말 그대로 겉으로 드러난 행동을 통제하기 위해서 실질적인 신체적 사건을 이용한다는 점에서 새로운 치료법이라고 할 수 있다. 구체적으로, 행동치료는 왜 그런 행동을 했는지 먼저 분석하고, 특정한 행동을 선택했을 때 특정한 자극과 조건이 생성되도록 하여 당사자가 행동을 변화하도록 유도한다. 그 결과 행동의 변화는 심리적 장애를 완화하고 정신과 육체를 건강한 상태로 만든다.

1970년대에 정신과의사였던 벡은 "정서적 장애는 개인이 자신의 경험을 구조화하는 방식에 따라서 만들어진다."[2]는 전제 아래 인지치료cognitive therapy를 개발하였다. 그는 우울증 환자들을 대상으로 치료하고 연구하는 과정에서 환자들이 일련의 부정적인 사고를 자동적으로 경험한다는 것에 주목하고, 이처럼 자발적으로 일어나는 부정적인 사고를 자동적 사고automatic thoughts라고 불렀다. 자동적 사고란 일상에서 특정한 정서적 반응으로 일으키는 사건을 접하게 되면 의식적인 노력이나 선택 없이 거의 자동으로 생겨나는 습관화된 생각을 말한다. 사람들은 자신의 경험을 통해 만들어진 신념과 가정(과거에 그랬으니 지금도 그럴 것이다)의 거울을 통해서 현재의 상황을 해석한다.

그런데 심리적 장애를 가진 사람의 자동적 사고는 흔히 왜곡되어 있거나, 극단적이거나, 아니면 부정확한 특징을 지니고 있다. 벡은 우울 증상을 경험하는 사람들의 자동적 사고가 세 가지 형태로 나타나는 것에 주목했다. 첫째, "나는 무가치한 사람이다"라며 자기를 비판하는 자기 비판적 사고(자기비난), 둘째, "세상은 매우 살기 힘든 곳이다"라고 비판하며 세상을 부정적으로 바라보는 부정적 사고(비관주의), 셋째, "내 앞날은 희망이 없다"며 미래에 대해 절망하는 염세주의적인 사고(무망감) 등이다. 이 세 가지 사고 형태를 묶어서 인지삼제cognitive triad라고 부른다.

　벡은 내담자들이 자신도 모르게 생겨나는 부정적 사고가 무엇인지 알아내고 이를 개선하도록 주문해 보았다. 더불어 그런 태도를 보다 현실적으로 재평가하도록 했더니 놀라운 결과가 나타났다. 내담자들은 전보다 더 균형감 있고 현실적인 방식으로 사고하기 시작했고, 정서적으로 기분이 호전되었으며, 행동 역시 긍정적이고 효율적인 모습으로 변해갔던 것이다.

　인지치료는 인간이 어떻게 정보를 처리하고 조직하며 저장하는지, 새로운 정보를 기존의 정보와 어떻게 연결하는지 주목하고 연구한다. 다른 말로 하면, 인지치료는 인간의 사고가 작동하는 방식을 이해하고 그 원리를 심리적 장애를 해결하는 데 적용한다. 앞서 살펴본 바와 같이, 벡의 인지치료 이론은 우울증을 치료하는 이론으로 출발하였으나 점차 불안과 공포증 등을 포함해 전반적인 정서적 문제와 성격 문제를 치료하는 이론으로까지 확장되었다. 이 이론에서 핵심적인 개념으로는 앞서 설명한 자동적 사고와 더불어 역기능적 인지도식dysfunctional cognitive schema, 핵심신념core belief, 그리고 인지오류cognitive error가 있다.

　먼저 인지도식에 대해서 살펴보자. 인지도식이란 인간이 살면서 자기 방식대로 만들어 낸 틀로서, 그 틀 안에서 자신과 세상을 바라보고 이해한다. 사람마다 삶의 과정과 경험이 다르기 때문에 인지도식의 내용 역시 사람마다 다를 수밖에 없다. 인지도식이란 이처럼 경험을 통해서 만들어진 전체적인 생각의 덩어리이기에, 여기에는 긍정적인 것과 부정적인 것들이 섞여 있을 수밖에 없다. 그중에서 심리적인 문제를 초래하는 것은 부정적인 생각 덩어리이며 이를 가리켜 '역기능적 인지도식'이라고 부른다. 역기능적 인지도식의 내용을 살펴보면 다음과 같다.3-5

- 인간으로서의 나의 가치는 다른 사람의 평가에 달려 있다.
- 여자든 남자든 외모가 출중하고, 똑똑하며, 돈이 많아야 행복해진다.
- 나는 다른 사람의 사랑 없이는 행복해질 수 없다.
- 다른 사람에게 도움을 청하는 것은 나약함의 표시다.
- 다른 사람이 언제 내게 등을 돌릴지 모르기 때문에 그들을 믿을 수 없다.
- 나는 인정받기 위해서 완벽해야 한다.
- 어떤 일을 한다면 반드시 성공해야 한다.
- 절대 약점을 보여서는 안 된다.
- 하나를 실수하면 나는 모든 걸 잃어버릴 것이다.
- 세상은 너무 무서운 곳이다.
- 다른 사람들은 나를 이용할 것이다.
- 자신의 감정을 절대 보여서는 안 된다.

이처럼 자동적으로 부정적 사고를 활성화시키는 것이 바로 역기능적 인지도식이다. 이러한 역기능적 인지도식을 가지고 있는 사람은 일상생활에서 쉽게 스트레스를 경험하고, 어려운 상황이 닥치면 자신도 모르게 즉각 부정적인 결과를 예측한다. 이런 경향은 곧 심리적 문제로 연결된다. 예를 들어, 어린 시절에 다른 사람에게서 거부당한 경험 때문에 마음의 상처를 입고 성장한 사람이 있다고 하자. 어른이 된 후 연인을 만나게 되었는데, 혹시나 그가 나를 떠나지 않을까 늘 불안해하고 상대방의 행동에 신경을 곤두세우게 되었다. 그러다 어느 날 애인이 약속이라도 어기게 되면 자신을 떠날 조짐으로 이해하고 심리적 상처를 받는다.

이처럼 과거의 경험 때문에 생겨난 거부의 인지도식은 사건(애인이 약속을 어긴다)이 생기자마자 자동으로 사고 기제를 발동시키고. 자기식대로 사건을 왜곡해서(애인이 나를 떠나려 한다) 지각한다. 이러한 태도는 부정적 감정, 자존감 상실, 대인기피 등 자기패배적 행동으로 나타나고, 심할 경우 우울증으로 이어지기도 한다. 이런 증상이 심해지면 누군가 웃는 모습만 보고도 그가 자신을 비웃는다거나 혹은 살해하려고 한다는 피해망상까지 생기는 극단적인 경우로 발전하기도 한다.

CBT의 두 번째 주요 개념인 핵심신념은 정체성 수준에서 개인에게 영향을 주는 생각이다. 자동적 사고를 나무의 잎이나 가지로 본다면, 핵심신념은 나무의 뿌리와 같아서 접근과 변경이 어려운 경우들이 많다. 부정적인 핵심신념의 종류는 다양하지만, 자신에 대한 부정적인 핵심신념은 다음과 같은 세 가지 유형으로 나누어 볼 수 있다.[6]

첫째, 무기력과 관련된 핵심신념으로 '나는 스스로 조절이 안된다' '나는 능력이 없다' '나는 성공하지 못할 것이다'라는 생각들이다. 둘째, 자신이 다른 사람에게 사랑받지 못하는 부정적 존재라고 믿는 핵심신념으로 '나는 사람들이 좋아하는 타입이 아니다' '나는 성격적 결함이 너무 많다' '나는 매력이 없다' '나는 결국 버림을 받아 혼자가 될 것이다'라는 생각들이 여기에 포함된다. 셋째, 가치 없는 존재라는 생각과 관련된 핵심신념으로 '나는 나쁜 사람이다' '나의 존재는 쓰레기와 같다' '나는 위험한 존재다' '나는 살 가치가 없다'라고 생각하는 것이다.

CBT의 세 번째 주요 개념인 인지오류 혹은 인지왜곡은 자신의 현실을 제대로 지각하지 못하고 사실과 의미를 왜곡해서 받아들이는 것을 뜻한다. 간혹 자신의 지각을 실제와 동일시하는 사람을 주변에서 볼 수 있다. 쉽게 말하면 자신의 주관적 해석을 사실로 혼동해서 오류를 저지르는 경우에 해당한다. 예를 들어, 지나가는 사람이 자신을 쳐다보았을 때 '저 사람은 왜 나를 기분 나쁜 눈초리로 쳐다보는 거지? 혹시 나에게 이상한 행동을 하는 건 아닐까?'라고 생각하는 것이다. 이런 태도는 어디까지나 그 사람의 주관적 해석일 뿐이지 사실 그 자체는 아니다.

그럼에도 불구하고 이처럼 지극히 개인적인 주관적 사고에 의지해서 성급하게 사실과 동떨어진 결론을 내리기도 한다. 벡은 자신의 자의적인 추측을 실제 사실과 혼동하는 것은 오류라고 정의 내렸고, 이러한 오류를 많이 범하는 사람들은 심리적 어려움도 크게 겪을 수 있다고 보았다. 그렇다면 사람들은 왜 이런 인지오류를 범하는 것일까? 그 이유는 앞에서 설명한 역기능적 인지도식 때문이다.

인지오류의 종류는 대략 8가지 정도로 정리할 수 있다. 첫째, 사태의 의미를 둘 중 하나로 해석하는 흑백논리, 둘째, 한두 번의 경험에 근거하여 일반적인 결론을 내리고 그와 무관한 상황에도 똑같은 결론을 적용하는 과잉일반화, 셋째, 전체 상황의 내용은 무시하고 특정 정보만 취사선택해서 전체를 해석하는 정신적 여과, 넷째, 사건의 중요성이나 의미를 지나치게 과장하거나 축소하는 의미 확대 및 축소, 다섯째, 결론을 내릴 만한 충분한 근거가 없는데도 최종적인 결론을 성급히 내려 버리는 자의적 추론, 여섯째, 자신이 관심 있는 한 가지 사건만 확대 해석해서 늘 비극적 결말을 예상하는 파국화, 일곱째, '나는 반드시 ○○ 해야만 한다'는 당위적 사고 때문에 발생하는 강박적 부담, 여덟째, '내가 세차를 하면 항상 비가 온다'는 머피의 법칙Murphy's law을 나와 무관한 다른 상황에까지 대입시켜서 해석하는 개인화 등이 있다.

그렇다면 어떤 상황에서 우리가 갖는 태도가 과연 인지오류인지 아닌지 확인할 방법은 무엇일까? CBT에서는 개인이 합리적으로 생각하고 있는지 아닌지를 평가하는 기준을 '인지 타당성 평가'라고 부른다. 간략히 영문 머리글자를 따서 'A-FROG'라고 부르기도 한다. 다음과 같은 질문을 통해 자신의 인지오류 여부를 확인해 보길 바란다.7

Alive: 나의 생각은 나를 활기차게 해 주는가?

Feel: 나의 생각은 내 기분을 좋게 만드는가?

Reality: 나의 생각은 현실적인가?

Others: 나의 생각은 다른 사람과의 관계에 도움이 되는가?

Goals: 나의 생각은 나의 목표를 성취하는 데 도움이 되는가?

만약 위의 질문에 모두 '아니오'라고 대답한다면, 당신의 사고는 역기능적으로 오류를 범하고 있을 가능성이 크다. 즉 당신의 사고는 왜곡되어 있을 확률이 아주 높은 것이다. 왜곡된 사고를 치료하는 데 인지치료가 제시하는 방법은 구체적으로 어떤 것인지 살펴보도록 하자. 먼저, 인지치료 순서는 다음과 같다.

일차적으로 내담자가 가진 부정적인 자동적 사고를 찾아낸 다음, 현실에 적합한 사고로 대체한다. 그런 다음 내담자가 가진 인지오류를 식별하여 수정한다. 마지막으로 부정적인 자동적 사고와 인지오류의 뿌리가 되는 역기능적 인지도식을 찾아내어 그 내용을 보다 융통성 있고 현실적인 것으로 바꾸도록 인도한다. 그 결과, 내담자는 과거 편견이나 인지오류를 제거하고 왜곡되었던 사고를 긍정적이고 효율적인 사고로 전환할 수 있게 된다.

물론 이런 치료법에 대해 전문가들의 의견이 항상 일치한 것은 아니었다. 1970년대와 1980년대에 행동치료와 인지치료 중 과연 어느 것이 심리적 어려움을 이해하고 극복하는 데 더 효과적인가에 대해서 격렬한 논쟁이 있었다. 논쟁이 진행되면서 이 문제는 어느 한쪽의 일방적 승리를 가리는 게임이 아니라는 결론에 이르게 된다. 왜냐하면 인간은 단순히 생각의 구조대로 살아가는 존재가 아니고, 반대로 행동의 원리에 따라서만 움직이는 존재도 아니기 때문이다.

이런 인식의 확산에 따라 등장한 것이 인지치료와 행동치료가 결합된 인지행동치료, 즉 CBT이다. 그러므로 CBT는 우리의 사고, 정서, 행동 및 신체적 상태가 어떤 상호작용을 거쳐 심리적 어려움을 일으키는지, 그 어려움은 또 어떻게 지속되는지 규명하는 데 초점을 둔다. 그리고 CBT는 그런 상호작용을 통해 일어나는 인간의 심리적 고통을 치료하기 위해 행동치료와 인지치료의 원리를 모두 적용한다. 인간의 사고, 정서, 행동은 상호작용을 한다. 따라서 내담자의 심리 상태를 호전시키기 위해서는 이와 연관된 사고와 행동의 패턴을 변경시켜서 다시 그 심리에 영향을 미치도록 해야 한다. 이것이 CBT의 접근법이라고 할 수 있다.

앨버트 엘리스와 아론 벡 이외, CBT 치료를 심화시킨 사람으로는 도널드 마이켄바움Donald H. Meichenbaum을 들 수 있다. 그의 이론은 인지적 행동수정CBM, cognitive behavior modification 혹은 자기지시적 치료SIT, self-instructional therapy라 불린다. 인지적 행동수정은 내담자로 하여금 자기대화self-talk를 인식하도록 한 다음, 이 자기대화(신념체계)를 긍정적으로 바꾸는 인지적 재구조화를 도모한다. 그리고 새로운 인지구조 속에서 새로운 행동이 활성화되도록 한다.

마이켄바움 역시 고통스러운 정서의 뿌리에는 부적응적 사고가 있다고 가정하고, 내담자가 인지구조를 재구성하고 자기 언어를 변화시키는 것이 중요하다고 보았다. 인간이 자기 자신에게 하는 말을(스스로를 정의하는 말) 자기진술이라고 부르는데, 마이켄바움은 자기진술은 타인의 진술만큼이나 인간의 행동에 영향을 준다고 보았다. 즉 우리가 스트레스를 받는 원인은 외부 사태 자체가 아니라 이를 받아들이는 자기대화의 방식에 있다고 본 것이다. 그러므로 스트레스를 없애기 위해서는 자기진술의 방식을 변화시켜야만 한다는 결론이 나온다.

위와 같은 이유로 자기지시적 치료에는 인간의 심리 변화에 자신과의 대화가 미치는 영향력을 중요한 요소로 보고 내담자가 자기대화를 자각하도록 유도한다. 이런 기법은 실제 치료에서 가시적인 효과를 보이는 것으로 나타났다. 충동적이고 공격적인 행동, 과제에 대한 두려움, 대중 앞에서 말하는 두려움과 같이 특정 문제 상황에서 어려움을 호소하는 사람들에게 필요한 기술을 익히도록 돕고 있다. 예를 들어 '난 완벽해야 해!' '난 사랑스럽지 않아!' 등 내담자가 가진 역기능적인 사고나 신념을 변화시켜 자기대화의 패턴에도 변화를 주고, 그리하여 결과적으로 긍정적 자신감을 가질 수 있도록 돕는다. 이처럼 인지적 행동수정은 내담자의 역기능적 사고의 인식, 평가, 수정 과정을 행동치료의 목표로 삼고 있다.

그렇다고 해서 CBT가 엘리스의 합리적 정서행동치료, 벡의 인지치료, 그리고 마이켄바움의 인지적 행동수정을 모두 섞어 놓은 단일치료법인 것은 아니다. 그냥 산술적 통합이 아니라, 통합적 치료

모델 중 경험적 연구를 통해 밝혀진 내용만을 유기적으로 수용해서 만든 것이 바로 CBT이다.[8] 이 책에서 다루는 CBT는 주로 엘리스와 벡의 이론에 토대를 두고 실생활에 어떻게 적용될 수 있는지를 다룰 것이다.

인지행동치료의 원리

어떻게 생각을 바꿀까?

CBT, 즉 인지행동치료의 핵심은 내담자의 눈을 통해 비추어진 세상을 이해하는 것이다. 상담자는 먼저 내담자가 세상을 보는 방식을 이해하고, 그가 가진 부정적 인식을 변화시켜 보다 현실적이고 유연한 삶의 방식을 찾을 수 있도록 돕는다. 인간이 긍정적인 정서 상태를 유지하기 위해서는 사고방식과 행동방식이 동시에 개선되어야 하기에, CBT에서는 이를 위해 여러 가지 유용한 기법과 훈련을 개발해 왔다.

CBT의 기법은 광범위한 연구 결과를 통해 만들어진 치료법으로서 실제 임상치료에서 심리적 장애를 중재하고 재발을 예방하는 데 효과를 보였고, 불안, 우울, 공황장애, 광장공포증, 사회공포증을 포함한 각종 공포증과 극단적인 양극성 장애(조울병)에도 긍정적인 결과를 보여주었다. 이외에도 일반적인 정신건강 문제로 분류되는 섭식장애, 강박장애, 외상후 스트레스장애, 분노조절장애 등과 우리가 흔히 겪을 수 있는 낮은 자존감, 고통, 피로와 같은 신체건강 문제에도 CBT의 처치 방법이 유용하게 적용되고 있다.

CBT는 인간의 행동과 정서는 인지적 지각 혹은 해석에 크게 영향을 받는다는 원리에 토대를 두고 있다. CBT에 따르면, 인간은 어떻게 생각하고 기대하는가에 따라서 그때그때 상황과 대인관계에 대처하는 방식이 크게 달라진다. 그러므로 내담자가 무엇을 생각하고 있고 그 생각을 어떻게 처리하는지 알게 되면, 비로소 그의 행동이 다른 방식으로 작동할 수 있도록 도와줄 수 있다고 본다. 그렇게 새롭게 습득한 사고방식과 행동방식은 보다 만족스러운 삶을 가져다주고 일상적인 삶의 방식으로 자리 잡을 수 있게 될 것이다.

CBT에서 말하는 사고(인지)는 앞에서 언급한 것처럼 자동적 사고를 말한다. 자동적 사고란 우리의 정서와 행동에 결정적인 영향을 미치지만, 쉽게 의식되지 않는 그런 인지방식이다. 이런 인지방식은 말 그대로 자동으로 작동하는 사고이고, 우리 스스로는 왜 그런 식으로 인지했는지 잘 인식하지 못하는 경우가 많다. 왜냐하면 이 사고는 스치고 지나가듯 아주 순간적으로 나타나 작동하기 때문이다. 우울, 불안, 분노와 같은 정서적 문제를 해결할 때 가장 중요한 것은 이처럼 자신도 모르게 스쳐 지나가는 사고를 정확히 찾아내고, 이를 현실적으로 재평가하고, 부정적인 것이라면 체계적이고 효과적인 방법으로 개선해서 보다 현실적이고 합리적인 사고로 발전시켜 나가는 것이다.

예를 들어, 직장 상사나 동료가 자신의 인사를 받지 않을 때 '나를 또 무시하는구나.' '내가 마음에 안 드는구나.'와 같은 자동적 사고를 하게 되면 실망감과 초조함을 느끼게 되고, 심지어 일에 집중할 수 없도록 하기도 한다. 이를 합리적인 사고로 바꾸어 '그 사람이 나한테만 그러는 게 아니라 다른 사람의 인사도 받지 않는구나. 아마 뭔가 안 좋은 일이 있는가 보네.'라고 생각하면 부정적인 감정이 자신의 일에 영향을 미치지 않게 된다. 또한 발표 중에 몇몇 동료들이 소곤거리고 있을 때 '저 사람들이 내 발표를 비웃고 있구나.' '내 발표가 엉망인가 보구나.'와 같은 자동적 사고를 하게 되면 불쾌감과 불안감을 느끼고 심리적으로 위축된 발표를 하게 된다. 이를 합리적인 사고로 바꾸어 '저 사람들은 나의 발표와는 관련 없는 일로 소곤거리는 거겠지. 나와 관련 없는 일이야. 만약 저 사람들이 내 발표를 비웃더라도 다른 사람들은 내 발표를 잘 듣고 있어.'와 같은 방향으로 생각하면 부정적 감정 없이 자신감을 갖고 발표할 수 있다.

이처럼 부정적인 자동적 사고나 왜곡된 핵심신념 때문에 힘들어하는 사람이 많다. 자신의 부정적이고 왜곡된 믿음과 생각을 찾아내어 개선하는 노력을 기울이다 보면 새로운 방식으로 세상을 보는 힘이 생길 수 있다. CBT는 생각을 긍정적으로 한다거나 결심을 새롭게 하는 것과는 차원이 다른 치료법을 제시하며, 이러한 치료법은 하루아침에 좋은 결과를 가져다주는 것은 아니다.

모든 치료가 그렇듯 심리치료 역시 시간을 두고 점진적으로 이루어진다. 정서와 행동을 좌우하는 자동적 사고를 고쳐 나가는 과정이 쉽지 않지만, 꾸준히 노력하면 반드시 효과를 볼 수 있다는 점을 명심하자. 이제 CBT의 기초 이론을 더 구체적으로 살펴보기로 하자.

ＡＢＣ 이론

사건을 어떻게 해석하는가?

　　사람은 기분이 좋거나 나쁜 이유, 혹은 자신이 특정한 방식으로 행동하는 이유를 찾아야 할 때, 자신의 내면이 아니라 바깥을 쳐다본다. 외부의 사건이 내 기분과 행동에 직접적으로 영향을 준다고 믿기 때문이다. 그러나 감정과 행동의 원인은 외부에서 벌어지는 일이 아니라, 내가 그 사건을 보고 해석하는 특정한 생각의 구조에 있다.

　　CBT의 원조라 할 수 있는 합리적 정서행동치료의 창시자인 엘리스는, 인간은 객관적 사실 때문에 혼란스러워하는 것이 아니라 그 사건에 대한 관점 때문에 혼란스러워하고, 자신이 가진 비합리적이고 불합리한 사고와 신념 체계로 외부의 사건을 해석하기 때문에 정서와 행동에 문제를 겪는 것이라고 했다.[9,10] 엘리스는 인간의 신념 체계를 합리적인 것과 비합리적인 것으로 구분한다. 그에 따르면 합리적 신념체계를 가진 사람은 합리적 사고와 해석으로 외부적 사태를 해석하고, 그 결과 바람직한 정서적 반응과 행동 양식을 보여준다. 그러나 비합리적 신념체계를 가진 사람은 일어난 사건에 대해 비합리적으로 해석하기 때문에 바람직하지 못한 정서 및 행동의 결과를 경험하게 된다는 것이다. 엘리스는 내담자의 심리적 고통이나 문제는 그가 가진 비합리적 신념체계에서 비롯된 것이라고 보기 때문에 내담자가 자신의 비합리적 신념체계를 합리적 신념체계로 바꾸면 문제가 해결된다고 보았다. 이때 상담자는 내담자 스스로 자신의 신념이 비합리적이라는 것을 이해할 수 있도록 논리적으로 설명하고 그 이해를 바탕으로 스스로 변화할 수 있도록 도와야 한다.

이처럼 CBT는 결과적으로 인간의 감정과 행동에 영향을 미치는 요인은 외부적 사건이 아니라 자신의 생각과 고정된 믿음이라고 본다. 외부적 사건, 고정된 믿음 그리고 그로 인해 나타나는 결과를 설명하는 CBT 이론을 간단히 'ABC 이론'이라고 부른다. 여기서 ABC란 선행사건antecedents or activating event, 신념 혹은 신념체계belief or belief system, 결과consequences의 영문 첫 글자를 딴 약어이다. 선행사건은 어떤 정서적 반응이나 문제를 촉발시킨 사건을 말하고, 신념이나 신념체계는 선행사건의 원인과 의미를 해석하거나 평가하는 사고체계를 가리킨다. 그러므로 ABC 이론에 따르면, 앞서 경험한 사건과 그 사건을 해석하는 방식에 따라서 인간의 정서적, 행동적 반응이 달라진다.

CBT식으로 말하면, 인간의 심리상태 혹은 정서는 저마다 가진 신념, 해석, 평가, 생활사건에 대한 반응으로 결정된다. 만약 어떤 사람이 사업 실패(A) 때문에 우울증(C)을 호소한다면 우울 반응이 발생한 것은 사업 실패 그 자체가 아니라 자신의 인생이 실패했다는 해석 또는 믿음(B) 때문이라는 것이다. 예를 하나 더 들어 보자. 당신은 가족과 함께 전원주택에서 살고 있다. 어느 날 평소보다 일찍 퇴근해 소파에서 잠이 들었는데, 잠결에 누군가 현관문을 여는 소리를 듣게 된다. 이때 당신이 느끼는 감정과 반응은 현관문이 열리는 소리를 어떻게 해석하는가에 따라서 다를 것이다. CBT 인지행동치료도식에 따르면 위 사례에서 인지적 반응을 일으키는 선행사건은 '현관문 소리'이다. 그리고 개개인의 특정한 사고체계는 이 선행사건을 다른 감정과 정서로 해석하기에, 결과적으로 이에 대처하는 행동 또한 여러 가지 형태로 나타나게 된다. 선행사건을 해석하는 여러 가지 방식과 그 결과로 나타나는 행동 양식의 사례를 살펴보자.

① 최근에 동네에서 강도 사건이 있었다는 걸 떠올린 당신은 "얼마 전 동네에 강도가 들었다던데… 강도가 틀림없어!"라고 생각한다. 이것이 생각 혹은 신념(B)이다. 그런 생각이 들자 정서적으로 두렵거나 화가 나는 반응(C)이 나타난다. 그리고 나서 핸드폰으로 경찰에 전화를 거는 구체적 행동(C)을 실행한다.

② 현관문 소리를 듣자마자, 이번 주 내내 늦게 들어온 다른 가족을 떠올린다. "오늘은 웬일로 일찍 들어왔지?"라고 생각할 수 있다. 첫 번째 예시와는 다른 신념 혹은 사고(B)이다. 이 경우에 당신의 반응(C) 또한 매우 달라질 것이다. 갑자기 기분이 좋아지거나(정서적 반응), "오늘은 일찍 들어왔

네!"라며 친절한 목소리로 현관 쪽을 향해 말할 것이다(행동적 반응).

③ 요즘 피곤하다고 했더니 아내가 평소보다 더 일찍 퇴근했나 보다. 그런 생각이 들자 기분이 좋아진다. 숙면을 방해받았는데도 달콤하고 긍정적인 기분(C) 때문에 몸이 가뿐하게 느껴진다. 그 외 당신에게 나타날 수 있는 여러 가지 행동적 반응(C-1, C-2…)도 긍정적일 확률이 아주 높을 것이다.

위의 세 가지 시나리오에서 선행사건(A)은 하나다. 그렇지만 정서적, 행동적 반응(C)은 서로 다르다. 이렇게 서로 다른 반응을 불러일으키는 원인은 바로 신념 혹은 신념체계(B)이다.

실제 우리의 생활에서 일어나는 원인과 결과의 양상은 훨씬 더 복잡하다. 예를 들어 자녀를 양육하고 교육하는 데 있어 방식과 결과가 다른 이유는, 부모의 과거 경험을 포함한 많은 요인들이 영향을 미치기 때문이다. 이를 도식적으로 표현하면, 한가지 상황에서 일어나는 정서적, 행동적 반응(C)은 다른 상황에 내포된 선행사건(A)과 신념(B)에도 영향을 미친다고 말할 수 있다. ABC 모델에 따르면 개개인은 자신이 최초로 가진 정서적 문제에 대해 이차적 정서를 유발한다. 초기 정서적 문제가 새로운 사건(A-1)이 되어 또 다른 ABC 결과를 만들어 내는 도화선 역할을 하는 셈이다. 그러므로 이차적 문제는 '문제에 관한 문제' 또는 '장애에 관한 장애'라고 부를 수 있다.

　다음 표에서 볼 수 있듯이 철수는 불안 증세가 있어서 우울감을 느끼고, 우울 반응이 더 심해지면 질수록 그에 따라 불안 증세도 더욱 강화된다.

사건(A)	철수는 수업 시간에 발표를 해야 한다. 그런데 잘할 자신이 없다.
합리적 사고(B)	철수는 발표를 멋지게 하고 싶다.
↓	철수는 자신의 희망 사항을 경직된 당위적 사고로 바꾼다.
비합리적 사고	철수는 이번 발표를 아주 멋지게 해야만 한다고 스스로 다그친다.
정서적 행동적 결과(C)	그러나 마음은 불안하다.
이차적 사건(A-1)	철수는 발표할 것을 생각하니 마음이 불안하다.
이차적 합리적 사고(B-1)	철수는 불안한 마음을 없애야 잘할 수 있다는 것을 인지하고 있다.
↓	그래서 불안감을 없애야 한다는 희망 사항을 경직된 당위적 사고로 바꾼다.
이차적 비합리적 사고	철수는 스스로에게 요구한다. 나는 절대로 불안해하면 안 돼. 떨면서 발표하면 내가 바보로 보일 거야.
이차적 결과(C-1)	그리하여 추가적인 불안감(이차적 불안)을 느낀다.

ABC 모델에서 이차적 문제

ABC의 원리를 이해하면 우리 자신의 행동을 더욱 명료하게 이해할 수 있고, 심리적 어려움의 원인이 되는 생각을 바꾸고 싶은 동기를 갖게 된다. 위의 예시에서 보듯, 우리에게 심리적 어려움을 초래하는 원인은 우리가 가진 신념(B)이다. 그 신념이 스트레스(C)를 초래한다. 철수와 똑같은 날에 발표해야 하는 세훈이는 별로 불안해하지 않는다. 차이는 단 하나, 세훈이는 잘될 거라고 믿고 부정적인 결과를 미리 걱정하지 않기 때문이다.

마감을 앞둔 과제를 처리하거나, 고객의 불만에 응대하는 일에 스트레스를 받지 않는 사람들은 스스로 잘 대처할 수 있다고 믿고 부정적 결과를 예단하지 않을 확률이 높다. 이런 태도를 자기충족적 예언self-fulfilling prophecy이라고 부르는데, 이런 태도를 가진 사람들은 긍정적인 방식으로 반응하고 행동하기에 대개 성공적인 결과를 얻는다. 그러나 반대로 지나치게 부정적인 신념을 가지면 역시 부정적인 결과를 맞이할 확률이 아주 높다.

그렇다면 부정적인 신념(사고)을 어떻게 변화시킬 수 있을까? 변화를 원한다면 정확한 질문은 던져야 한다. 먼저 자신에게 스스로 명령한 목표 달성에 대한 질문을 던져 보라.

'나는 이러이러한 결과를 반드시 성취해야 해!'라고 자신을 다그치는 원인이 무엇인가? 이런 명령은 도대체 어디에서 온 것인가? 내 머릿속에서 자동으로 튀어나온 것인가? 아니면 누가 내게 그렇게 하라고 명령한 것인가? 만약 다른 사람 때문이라면 그들의 명령에 따라야만 하는 것인가? 그들의 말이 절대적으로 옳은 것인가? 만약 내가 그들의 명령을 따르지 않는다면 어떤 일이 일어날까? 뭔가 안 좋은 일이 생기는 걸까? 만약 그렇다고 해도 그 결과를 감당할 방법은 없을까?

이런 모든 질문에 스스로 대답해 보라. 아마도 당신이 가진 부정적 신념을 따라야 하는 합리적 이유를 찾기 힘들 것이다. 그러니 아무 생각 없이 당연하다고 여겼던 과거의 부정적 신념에 도전해 보라. 과제 마감을 놓쳤다고 해서 그 결과가 곧 시간 낭비와 실패를 의미하는 것인지 스스로 질문해 보라. 그동안 자신을 불공평하게 대접해 왔다는 것을 금방 깨달을 것이다. 타인에 대해서도 똑같은 통찰을 얻게 될 것이다. 그동안 그들을 부정적 신념으로 대해 왔다는 것을 말이다.

생각(신념)은 인간의 정서 반응과 행동의 원동력이다. 부정적 생각을 그냥 내버려 두면 더욱 견고해져서 바꾸기 힘들어진다. 그러므로 한쪽으로 기울어진 생각을 바로 세우고 현실에 보다 유연하게 대처하는 노력을 멈추어서는 안 된다. 생각을 조금만 바꾸기만 해도 인간의 감정과 신체적 반응은 확연히 달라진다. 부정적이고 자동적인 사고도식에 의문을 제기하고 변화를 시도하다 보면, 과거에는 불안을 초래하던 부정적인 생각이 점차 긍정적인 사고로 바뀌면서 정서와 행동까지 긍정적으로 바뀌게 된다.

이러한 ABC 도식을 확장한 것이 ABCDEF 모델이다. D는 논박dispute, E는 효과effect, F는 새로 생긴 감정feeling을 가리킨다. ABC가 확장된 ABCDEF 모델에서도 인간의 불안, 우울, 열등감, 시

기, 질투, 죄의식 등과 같은 정서적 반응(C)은 주로 개인의 신념체계
(B)에 의해서 발생한다고 본다. 다른 점이 있다면 ABCDEF는 ABC
도식에 비해서 합리적인 '논박'과 그 '효과'의 중요성을 추가했다는
점이다. 불안과 같이 바람직하지 못한 정서적 반응(C)의 원인이 어
떤 사건의 발생(A) 때문이 아니라 그 사건에 대해 가지는 자기 자신
의 비합리적 신념iB, irrational belief 때문이라고 보는 점에서는 ABC
와 ABCDEF의 방식은 똑같다. 그러나 그 결과로 나타나는 혼란스
러운 정서는 합리적 신념rB, rational belief에 의해 효과적으로 논박
(D)될 때 사라지고, 논박의 결과로 새로운 신념체계라는 효과(E), 그
리고 그에 따른 감정(F)이 더 추가되었다. 이러한 ABCDEF 체계는
인지적 재구조화를 위한 것으로 그 과정을 도식화하면 다음 그림과
같다.11

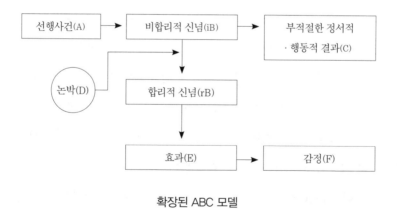

확장된 ABC 모델

이러한 ABCDEF 모델을 직장인이 겪는 갈등을 소재로 풀어보면 다음과 같이 도식화할 수 있다.[12]

A(사건): 잘해 보려고 했지만 상사에게 심한 꾸중을 들었다.

B(신념): 심한 꾸중을 들은 것은 무능력의 증거이므로 난 능력이 없는 사람이다.

C(결과): 비참하다. 괴롭다. 포기하는 수밖에 없다.

D(논박): 한 번 꾸중을 들은 것이 무능의 증거는 아니다. 업무란 새로 배우면 되는 것이다. 지금보다 더 잘할 수 있다. 꾸중을 듣는 것은 누구에게나 흔히 있는 일이다. 괴로워하고만 있는 것은 내게 아무런 도움이 되지 않는다.

E(효과) / F(감정): 생각을 바꾸니 기분이 한결 좋아졌다. 지금보다 더 잘할 수 있는 방법을 찾아보자. 인생은 도전이다.

선행사건(A)과 신념(B)을 확인하고 그 선행사건과 신념을 변화시키기 위해 도전challenging(C)하는 것은 말처럼 쉽지 않다. 그러나 새로운 기계의 기능을 익히듯 ABCDEF 기법 역시 시간을 들여 학습하고 몸에 익혀야 한다. 즉 자동으로 일상에서 통합하여 활용할 수 있을 때까지 연습하고 또 연습하는 것만이 비결이다. 이 도식에서 비합리적 신념을 합리적 신념으로 이끌기 위해서 가장 중요한 것

은 합리적 논박이다. 그러므로 스스로 논리적으로 설득하는 기술을 터득하고 활용할 줄 아는 것이 중요하다. 비합리적이거나 부정적인 신념들을 논리적으로 설득하는 방법에는 네 가지가 있으니 참조하면 좋을 것이다.13,14

(1) 명백한 증거 제시하기

비합리적이거나 부정적인 신념을 뒷받침하는 증거는 무엇인지, 그것이 사실이 아니라고 생각할 수 있는 반대 증거는 무엇인지 스스로 질문해 보자. 잘못된 신념을 논박할 수 있는 가장 확실한 방법은 그 신념이 사실과 전혀 다르다는 것을 밝혀내는 것이다. 자신의 주장을 뒷받침할 증거를 찾아내는 것은 쉽지만, 내 주장을 반박할 반대 증거를 생각해 내는 일은 어려울 수 있다. 그럼에도 불구하고 합리적인 결과를 원한다면 주도면밀하고 끈질기게 반대 증거를 찾아야만 한다.

(2) 대안 찾기

확실히 논박했는데도 소득이 없다면 그 이유는 비합리적이거나 부정적인 신념의 원인이 다양하기 때문일 것이다. 만일 시험 결과가 나쁘다면 그 원인은 시험 문제가 유난히 어려웠다거나, 시험공부를 열심히 하지 않았다거나, 교사의 평가가 공정하지 못했다거나, 아니면 시험을 치르는 날 좋지 않았던 컨디션 등 다양하게 추측할 수 있다. 이처럼 한가지 사건에는 여러 가지 원인이 있을 수 있다.

그러므로 자신의 왜곡된 믿음을 반박하려면 그런 믿음이 생기게 한 모든 가능성을 샅샅이 조사해야 한다.

(3) 숨은 진실 찾기

우리가 찾아낸 논박 증거가 항상 우리 자신에게 유리한 것은 아닐 것이다. 만약 비합리적이고 부정적인 신념이 사실로 판명되어 도리어 자신에게 불리하게 작용한다면, 우선 그 신념 안에 깃들여 있는 의미가 무엇인지 따져 보라. 그리고 당신을 불행의 수렁으로 몰아넣은 그 부정적 신념에서 탈출하라.

당신은 최악의 시나리오를 얼마나 자주 쓰는가? 예를 들어, 시험 성적이 나쁘게 나오면 대학도 못 가고 직업도 얻지 못할 거라고 부정적으로 생각한다면, 일단 여기서 멈추고 잘못된 신념을 논박할 증거를 찾아보라. 먼저, 발생할 수 있는 최악의 결과, 확률상 빈번하게 발생할 수 있는 사태를 그려 보고 그러한 상황을 개선하기 위해 내가 할 수 있는 것이 무엇인지 자문해 보자. 모든 각도에서 문제를 살펴보아야 한다. 그래야 보다 현실적인 설명을 얻을 수가 있을 것이다. 이렇게 새롭게 얻은 설명이나 신념들 중에서 내게 동기를 부여하고, 성취 의욕을 높이며, 기분을 호전시키는 것이 무엇인지 확인해 본다.

(4) 실질적인 접근

이 단계에서는 최상, 최악, 혹은 가장 많이 발생할 수 있는 상황을 개선하기 위해 무엇을 할 수 있는지 실천 계획을 세운다. 이 단계는 무력감을 피하고 자기주도성을 갖게 하는 데에 아주 중요하다. 세상이 불공평하다는 사실에 몹시 절망하는 사람들이 있다. 많은 사람이 그런 절망감에 수긍할 수 있다. 그러나 부정적이거나 비합리적인 신념이 절망감을 더 확대 해석한다면 그건 올바르지 않다. 오히려 자신이 바라는 공평한 세상에 대한 신념을 얻으려면 어떤 마음가짐으로 살아야 할지 생각해 보는 게 실질적으로 더 유용할 수 있다.

더불어 공평한 미래가 될 수 있도록 내가 할 수 있는 방법을 모색해 본다면 개인의 차원을 넘어 공동체에도 긍정적인 효과를 가져올 수 있을 것이다. 지금은 세상이 불공평하다는 신념이 사실일지라도 앞으로의 세상은 바꿀 수 있다고 생각하고, 자신의 삶을 어떻게 바꿀 것인지 생각하자. 그것이야말로 공평한 세상이라는 결과를 가져오는 데 훨씬 더 유익할 것이다.

고대 그리스 시대의 스토아학파 철학자였던 에픽테토스는 이렇게 말했다. "인간은 외부에서 일어나는 일이 아니라, 그 일을 바라보는 자신의 관점에 따라 좌지우지된다. 그러니 어렵고 괴로운 일을 당했다고 세상을 비난하지 말고 바로 네 자신의 생각을 되돌아보라." 또 이런 말도 했다. "누군가 당신을 비방하거나 공격하거나 모욕한다는 생각이 들면, 상대 행동이 실제 그런 게 아니라 당신이 그렇게 생각한다는 사실을 기억하라. 누가 당신을 화나게 하는가. 그 원인은 상대가 아니라 바로 당신의 생각일 것이다."

현대 CBT의 입장은 2,000년 전의 지혜와 하나도 다르지 않다. 앞서 언급했듯이 선행사건(A)과 신념(B)을 확인하고 실제로 선행사건과 신념에 도전(C)한다는 것은 말처럼 쉽지 않다. 그러니 새로운 기계 사용법을 익히는 것처럼 ABC를 학습하고 반복적으로 연습하자. 그래야만 원하는 결과를 얻을 수 있다.

비합리적 사고와 그 뿌리

반드시 해야 한다?

비합리적 사고를 합리적 사고로 바꾸어야만 정서와 행동반응도 합리적이고 긍정적으로 변화한다. 합리적 정서행동치료의 창시자이자 CBT의 원조라 할 수 있는 엘리스는 정서적 문제를 일으키는 비합리적인 사고로 다음과 같은 것을 제시하였다.9,15

· 나는 주변 사람들로부터 항상 사랑받고 인정받는 사람이 되어야만 한다.

· 나는 모든 면에서 완벽할 정도로 유능하고, 가치 있고, 성공적이어야만 한다.

· 사악하고 야비한 사람들이 있다. 그들은 반드시 비난과 준엄한 처벌을 받아야만 한다.

· 내가 원하는 대로 일이 되지 않는다면 그건 끔찍한 인생일 것이다.

· 불행은 내가 통제할 수 없는 외부 상황에서 발생하는 것이므로, 내가 불행을 막을 방법은 없다.

- 위험하거나 끔찍한 일이 내게 일어날 가능성이 항상 존재하기 때문에 늘 두렵기만 하다.
- 살다 보면 힘든 일이나 책임져야 할 일이 생기는데, 이런 일은 해결하려고 노력하지 말고 그냥 피하는 게 상책이다.
- 나는 의지할 누군가 필요하고, 나를 돌봐 줄 사람이 늘 주위에 있어야 한다.
- 우리는 과거의 영향에서 벗어날 수 없다. 그러므로 지금의 내 행동과 운명은 과거의 경험과 사건에 의해서 결정된다.
- 다른 사람들이 어려운 처지에 있거나 힘들어하면 내 일처럼 안타까워해야 한다.
- 해결책이 없는 문제는 없다. 그러므로 내가 가진 문제의 해결책을 찾아야만 한다. 그렇지 않으면 큰 혼란이 생길 것이다.

　　인간을 파멸로 몰아넣는 근본적인 문제는 위와 같은 비합리적인 사고나 신념이다. 우리는 살아가면서 주어진 상황을 긍정적으로 생각하느냐, 아니면 부정적으로 생각하느냐에 따라 그 결과로 나타나는 정서와 행동에 큰 차이가 생긴다는 것을 경험을 통해서 잘 알고 있다. 이처럼 사고와 정서와 행동은 서로 밀접하게 연관되어 있다. 비합리적 사고나 신념에 의해 생겨난 부적절한 정서나 역기능적 행동은 또 다른 비합리적 사고나 신념을 촉발한다. 그리하여 악순환이 되풀이된다. 이러한 악순환의 고리를 끊으려면 먼저 생각부터 바꾸어야 한다. 즉, 비합리적인 사고나 신념을 합리적인 것으로 바꾸는 노력이 있어야 정서와 행동을 바꿀 수가 있다. 위에서 제시한 부정적 신념 중 몇 가지가 자신에게 해당하는지 체크해 보라.

인간은 근본적으로 불완전한 존재이다. 전지전능하지 않기 때문에 사람의 일에 당위성must, should, ought to, have to을 요구하는 것은 결코 바람직하지 않다. 엘리스는 절대적이고 당위적인 사고야말로 인간 문제의 근원이라고 간파했다. 인간은 자신이 소망하는 일에 대해 '○○ 하지 않으면 안 된다' '반드시 ○○ 해야 한다' '당연히 ○○ 해야 한다'와 같은 당위적 사고를 한다. 이와 같은 비합리적인 사고나 신념의 뿌리에는 다음과 같은 세 가지 당위성이 존재한다.16

(1) 자신에 대한 당위성I must

'나는 실수해서는 안 된다' '나는 직장에서 해고되면 안 된다' '나는 훌륭한 사람이어야 한다' '나는 항상 잘해야 하고, 사람들에게 사랑과 인정을 받아야만 한다' 이런 요구는 스스로에 대한 당위성이다. 이런 당위적 사고가 실현되지 않으면 우울해지고 수치심, 죄책감을 느끼는 등 쉽게 자기파멸적 생각에 빠진다.

(2) 타인에 대한 당위성others must

우리와 밀접하게 관련된 사람들, 즉 부모, 자녀, 배우자, 친구, 애인, 직장 동료에게 당위적인 행동을 기대하는 태도이다. '다른 사람들은 내게 항상 친절하고 잘해야 한다' '부모니까 나를 사랑해야 한다' '자녀니까 내 말을 들어야 한다' 등 가까운 타인에게 바라는 당위적 기대가 이루어지지 않으면 인간에 대한 불신감과 배신감을 갖게 되고, 쉽게 화가 나며 공격적으로 행동할 수 있다. 이러한 배신감 또한 인간에 대한 회의를 낳아 결국 자기 비관이나 파멸로 이어질 수 있다.

(3) 조건에 대한 당위성conditions must

우리에게 주어진 조건에 대해 당위성을 기대하는 것이다. '내 방은 항상 깨끗해야 한다' '내 사무실은 아늑해야 한다' '우리 가정은 늘 사랑이 넘치는 가족이어야 한다' '내가 하는 일은 힘들거나 더럽거나 위험한 일3D, difficult, dirty, dangerous이 아니어야 한다' 이런 태도는 자신에게 주어진 상황에서 당위적인 요구를 하는 모습이다. 많은 사람이 이와 같은 당위적 요구를 기대한다. 그리고 기대한 만큼 결과가 나오지 않으면 화를 내거나 부적절한 행동을 한다.

이처럼 비합리적인 신념이나 사고의 원인에는 '꼭 그래야 한다'는 당위성이 있다. 그리고 그 당위성이 충족되지 못하면 1) 사건을 과장해서 해석하는 과장적 사고, 2) 실망스러운 결과를 받아들이지 않는 좌절불포용, 3) 총제적으로 인간 가치를 비하하는 태도 등으로 발전된다. 먼저 과장적 사고는 현실을 있는 그대로 직시하기보다는 훨씬 더 과장해서 생각하는 태도를 말한다. 예를 들어 '○○이 끔찍하다' '○○ 하면 큰일 난다' 식의 표현이다. 두 번째 좌절의 불포용이란 욕구가 좌절된 상황을 참지 못하는 것을 가리킨다. 세상에는 인간이 할 수 있는 일이 있고 그렇지 못한 일이 있는데 인간의 한계를 인정하지 않는 경우도 이에 해당된다. 마지막으로 인간 가치의 총체적 비하란 자신이나 타인이 저지른 사소한 잘못 하나를 가지고 자기의 가치나 타인의 가치를 총체적으로 과소평가해 버리는 태도이다.

이런 태도를 가지면 아주 쉽게 자기비하에 빠지거나 타인을 폄하하게 된다. 예를 들면 "국어시험을 잘 못 봤어."라고 말해도 될 것을 "나는 국어시험도 제대로 못 보는 바보 같은 놈이야."라고 말하는 태도가 바로 자기비하적 태도이다. 이처럼 자기패배적 신념은 분열적 정서와 역기능적 행동을 만들어 낸다.10 사람들이 일상생활에서 정신건강문제를 겪는 이유는 이러한 자기패배적 신념을 내면화하여 자기 스스로 정서적으로 혼란스러운 상태를 초래하기 때문이다.

CBT는 이러한 비합리적인 사고나 신념, 당위적 사고가 비합리적이고 비효과적이라는 점을 학습시키고, 나아가 합리적이고 효과적이며 올바른 사고로 전환하도록 인도한다. CBT의 치료법을 실천하다 보면 불안, 우울, 분노, 죄책감, 스트레스, 소외감 등 정서적 문제가 점차 해소되고 적절한 행동으로 변하는 것을 체감할 수 있다.

생각의 중요성을 강조한 많은 명언들

> 인간의 사고를 가장 잘 보여주는 것이 인간의 행동이다.
>
> _존 로크 John Locke

> 생각을 바꾸어라, 그러면 세상이 바뀐다.
>
> _노먼 빈센트 필 Norman Vincent Peale

> 운명을 바꾸고 싶다면 생각을 바꾸어야 한다.
>
> _스티븐 코비 Stephen Covey

> 좋은 일이든 나쁜 일이든 이 모든 것은 당신 생각이 만든 작품들이다.
>
> _윌리엄 셰익스피어 William Shakespeare

> 어제의 생각이 오늘의 당신을 만들고, 오늘의 생각이 내일의 당신을 만든다.
>
> _블레즈 파스칼 Blaise Pascal

> 우리는 우리가 생각하는 대로의 존재일 뿐이다.
> 삼라만상은 우리의 생각과 더불어 생겨나는 것이니,
> 세계는 우리 생각이 만든 것이다.
>
> _석가모니 釋迦牟尼

> 사람들이 꿈을 이루지 못하는 이유는
> 생각을 바꾸지 않은 채 결과만 바꾸고 싶어 하기 때문이다.
>
> _존 맥스웰 John C. Maxwell

> 모든 사람이 세상을 바꾸겠다고 꿈꾸지만,
> 어느 누구도 자기 자신을 바꿀 생각은 하지 않는다.
>
> _레프 톨스토이 Lev N. Tolstoy

> 삶이란 우리 인생에 어떤 일이 일어나는가에 따라 결정되는 것이 아니라,
> 우리가 어떤 태도를 가지고 있는가에 따라 결정되는 것이다.
>
> _존 호머 밀스 John Homer Mills

> 할 수 있다고 믿는 사람은 그렇게 되고,
> 할 수 없다고 믿는 사람 역시 그렇게 된다.
>
> _샤를 드 골 Charles De Gaulle

> 낙관주의자는 장미꽃을 보지만, 비관주의자는 꽃이 아니라 가시만 본다.
>
> _칼릴 지브란 Kahlil Gibran

> 당신이 무엇을 하든지 긍정적인 생각이 부정적인 생각보다
> 훨씬 더 좋은 방향으로 이끌어 줄 것이다.
>
> _지그 지글러 Zig Ziglar

> 당신이 사물을 보는 방식을 바꾸면, 그 사물 역시 다르게 보일 것이다.
>
> _웨인 다이어 Wayne W. Dyer

> 길을 가다가 큰 돌을 만나면 약한 사람은 그것을 걸림돌이라 부르고,
> 강한 사람은 그것을 디딤돌이라고 부른다.
>
> _토마스 칼라일 Thomas Carlyle

> 두 사람이 교도소 쇠창살 너머를 바라보는데,
> 한 사람은 땅을 보고 다른 한 사람은 별을 보았다.
>
> _데일 카네기 Dale Carnegie

> 태도를 바꾸는 데는 아주 짧은 시간만 필요하다.
> 그러나 그 결과로 당신의 하루는 통째로 바뀔 것이다.
>
> _스펜서 존슨 Spencer Johnson

> 그 어떤 사실도 우리의 태도만큼 중요하지 않다.
> 왜냐하면 태도가 우리의 성공과 실패를 결정하기 때문이다.
>
> _노먼 빈센트 필 Norman Vincent Peale

> 생각이 바뀌면 행동이 바뀌고, 행동이 바뀌면 습관이 바뀌고,
> 습관이 바뀌면 인격이 바뀌고, 인격이 바뀌면 운명까지도 바뀐다.
>
> _윌리엄 제임스 William James

2장

불면증
나는 왜 잠들지 못하는가

힘든 마음을 고치려면

그냥 한숨 푹 잠을 자라.

_미구엘 드 세르반테스 Miguel de Cervantes,
스페인의 소설가이자 시인

24시간 중 가장 많은 시간을 차지하는 것이 수면이다. 물론 개인과 연령별로 수면 시간은 조금씩 다를 수 있으나, 평균적으로 적정 수면 시간은 7~8시간으로 알려져 있다. 7~8시간 정도의 수면을 취해야 다음 날 해야 할 공부나 일의 능률이 높아진다. 물론 건강에도 좋다. 만약 하루에 8시간씩 잔다고 하면, 인간은 하루 24시간 중 1/3을 잠자는 데 할애한다. 60세까지 산다면 무려 20년을 잠자는 데 보내고, 90세까지 산다면 30년이나 잠을 자는 셈이다. 잠을 자면서 보내는 시간이 우리 인생의 1/3을 차지하는 만큼, 수면은 인간에게 아주 중요하다.

이 정도로 긴 시간을 필요로 하는 것은 그럴 만한 이유가 있어서일 것이다. 실제 잠이 필요한 것은 휴식이나 재충전의 의미도 있지만, 뇌에서 중요하지 않은 기억은 지우고 장기저장이 필요한 기억을 따로 저장하기 위한 시간이 필요하기 때문이라고 한다. 게다가 수면은 육체적으로도 면역체계를 건강하게 만들기 위해서 반드시 필요한 메커니즘으로 알려져 있다.

수면 부족은 인간에게 여러 가지 형태의 부정적 결과를 가져다준다. 이미 여러 연구에서 밝혀졌듯이 수면이 부족하면 신체적으로는 졸음과 피로, 집중력 및 기억력 저하, 권태감과 무력감의 증가로 이어진다. 사회적으로는 대인관계에서의 즐거움 감소, 직장에서의 잦은 결근, 학업이나 업무 수행의 어려움을 일으키기도 한다. 게다가 알코올 복용 및 약물 자가 투여, 우울과 불안, 심각한 의료적 질환(심장질환, 심근경색, 고혈압, 만성통증, 비만, 당뇨병 등)을 일으킬 위

험도 증가시키고, 산업재해나 교통사고의 위험도 증가한다고 보고 되었다.[1-4]

누구나 걱정거리가 생기면 일시적인 불면증insomnia과 같은 수면장애를 겪을 수 있다. 그런데 이런 수면장애를 장기적으로 겪는 사람들이 늘면서, 요즘에는 현대병이라고 부를 만큼 너무나도 흔한 병이 되었다. 그런데 수면장애는 단순히 쉽게 잠을 자지 못하는 개인적 불편함에서 멈추는 게 아니라, 신체의 면역력까지 떨어뜨려 각종 질환의 원인이 되고 있기 때문에 이에 대한 사회적 대책이 시급한 상황이다.

'잠이 보약'이라고 말하듯이 수면은 지친 우리의 몸과 마음을 치유해 주는 역할을 한다. 이처럼 수면은 우리가 생각하는 것보다 우리 삶에서 차지하는 위상이 훨씬 더 크다. 이 장에서는 불면증의 원인과 치료를 CBT의 관점에서 살펴보기로 하자.

불면증의 원인

걱정은 낮에 하는 것이다

우리나라의 경우 건강보험 적용 대상자 중 불면증 환자가 2012년에 40만 3,417명에서 2016년에는 54만 1,958명으로 34.3%의 증가율을 보였고, 100명 중 1명은 불면증으로 인해 의료기관을 방문한 것으로 나타났다.[5] 불면증으로 인한 어려움을 겪고 있지만, 실제 병원이나 의료기관을 찾지 않는 사람들까지 포함하면 불면증으로 힘들어하는 사람의 숫자는 훨씬 더 많을 것이다.

불면증이란 주관적으로 수면의 불쾌감을 느끼는 것이고, 그 증상은 여러 가지로 나뉜다. 먼저 잠자리에 누웠는데도 잠들기 힘든 수면 개시의 어려움, 잠들고 난 후 수면 중에 자주 깨서 다시 잠들기 어려운 수면 유지의 어려움, 새벽에 깨서 다시 잠들기 어려운 조기 증상, 수면 시간이 짧거나, 잠을 자도 불충분하다고 느끼는 경우, 잠을 자도 개운하지 않아 숙면을 취하지 못했다고 느끼는 경우 등 다양한 형태로 나타난다. 일주일에 3일 이상 불면 증상을 겪는 기간이 1개월에서 6개월 정도 이어지면 보통 단기 불면증으로 분류되고, 6개월 이상이라면 만성 불면증으로 분류된다. 미국정신의학협회의 정신질환 진단 및 통계 편람DSM, Diagnostic and Statistical Manual of Mental Disorders에서 제시한 불면증 진단 기준은 다음과 같다.[6]

· 수면에 대해 심각한 심리적 불편함을 호소한다.
· 잠드는 데 걸린 시간 혹은 잠자리에 누웠으나 깨어 있는 시간의 합이 30분을 넘는다. 부가적으로 수면 효율성이 85% 미만이다.
· 일주일에 3일 이상 수면 곤란과 관련된 증상이 있다.
· 불면증 지속 기간이 최소한 3개월 이상이다.
· 수면장애 때문에 낮에 피로를 더 느끼거나 에너지가 저조하다고 느낀다. 그 외 졸림, 인지적(각성, 집중, 기억) 장애, 부정적 기분(과민성 혹은 우울한 기분), 행동장애(과다활동, 충동성, 과격한 행동), 사회적 활동 지장, 혹은 대인관계의 어려움 등의 증상을 최소한 한 번 이상 겪은 적이 있다.

이러한 불면 증상을 일으키는 요인은 복합적이다. 그러나 그 중에서도 대표적으로 세 가지 요인을 들 수 있다.[7] 첫째, 기질 요인predisposing factor이다. 이것은 불면증에 취약한 개인의 성격적 특징을 일컫는 것으로 대표적인 것이 높은 각성수준이다. 각성수준은 신체적, 정서적, 인지적 각성으로 표현되는데, 각성수준이 높을수록 불면증에 걸릴 확률이 높다.

수면이란 정신의 각성 상태와 반대되는 상태를 말한다. 수면은 정신의 이완 상태에서 가능한 것이기 때문에 신경과민처럼 각성

수준이 높은 개인은 불면증에 걸리기가 쉽다. 이런 사람들은 밤뿐만 아니라 낮에도 생리적인 각성수준이 상당히 높다. 불면증이 있는 사람은 정상 수면자보다 강박적으로 생각에 몰두하는 경향이 심하고, 사소한 일에도 걱정하며, 매우 조심스럽고, 쉽게 불안해한다. 결국 해소되지 못한 심리적 갈등이 신체적인 불편감으로 드러나고 각성 상태는 더욱 높아져 결국 정상적인 수면이 어렵게 된다.

둘째, 촉발 요인precipitating factor이다. 이것은 우리가 흔히 경험하는 생활 스트레스부터 인생의 큰 변화에서 불면증과 연관된 사건을 가리킨다. 불면증 환자의 74%가 특정한 스트레스 사건 이후에 불면증을 겪기 시작했다고 대답했다. 그중에서도 이별, 사별, 이혼 등 개인적인 상실 경험과 관련된 스트레스 사건이 불면증 발병과 가장 관련이 높은 것으로 나타났다. 그다음으로 가족 구성원의 질병, 죽음, 업무와 관련된 스트레스가 많았다. 대부분은 불면증을 유발하는 스트레스가 사라지면 불면증도 사라지지만, 기질 요인에서 각성 수준이 높은 사람은 스트레스 사건이 해결된 후에도 불면증이 지속될 가능성이 높다. 이러한 사례는 만성 불면증으로 발전된다.

셋째, 지속 요인perpetuating factor이다. 이것은 일시적인 불면증을 만성 불면증으로 만드는 데 기여하는 요인을 말한다. 최초로 불면증을 초래한 스트레스가 사라진 이후에도 계속해서 수면장애를 호소하는 만성 불면증 환자가 많다. 이 경우 치료에서 더 중요한 요소는 불면증을 촉발한 요인보다 지속시키는 요인이다. 지속 요인으로 꼽을 수 있는 것으로는 부적응적인 수면 습관, 수면 상실에 대한 걱정이나 두려움, 수면 부족으로 인해서 생활을 제대로 못할 것이라는 불안감 등이다. 부족한 잠을 보충하기 위해 낮잠을 잔다거나 침대에 오랜 시간 누워 있으면서 잠을 청하는 행동은 어느 정도 수면을 보상해 주는 측면도 있지만, 장기적으로 보면 나쁜 수면 습관으로 자리 잡아 불면증을 더욱더 만성화시킬 수 있다. 만성 불면증 환자는 스트레스 사건과 상관없이 불면증을 경험하기 때문에 무력감을 느끼고 불안해하며, 그 결과 더 심한 스트레스를 받게 된다. 밤에 잠들기 어렵다면 다음과 같은 질문을 스스로 체크해보라.

☐ 밤에 잠들기 어려운가?
☐ 잠들기까지 30분 이상 걸리는가?
☐ 여러 가지 생각이 계속 떠오르는가?
☐ 걱정거리 때문에 불안해하며 잠들지 못하는가?
☐ 잠에서 깼다가 다시 잠드는 데 어려움을 겪는가?
☐ 밤늦게 혹은 이른 새벽에 여러 차례 잠에서 깨는가?
☐ 아무리 늦게 자도 일찍 눈이 떠지는가?
☐ 우울증에 시달리는가?

위의 질문에 대해 '그렇다'가 3개 이상이라면 불면증의 징후가 있다고 볼 수 있으니, 전문가와 상담을 통해 의학적 원인이 있는지 살펴야 한다.[8]

불면증을 위한 인지행동치료

　　미국보건복지부에서 불면증을 위한 비약물적 치료 중 가장 효과적인 치료 방법이자 일차적인 치료법으로 권장하고 있는 것이 CBT이다. 불면증과 관련하여 CBT의 목표는 불면증을 지속시키는 요인을 제거하거나 적어도 이완시키면서 수면에 대한 잘못된 사고(신념, 태도)를 수정하는 것이다. 불면증의 원인이 신체상 의학적인 문제가 아니라면 다음 그림에서 보는 바와 같이 '수면을 방해하는' 잡념들이 원인일 가능성이 크다.[8]

　　다음 CBT 도식에 따르면, 불면증은 여러 가지 원인에 의해서 생겨날 수 있고 상당 기간 지속될 수 있다. 일단 불면증이 생기면 사고, 정서, 행동 및 신체적 반응이 반대로 불면증을 지속시키는 방향으로 상호작용한다는 것을 알 수 있다. 잠에 대한 걱정이 많으면 많을수록 잠들기가 더욱더 어려워지고, 밤에 잠을 잘 이루지 못하면 다음 날 낮잠을 자게 되므로 그날 밤엔 또다시 잠들기 어려워진다. 악순환의 연결고리가 형성되는 것이다.

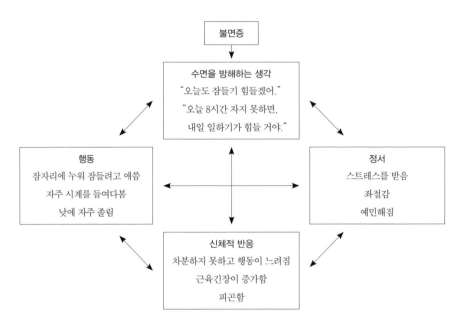

불면증에 따른 사고, 행동, 정서 및 신체적 반응

다음 두 사례를 보자.

〈사례 1〉

홍 대리는 정말 걱정이 많다. 평소 걱정을 좀 많이 하는 편이지만, 업무 마감일이 가까워지면 특히 심해진다. 걱정거리가 많아지면서 수면 패턴도 변했다. 평소에는 아침에 일어나면 상쾌함을 느끼는데, 요즘은 잠드는 데 시간이 오래 걸린다. 깨어 있을 때는 걱정이 많다. 잠자리에서도 업무 생각뿐이다. 큰 프로젝트를 맡고 나서는 혹시라도 마감일을 맞추지 못할까 전전긍긍하게 되었다. 혹시라도 일이 잘못되어 직장에서 해고되면 어쩌나 걱정이 태산 같다.

"정말 큰일이다. 아냐, 그런 일은 생각도 하지 말자." 중얼거리며 시계를 본다. "벌써 새벽 2시네. 5시에는 일어나야 하는데 어쩌지. 오늘 밤 잠을 잘 자지 못하면 내일 피곤해서 업무가 엉망일 텐데… 빨리 자자! 그런데… 왜 잠이 안 오지?" 또다시 걱정이 꼬리에 꼬리를 물며 끝이 없다.

〈사례 2〉

김 과장은 최근 다니던 회사를 그만두고 새로운 일자리를 찾기 위해 노력 중이다. 물론 마음이 가벼울 수가 없다. 퇴사 후 얼마간은 집안일을 돕기도 하고 옛 친구들과 어울리기도 했으나, 지금은 무슨 일을 하려고 해도 동기부여가 힘들다. 실직자라는 사실이 부끄러워 사람 만나는 것이 꺼려지고 혼자 집에서 보내는 시간이 점차 많아진다. 낮에 TV를 보다가 소파에서 잠드는 날도 많아졌다. 점차 무기력해지고 에너지가 고갈되는 게 느껴진다. 낮잠을 자다 보니 새벽 3~4시에 자주 깨고 다시 잠들기가 힘들어졌다. 혹시나 도움이 될까 싶어 혼자 술을 마시기 시작했다. 그렇게 되니 낮에 더 피곤해지고 기분도 예민해지기 시작했다.

홍 대리와 김 과장은 모두 공통적으로 불면증이라는 수면장애를 갖고 있다. 가장 흔하게 나타나는 수면장애 증상은 잠들기 어려움, 숙면하기 어려움, 새벽 일찍 깨기, 나쁜 잠버릇 등을 들 수 있다.

이런 증상을 가진 사람은 그다음 날 정신적, 신체적으로 심한 피로감을 느낀다. 한두 번 밤잠을 설치는 것을 수면장애라고 보지는 않는다. 내일 시험이나 면접을 앞두고 있는 사람은 좀처럼 금방 잠들기 어렵다. 그렇다고 해서 이런 증상을 불면증이라고 진단하지는 않는다.

연구 결과에 따르면, 하룻밤의 수면장애는 다음날 업무 수행에 큰 영향을 주지는 않는다고 한다. 최상의 컨디션은 아닐지라도 업무 수행에 지장은 없다는 것이다. 그러나 장기간 수면을 제대로 취하지 못하면 집중력, 문제해결력, 결정과 판단력에 부정적 영향을 줄 수 있다. 장기간 수면장애를 겪는 사람이 낮에 운전을 하거나 기계를 조작하는 일을 하면 사고가 날 확률이 크다. 게다가 수면이 부족하면 기운이 없고 쉽게 불안해지며 예민해지기 쉽다. 이러한 정서 상태는 업무 수행과 대인관계에도 부정적인 영향을 끼치는 만큼, 수면은 우리가 생각하는 것보다 일상에 미치는 영향이 훨씬 크다고 할 수 있다.

수 면 의 단 계
양보다 질이 중요한 활동

수면이란 하루 동안 육체적, 정신적 활동을 하고 난 후, 휴식과 회복을 위해 필요한 시간이다. 그렇다면 수면 시간은 어느 정도가 적당할까? 사람마다 필요한 수면 시간은 동일하지 않다. 또한 인생의 주기마다 필요한 수면 역시 다양하다. 갓난아기는 하루에 평균 17시간 동안 잠을 잔다. 아동기가 되면 보통 9~10시간 수면이 필요하다. 그러다 성인이 되면 8시간 정도 수면이 필요하지만, 8시간 이상 필요한 사람이 있기도 하고 그 이하의 수면 시간으로도 충분한 사람들도 있다. 나이가 들수록 수면이 덜 필요한 것은 아니지만 수면의 유형은 변한다. 즉 나이가 들수록 깊은 숙면이 어려워지고, 자주 깨는 경향이 있다. 이처럼 수면의 양이나 유형이 나이에 따라 달라지지만 가장 중요한 것은 수면 후 결과다. 즉 다음날 몸과 마음이 상쾌하고, 생활에 지장이 없다면 당신은 이상적인 수면을 했다고 볼 수 있다.

인간이 왜 잠을 자는지 그 이유는 정확하게 밝혀지지 않았다. 그러나 여러 가지 면에서 합리적인 설명을 시도하는 이론들을 간단히 살펴볼 수는 있을 것이다. 모든 동물은 어떤 방식으로든 잠을 자고 그 결과 신체와 뇌의 기능을 회복시킨다. 수면에는 규칙적인 주기가 있는데 인간의 평균 수면을 8시간이라고 가정한다면, 8시간의 수면 중 얕은 수면과 깊은 수면이 90분 주기로 약 4~5차례 반복된다. 정상적인 수면은 깊은 수면을 가리키는 비렘수면non-rem과 얕은 수면 상태인 렘수면rem으로 이루어진다.

수면의 50~80%를 차지하는 것이 비렘수면이다. 깊은 수면 상태인 비렘수면 상태가 되면 호흡, 심장박동, 뇌파가 느려지고 호흡근을 제외한 모든 근육이 이완 상태가 된다. 이 상태에서는 육체에 쌓인 피로가 해소되고 면역체계가 강화되며 성장 호르몬이 분비된다. 비렘수면은 뇌파의 변화에 따라 다시 3단계로 구분된다.

비렘수면의 1단계는 가수면 상태로 아직 잠이 든 것도 아니지만 그렇다고 깨어 있는 것도 아닌 중간 단계의 상태이다. 1단계 비렘수면 상태에 도달하면 코를 골면서 자고 있다가도 옆에서 깨우면 본인은 잠들지 않았다고 말할 정도다. 이 상태는 잠자리에 든 후 처음 10분 사이에 일어난다. 1단계가 차지하는 시간이 길면 아무리 잠자리에 오래 있었어도 숙면한 느낌이 들지 않는다. 2단계는 얕은 정도의 수면 상태로, 하루 동안 받아들인 단편적인 정보들이 뇌에 입력되는 시간이다. 3단계 비렘수면은 서파수면이라고도 하는데 가장 깊은 잠에 빠지는 단계이다. 3단계의 비렘수면 상태에 있다가 전화 소리에 깨어 통화를 하고 나서 다시 잠들면 그다음 날 간밤의 통화를 기억하지 못한다. 이 단계의 수면은 잠든 초기에 일어나고 밤이

깊어질수록 줄어든다.

수면의 20~45%를 차지하는 것이 렘수면이다. 렘수면은 얕은 잠에 든 상태를 말하는데, 이때에도 뇌는 활발하게 활동한다. 이 상태에서는 눈을 감고 있어도 안구는 활발하게 움직인다. 물론 본인은 자각하지 못하지만 뇌는 여전히 활발한 활동 상태에 있는 것이다. 그리하여 뇌 안에서는 대뇌혈류 및 산소 소모량이 증가한다. 거의 모든 꿈은 이 렘수면 상태에서 일어난다.

비렘수면과 렘수면이 적정량을 유지하면서 수면사이클을 형성할 때 건강한 수면이라고 말한다. 만약 비렘수면 또는 렘수면이 부족하면 한꺼번에 비렘수면과 렘수면이 나타나는 리바운드 현상을 겪게 된다. 충분히 수면을 취하지 못한 다음 날, 잠을 한꺼번에 몰아 자는 것이 대표적이다. 렘수면을 취하지 못하면 다음 수면은 더 높은 비율로 렘수면을 하게 된다. 왜냐하면 우리 몸은 이런 종류의 수면이 필요하기 때문에 적정한 렘수면을 놓치면 몸은 언제라도 그것을 보충하려 들기 때문이다. 간밤에 잠을 충분히 잤는데도 다음날 여전히 피곤함을 느낀다면, 이유는 두 가지로 추측할 수 있다. 첫째, 얕은 수면만 계속되어 생체 회복이 제대로 이루어지지 않았거나, 둘째, 렘수면 상태에서 코골이 혹은 수면무호흡과 같은 수면장애 증상으로 인해 깊은 수면을 취하지 못해서일 수 있다.

수면이 일상생활에 미치는 영향은 생각보다 크다. 그러나 많은 사람이 수면장애로 나타나는 증세를 쉽게 생각하는 경향이 있다. 불면증, 수면무호흡, 기면증嗜眠症(밤에 잠을 충분히 잤는데도 낮에 갑자기 이유 없이 졸리고 무기력감을 느끼는 증세) 등의 증상이 나타나면 그냥 지나쳐서는 안 된다. 이와 같은 증상들은 큰 다른 병증으로 발전할 수 있으므로 초기에 세심한 주의가 필요하다.

수 면 에 대 한 편 견

꼭 '잘' 자지 않아도 된다

수면에 대한 그릇된 믿음과 잘못된 생각이 불면증을 악화시킨
다. 그러므로 불면증을 지속시키는 왜곡된 역기능적 사고를 보다 합
리적이고 현실적이며 적응적인 사고로 대체하는 것이 중요하다.

불면증 환자들이 흔하게 보이는 역기능적 사고는 다음과 같다.

· 하루에 꼭 8시간은 자야 낮 동안 제대로 활동할 수 있다.
· 밤에 여러 번 잠에서 깨어나는데, 그것 때문에 다음 날 효율성
  이 떨어지는 것 같다.
· 불면증은 타고난 것이므로 고칠 수 없을 것이다.
· 오늘 밤에 잠을 제대로 자지 못하면 내일 업무에 지장을 받
  는다.
· 어젯밤에 잘 못 잤으니 낮잠으로 보충해야 한다.
· 나이 들어 불면증에 걸리는 것은 당연하다.

위와 같은 생각은 모두 잘못된 것이다. 인간의 평균 수면 시간

은 7~8시간이지만 누구에게나 똑같이 적용되는 것은 아니다. 사람마다 필요한 수면 시간은 모두 다르기 때문에 본인에게 적정한 수면 시간을 알아내는 것이 중요하다. 이때 기준이 되는 것은 낮 시간에 느끼는 피곤함의 정도다. 전날 잠을 적게 잤는데도 다음날 별로 지장이 없다면 전날의 수면 시간은 내게 적당한 것이다. 잘못된 수면 습관, 잠에 대한 집착, 그리고 불안에서 벗어나려면 자신에게 적당한 수면량을 찾는 것이 중요하다.

밤중에 몇 번씩 깨는 것은 정상적인 수면의 일부분이다. 보통 사람들이 잠에서 깨는 횟수가 평균 12번이라고 한다. 이 중 상당수는 우리가 의식하지 못하는 사이에 일어나기도 한다. 누군가는 기질 요인 때문에 불면증을 겪기도 하지만, 그 요인이 절대적인 것은 아니다. 불면증을 유발하고 지속시키는 요인은 대개 인지와 행동 요인으로 얼마든지 통제 가능하다. 전날 밤의 수면과 다음 날의 정신적, 신체적 효율성은 일대일의 관계가 아니다.

잠을 잘 잤어도 다음 날 피곤을 느끼게 하는 요인들은 얼마든지 있다. 예를 들어, 현재 복용하는 있는 약물의 부작용, 카페인 리바운드, 우울증, 식습관, 통증, 과도한 운동, 비만, 염증 등이다. 수면의 양보다 더 중요한 것이 수면의 '질'이다. 침대에서 오랜 시간 있게 되면 오히려 수면 욕구와 생체 리듬이 교란되기 때문에 우울증에 걸릴 확률이 증가할 수 있다. 나이가 들수록 더 자주 깨는 것은 사실이지만, 모든 노인이 불면증이 있는 것은 아니다. 이 또한 예방할 수 있는 방법이 많이 소개되어 있다.

숙면을 위한 4가지 방법

파악, 환경, 루틴, 관리

그리스 신화에 등장하는 '수면의 신'인 히프노스Hypnos는 손에 양귀비꽃을 들고 있다. 양귀비꽃은 아편의 재료로써, 고대 그리스인과 이집트인들은 오래전부터 숙면을 위해 아편을 사용했다고 알려져 있다. 아편 이외에도 고대인들은 상추 주스, 맨드레이크 껍질, 사리풀이라 불리는 허브, 또는 알코올 등을 수면 보조제로 사용할 만큼 수면에 도움이 될 만한 지식이 풍부했다. 이처럼 중독성 물질의 사용은 그 역사가 깊다고 할 수 있다. 그러나 현대에 숙면을 위해 마약성 물질을 사용하는 일은 불법이다. 그렇다면 좋은 수면을 위해 시도할 수 있는 가장 좋은 대안에는 어떤 것들이 있을까?

1. 자기 자신의 수면을 점검하라

구체적으로 가장 먼저 할 일은 수면일지를 작성하는 것이다. 사람마다 필요한 최적의 수면 시간은 저마다 다를 수 있다. 그러니 자기 자신에게 꼭 필요한 수면 시간이 어느 정도인지 알기 위해서는 수면 일지를 작성해 보아야 한다. 일지를 기록하다 보면 자신에게 어떤 변화가 필요하고 또 어디서부터 시작해야 하는가를 정확히 알 수 있기 때문이다. 일주일 동안 수면일지를 작성해 본 다음, 여기서 배울 점이 무엇인가를 생각해 보라. 그 후에 다음 단계에서 필요한 기법과 전략을 살펴보고, 수면일지에 나타난 수면장애의 문제를 해결하는 데 적절한 방법이 무엇인지 확인하고 실행하라.

	월	화	수	목	금	토	일
잠자리에 든 시간은?							
소등한 시간은?							
잠들 때까지 걸린 시간은?							
잠자다가 깬 횟수는?							
자다가 깨어 있던 시간량은?							
수면을 취한 시간량은?							
아침에 잠에서 깨어난 시간은?							
잠자리에서 일어난 시간은?							
잠을 충분히 잘 잤다고 생각하는가? (10점 만점)							
오늘 아침 기분이 상쾌한가? (10점 만점)							

수면일지의 예

수면일지를 토대로 수면효율성도 계산해 볼 수 있다. 수면효율성을 계산하는 방법은 (총 수면시간/침대에 누워 있는 시간) × 100이다. 즉, 총 수면 시간을 침대(잠자리)에 누워 있는 시간으로 나누어 여기에다 100을 곱하면 된다. 수면효율성이 85% 이상이면 침대에 있는 시간을 상향 조정하고(원칙적으로 1주일에 15~30분), 85% 이하이면 하향 조정한다.

2. 자기 자신에게 맞는 수면 환경을 조성하라

실내 온도가 쾌적한지, 조명은 너무 어둡거나 혹은 너무 밝은 것은 아닌지, 수면에 방해가 되는 소음은 없는지, 잠자리가 편한지 등 자기 자신의 수면 환경을 먼저 확인해 보라. 물론 사람마다 수면 환경이 다를 수 있기 때문에 자기 자신에게 맞는 수면 환경을 찾기까지는 시행착오가 있을 수 있다. 그러나 중요한 것은 잠자리가 편해야 한다는 것이다. 잠자리가 불편하다면 매트리스나 침대를 바꿔 보자. 혼자가 아니라면 좋은 수면 환경에 대해 서로의 요구사항을 절충해 보자. 불면증이 심각한 상태인데 배우자가 코를 골거나 자주 뒤척인다면 각자 방을 따로 쓰는 것도 진지하게 고민해 보아야 한다. 숙면을 방해하는 요소가 무엇인지 파악하고 나면 그 요소를 회피하는 방향에서 해결책을 찾아 실행해야 한다.

3. 수면 행동과 수면 습관을 바꾸어라

수면과 관련된 자신의 행동이 수면에 도움이 되는지, 아니면 방해가 되는지 생각해 보라. CBT가 수면 개선을 위해 제시한 행동 가이드라인을 수면위생sleep hygiene이라 부른다. 여기서 제안한 좋은 수면을 위한 행동 수칙은 다음과 같다.

첫째, 잠들기 전에 꼭 해야 하는 어떤 일을 의식처럼 만든다. 잠자리에 들기 1시간 30분 정도 전부터 이제 내 몸은 긴장을 풀고 숙면을 준비해야 한다는 메시지를 주는 것이다. 예를 들어, 온수로 샤워를 하거나 따뜻한 물이나 우유를 마신다. 마음을 차분하게 하는 음악을 듣거나 책을 읽는 것도 좋다. 이때 뇌가 너무 자극받지 않도록 하는 것이 중요하다. 잠자리에 들기 2시간 전에 일하거나, 격렬한 운동을 하거나, 너무 자극적인 책을 읽거나 텔레비전을 보면 숙면에 방해가 된다.

둘째, 수면을 방해하는 음식과 음료는 자제한다. 홍차, 녹차, 커피, 콜라와 같은 카페인 음료는 뇌를 자극해서 오랫동안 각성 상태를 유지시키기 때문이다. 따라서 건강한 수면을 위해서는 잠자리에 들기 3~4시간 전에는 이러한 음료를 피해야 한다. 또한 지나치게 물을 많이 마시는 것도 좋지 않다. 밤중에 화장실을 가려고 깨기 때문이다. 잠자리에 들기 2시간 전에는 음식을 먹지 않는 것이 좋다. 그러나 배가 또 너무 고프면 잠들기가 어려우므로 허기를 달래 주는 정도의 간식으로 마무리해도 좋겠다.

셋째, 술과 담배를 줄인다. 술은 마취 작용을 하여 잠드는 데 도움이 될 수 있지만, 깊은 숙면에는 오히려 방해가 된다. 얕은 잠을 자다가 자주 깰 수가 있고 다시 잠들기가 어려워진다. 담배는 자극적이며 수면을 취하고자 하는 신체적 능력을 방해한다. 그러므로 가능한 잠자리에 들기 전에는 술과 담배를 자제하는 것이 좋다.

넷째, 취침과 기상 시간을 엄격히 지킨다. 수면을 개선하고 싶다면 매일 취침 시간과 기상 시간을 일정하게 유지해야 한다. 자연스럽게 피곤하다고 느끼는 시간이 되면 바로 잠자리에 드는 것이 좋다. 그 시간대는 대략 저녁 10시에서부터 새벽 1시 사이일 수 있다. 가능하면 8시간 정도 수면을 취할 수 있도록 시간을 안배해야 한다. 늦게 잠자리에 들어도 정해진 시간에 일어나는 것이 중요하다. 조금이라도 잠을 보충하겠다는 생각에 늦잠을 자게 되면, 그날 저녁에는 쉽게 잠들지 못하고 다음 날 정해진 시간에 일어나는 것도 힘들어진다. 그리고 이러한 악순환이 반복된다.

인간의 몸은 일어나서 햇빛을 보기 시작한 후 약 15시간 정도 지나면 피로를 느끼도록 설계되어 있다. 따라서 전날 밤 늦게 잠들었다고 해도 다음 날 아침 정해진 시간에 일어나게 되면 그날 밤에는 일찍 잠자리에 들 수 있기 때문에 악순환의 고리를 초기에 끊을 수가 있다. 알람시계의 도움을 받아야 한다면 가능한 손이 닿기 힘든 곳에 놓아 두라. 알람을 끄기 위해서라도 몸을 움직이게 되므로 잠에서 쉽게 깨어날 수 있다. 건강한 수면 패턴을 만들기 위해서는 낮잠을 자제하는 것이 좋다. 낮잠 역시 밤에 쉽게 잠들지 못 하게 하는 요인이 될 수 있으므로 규칙적인 기상 시간과 취침 시간을 위해서는 낮잠을 피하도록 노력하자.

다섯째, 잠이 오지 않으면 억지로 잠을 청하지 말라. 만약 잠자리에 누웠는데 15분이 지나도 좀처럼 잠이 오지 않는다면 일어나서 적당히 움직이는 것이 좋다. 지나친 활동보다는 긴장이 이완될 만한 조그만 일을 찾아보자. 차분한 분위기를 유지하는 것이 무엇보다 중요하다. 이것은 불면에 대한 두려움 때문에 사태가 더욱 악화되는 악순환의 고리를 깨뜨리는 데 도움이 된다. 시간이 지나서 졸리거나 피곤해지면 다시 잠자리에 들어가라. 15분이 지나서도 잠들지 못한다면 위의 과정을 다시 반복하라. 수면 중 깨어나서 시간을 확인하거나, 얼마나 잠을 잤는지 확인하는 것은 금물이다. 수면 시간에 대해 집착하고 걱정하면 다음 수면에 방해가 될 수 있기 때문이다.

여섯째, 침실과 잠을 연결하라. 침실을 정했으면 반드시 잠잘 때만 사용하는 공간이라는 생각이 들게끔 해야 한다. 잠을 자기 위해 누웠다면 책을 읽거나, 일하거나, 핸드폰을 들여다보거나, 텔레비전을 보아서는 안 된다. 이러한 활동은 긴장 이완에 전혀 도움이 되지 않는다. 그러므로 침실이나 침대에서는 이와 같은 활동을 하지 말아야 한다. 침실이나 침대는 오직 잠자기 위한 공간으로만 사용하라. 만약 책을 읽고자 한다면 긴장 이완과 수면에 도움이 되는 것으로 한정하라. 이처럼 침실과 잠을 연결시키는 습관을 갖게 되면, 잠자리에 눕자마자 우리 몸과 마음은 어렵지 않게 수면 모드로 진입한다. 어느 순간, 자기도 모르게 잠이 드는 것이다.

일곱째, 긴장 이완 기법을 사용하라. 긴장을 풀어 주는 여러 가지 전략에 대해서는 다음 장에서 자세히 설명할 것이다. 요약하자면, 긴장 이완 기법에는 자기최면을 비롯해 여러 가지 기법들이 있어서 자기 자신에게 알맞은 전략을 찾아서 익히고 실천하면 놀라운 결과를 얻게 될 것이다.

여덟째, 낮에는 신체적 움직임을 활발하게 하라. 우리 몸은 피곤하면 자연스럽게 졸음이 쌓이도록 설계되어 있다. 낮 동안 움직이지 않고 오랜 시간 누워있으면서 밤에 숙면을 바라는 것은 잘못된 생각이다. 낮 동안에 신체 활동을 활발하게 하는 방법에는 여러 가지가 있을 수 있다. 굳이 체육관이나 스포츠 센터에 가지 않더라도 일상에서 실천할 수 있는 방법을 찾아보자.

예를 들어, 자가용을 이용해서 출근하거나 쇼핑센터에 갈 때, 입구에서 먼 곳에 주차하고 나서 좀 더 걸어가는 건 어떨까? 대중교통을 이용한다면 한두 정거장 전에 내려서 산책 삼아 걷는 방법도 있을 것이다. 20분 동안 활발한 걷기와 산책은 훌륭한 운동이 될 수 있고 수면 패턴에도 효과적인 변화를 줄 수 있다. 물론 잠자기 2시간 이내에는 지나친 신체적 활동을 자제하는 것이 좋다. 정신과 신체를 각성한 상태로 만들기 때문에 긴장을 이완시키는 데 도움이 되지 않는다.

아홉째, 긴장이 이완되는 활동량을 늘려 나가라. 많은 사람이 일과 공부는 열심히 하지만, 그 외 긴장을 풀고 기분을 전환할 수 있는 활동에는 너무나도 인색하다. 낮 동안 심리적으로 여유로운 시간을 충분히 갖지 못하면 그 불만족감이 수면을 방해하게 된다. 그러므로 매일매일 아주 작은 일이라도 기분이 좋아지는 일을 찾아보도록 하자. 친구, 배우자, 혹은 자녀와 함께 더 많은 시간을 보내거나, 재미있는 책을 읽는다거나, 게임을 하거나, 공원을 산책하는 등 그 어떤 것도 좋다. 하루하루 기분이 좋은 일들이 쌓이면 그날그날 숙면을 즐길 수 있다.

4. 수면을 방해하는 잡념을 관리하라

설령 수면장애가 있더라도 이에 대해 지나치게 걱정하면 정신적으로 스트레스가 증폭되고 그에 따라 신체적인 긴장도 높아진다. 그 결과 부정적 행동 패턴이 나타나고 다시 잠을 이루지 못하는 악순환이 반복된다. 그러므로 수면 패턴을 바꾸려면 먼저 자신의 생각과 행동을 바꾸어야 한다. 어떤 생각과 태도, 그리고 행동에 주의해야 하는지 살펴보자.

첫째, 우울한 기분이나 불안감을 피하자. 불안, 공황, 우울과 같은 기분장애는 자연스럽게 수면문제를 일으킨다. 새벽에 깨는 일이 잦고 다시 잠들기 힘든 상황이 계속된다면 우울증을 의심해 볼 수 있다. 증상이 심하다고 느껴지면 바로 의사의 도움을 구해야 한다. 불안과 우울증에 대해서는 3장과 4장에서 더 자세하게 살펴볼 것이다.

둘째, 걱정을 줄여야 한다. 잠자리에 누워서 이런저런 걱정을 하면 당연히 쉽사리 잠들 수 없다. 자신이 걱정의 늪에 빠져 있는 순간을 알아차리면 '지금은 그런 걱정을 할 필요가 없어!'라고 상기해 보자. 어렵다면 아예 특정한 시간을 정해서 그 시간 동안에만 걱정을 몰아서 해보는 것도 좋은 방법이다. 자신이 걱정하는 일들의 목록을 만들어서 잠자리에 들기 전에 걱정거리의 해결 방법을 생각해 보라. 3장에서 소개할 '걱정 의사결정 나무'를 참조하면 좋다.

이렇게 시간을 정해 놓고 걱정거리를 해소하려고 노력했다면, 그 다음에는 유쾌한 기억, 휴가 계획 등 보다 즐겁고 긴장 이완이 되는 것을 떠올려 보라. 그래도 걱정되는 일이 있다면, 침대 근처에 펜과 종이를 보관해 두었다가 글로 적는다. 걱정거리를 글로 적는 행위는 일시적이긴 하지만 걱정거리가 내 마음속에서 떠났다는 기분을 느끼도록 해준다.

셋째, 잠들지 못하는 것에 대한 걱정 자체를 잠재워야 한다. 오래 누워있어도 잠들기가 힘들면 스스로를 채근하기 쉽다. '지금 잠들지 않으면 내일 일하기가 힘들 테니 빨리 자자.' 그러면 긴장을 푸는 일이 더 어려워진다. 시간을 확인하려고 핸드폰을 잠자리 근처에 두는 것은 금물이다. 핸드폰은 악순환의 시작을 알리는 전령이 될 것이다. 잠을 자는 행위는 신체적인 부분이 크다. 즉 내 몸이 육체적으로 쉬도록 하는 것이 수면이기 때문에 육체적 휴식을 목표로 삼아야 한다. 따라서 정신적 에너지를 쓰는 일을 줄이고, 신체적 근육을 이완시키며 마음을 편안하게 하는 연습을 꾸준히 한다면, 어느 순간 어렵지 않게 숙면을 즐기게 될 것이다.

불면증과 같은 수면장애를 개선하려면 약물 이전에 가장 먼저 나쁜 수면 습관부터 바꾸어야 한다.[8] 나쁜 습관을 바꾼다는 것은 잠을 제대로 자는 방법을 다시 배우고 익혀서 새로운 습관으로 만드는 것이다. 물론 수면 패턴과 습관을 바꾸려면 시간과 노력이 필요하다. 위에서 말한 방법들과 같은 지속적이고 장기적인 노력을 통해 새로운 습관을 만들어야만 건강한 수면 습관을 가질 수 있다는 것을 잊지 말자.

악 몽 에 대 한 대 처

1. 악몽

악몽은 생동감 있는 현실적인 이미지를 동반하기에 혼란스러운 감정 변화를 초래한다. 신체적으로는 심박수가 증가하고 그 결과 갑작스럽게 잠에서 깨어나기도 한다. 악몽을 꾸고 나면 불쾌한 기분이 한동안 계속된다. 악몽은 수면의 질을 떨어뜨리는 것은 물론, 육체적인 피로감과 정신적인 불안감 및 스트레스까지 유발시킨다. 악몽을 한 번 경험하고 나면 잠자리에 드는 것이 두려워진다. 악몽은 수면을 방해하는 것뿐만 아니라, 삶의 다른 영역은 물론 장기적으로 건강에도 부정적인 영향을 줄 수 있기 때문에 악몽의 원인을 파악하고 미리 예방할 필요가 있다.

악몽을 꾸는 원인에 대해서 여러 이론이 있지만, 전혀 악몽을 꾸지 않거나 혹 꾸었다고 해도 기억하지 못하는 사람들도 있다. 혼란스럽거나 끔찍한 일을 당해서 고통과 스트레스를 받게 되면 악몽을 경험할 가능성이 크다. 폭력적이고 잔인한 장면을 보게 되면 잔상이 기억 속에 남아서 잠자리를 어지럽힌다. 또한 불안장애, 우울증, 외상후 스트레스장애 등의 정신적 질환이 악몽을 유발하기도 하고, 실직, 출산, 수술 혹은 가족의 죽음과 같은 예측이 어려운 변화들 역시 악몽으로 이어지기도 한다.

만약 악몽을 꾸게 되면 어떻게 대처해야 할까? 먼저 악몽을 꾸다가 잠에서 깨어나게 되면 이건 그냥 꿈이라고 스스로를 다독여야 한다. 악몽이 심하다면 그 내용을 글로 적거나 신뢰할 만한 사람에게 악몽에 대해 털어놓는 것도 증상을 완화시키는 데 큰 도움이 된다. 종이 위에 악몽의 내용을 쓰거나 누군가에게 말로 털어놓다 보면 그에 대한 두려움이 줄어들고, 별거 아닌 것처럼 느껴지기 때문이다. 스트레스가 악몽의 원인이 될 수도 있으므로 요가와 명상, 독서, 뜨개질, 달리기, 사랑하는 사람 및 가족과의 즐거운 시간 보내기, 자기 전에 따뜻한 물로 목욕하기 등 쉽게 실천할 수 있는 방법을 시도하는 것이 좋다.

인지치료의 일종인 이미지 트레이닝, 즉 심상치료 기법도 악몽을 다스리는 데 유효한 결과를 가져다주는 것으로 알려져 있다. 이 치료 기법은 환자로 하여금 악몽의 결말을 직접 상상해 보도록 유도한다. 환자는 깨어 있는 상태에서 악몽의 결과가 최대한 만족스러운 것으로 끝나도록 상상한다. 예를 들어, 괴물에게 쫓기는 꿈을 꾸었다면 괴물이 당신을 잡았을 때 오히려 "이제 네가 술래야!"라고 외치는 장면을 상상하도록 한다. 그 결과, 쫓기는 게 아니라 술래잡기를 한 것처럼 인지 내용을 바꾸는 것이다. 절벽에서 떨어지는 꿈을

꿨다면 낙하산이 등 뒤에서 펼쳐지면서 안전하게 착륙하는 결말을 상상할 수도 있다. 입으로 소리 내어 말할 수도 있고 글로 적거나 그림을 그려볼 수도 있다. 각자 자신과 맞는 방법으로 악몽의 끝을 상상해보라. 변화를 체감할 것이다.

2. 수면을 돕는 약물치료

불면증 때문에 잠들기 어렵다면 수면제와 같은 약물치료의 도움을 받을 수도 있다. 약물치료는 접하기 쉽고 단기간에 빠른 효과를 나타내며, 환자의 노력이 필요하지 않다. 또한 복용하자마자 그날 밤에 효과를 볼 수 있기 때문에 급성불면증을 치료하는 방법으로 권장된다. 그러나 약물 사용 시 두통, 구토, 피로감 등의 부작용이 나타날 수 있고, 장기간 복용 시에는 남용, 의존, 내성, 중독, 낮 시간의 인지기능 저하 등의 부작용이 발생할 수 있으므로 약 2~4주 동안 최소 용량만 복용하는 단기 치료에 권장한다.[9]

만약 수면을 돕는 약물을 장기간 복용하면 자살 충동, 교통사고 유발, 인지장애, 알츠하이머 발생 위험을 증가시킨다는 연구가 있다.[10] 또한 약물을 자주 복용하면 사람에 따라 중독성이 생기기도 하고, 피곤과 숙취가 더해질 수도 있으며 장기복용에 다른 내성이 생겨 복용량을 늘리다 보면 인지기능이 저하되는 심각한 문제가 발생하기도 한다. 따라서 불면증을 고치기 위해 지나치게 약물에 의존하지 말고 약초 치료법, 신경조절치료법 등 새로운 의학적 치료에도 관심을 갖고 자신에게 맞는 치료법을 실천해 보는 것을 추천한다.

그러나 무엇보다도 일상의 습관을 고치는 것이 가장 좋은 방법이라는 것을 잊지 말자.

그림 | 존 레버리

「The Viscountess Castlerosse, Palm Springs」

3장

불안
두려움이라는 이름의 손님

두려움은 당신의 적이 아니다.

그것은 당신이 성장할 수 있는 길을

가리키는 나침반이다.

_스티브 파블리나 Steve Pavlina,
미국의 작가이자 연설가

불안anxiety은 가장 보편적이고도 흔한 심리적 문제 중 하나로써 많은 사람이 불안감의 고통을 호소한다. 불안은 의식적이든 무의식적이든 어떠한 위험이나 위협에 대한 심리적 반응이므로 생활 속에서 느끼는 위험이나 위협에 대한 삶의 경계경보라고 할 수 있다. 우리는 생활 속에서 많은 불편과 비능률을 경험하지만 정작 그 불안감의 원인이 무엇인지에 대해서는 무지할 때가 많다. 왠지 마음이 안정되지 않고, 정신집중이 어렵고, 자신도 모르게 몸이 긴장되어 뻣뻣해지면서 심장이 두근거리는 증상이 자주 있다면 불안을 의심해보아야 한다. 어느 정도의 불안은 정상적이지만, 생활에 큰 불편을 줄 정도로 불안이 심하다면 주의를 기울여야 한다.

현실적인 위험이나 위협에 대해 준비 태세를 갖추고 경계하는 일은 생존을 위해서 반드시 필요한 심리적 반응이다. 그런데 만약 실재적인 위험과 위협 앞에서도 전혀 불안을 느끼지 않는다면 생존이 위협당할 확률이 커질 것이다. 경우에 따라서는 적당한 불안과 긴장이 능률과 생산성을 높이는 생산적인 것이 되기도 한다. 불안이 문제가 되는 것은 특별한 이유도 없이, 또는 실제적인 위험과 위협의 정도보다 지나치게 심한 불안을 불필요하게 지속적으로 경험할 때이다. 불필요한 불안 때문에 심리적으로 고통받고, 일의 능률이 오르지 않고, 대인관계까지 기피하게 된다면 이런 불안은 극복되어야 할 심리적 문제가 된다. 이런 불안증세와 극복 방법에 대해서 자세히 살펴보자.

불 안 의 원 인
해소되지 못한 걱정 덩어리

불안은 대체로 걱정, 두려움, 혹은 공포의 감정을 의미하지만 실제로는 훨씬 더 많은 것을 함축하고 있다. 즉 '불안'이라는 것은 기분, 정서, 생각 그리고 신체적 감각까지 모두 포함하는 개념이다. 우리는 일상생활에서 더러 불안을 경험한다. 걱정거리가 생기면 불안하다는 건 지극히 당연한 심리적 반응이다. 살다 보면 자신의 힘으로는 감당할 수 없는 도전과 재앙을 맞이할 때가 있다. 이때 불안이 생기는 것은 너무나도 자연스러운 현상이다. 도전과 재앙 중에는 현실적인 사건에서 오는 것이 대부분이지만, 자신의 상상으로 만들어 낸 불행이나 비극적 사건인 경우도 적지 않다.

대인관계 상황에서는 자신의 가치나 인격이 손상될 위험성이 높을 때 불안을 경험한다.[1] 누구나 마찬가지일 것이다. 내가 을이라면 갑인 상대방 앞에서는 당연히 불안 수준이 높아질 수밖에 없다. 특히 호감을 얻고 높은 평가를 받고자 하는 상대 앞에서는 더욱 불안해지기 쉽다. 일상적인 대화 상황보다는 입시나 취업의 면접 상황에서 더 큰 불안감을 느낄 것이고, 내가 좋아하는 이성 앞에서는 그렇지 않은 이성을 대할 때보다 더욱 긴장되는 것이 당연하다. 또한 상대방의 반응을 예측할 수 없거나 상대방이 내게 적대적인 태도를 가지고 있다고 판단할 때 역시 불안이 높아진다. 낯선 사람을 만날 때 불안이 높아지는 이유는 상대방이 어떻게 반응할 것인지 알 수 없기 때문이다.

이러한 예측 불가능성은 곧 위협적인 상황으로 지각되기 쉽다. 무섭고 난폭한 직장 상사를 대할 때 불안해지는 이유는 자신의 인격과 가치가 상대방의 적대적인 태도 앞에 노출되고 손상될 가능성이 크기 때문이다. 예측하지 못한 상황이거나 적대적인 상대 앞에 있다 하더라도 스스로 적절하게 대응할 수 있다는 자신감이 있을 때는 문제가 없으나, 그런 상황에 대처할 만한 능력이 부족하다고 느낄 때는 상대적으로 훨씬 큰 불안을 경험한다. 불안이 심할 때 나타나는 증상을 세 가지 측면에서 살펴보면 다음과 같다.

(1) 정서와 행동

심한 불안을 경험하게 되면 보통 두려움, 우울감, 짜증, 분노 및 조급함을 느낀다. 불안감이 심한 사람은 자신의 불안감을 통제하기 위해 과도하게 억제하려고 하거나, 스스로 불안감을 통제하지 못하는 자괴감에 폭발적이고 과장된 정서 표현을 보이기도 한다. 또는, 상황에 맞지 않는 부적절한 감정적 태도로 어색하고 경직된 행동을 보일 때도 있다. 심각한 불안증세를 가진 사람이 보이는 행동적인 특징 중 가장 대표적인 것은 회피적인 행동이다.[2]

회피 행동은 불안을 유발하는 상황에서 벗어나거나 피하려고 노력하는 행동을 말한다. 불안의 원인이 되는 상황을 회피하고 거리를 두면 단기간의 안도감을 얻을 수 있을지는 몰라도, 회피한다고 해서 불안을 증폭시키는 상황에서 벗어나지 못한다는 사실을 확인하게 되면 불안 정서는 더욱더 심각해진다.

(2) 부정적 사고

불안은 미래에 대해 회의적이고 부정적인 시각을 갖게 한다. 이러한 인지왜곡은 부적응적인 정서를 촉발한다. 그러나 당사자는 자신의 인지적 증상이 비합리적이고 왜곡되어 있다는 것을 인식하지 못한다. 또한, 불안이 심한 사람은 부정성 편향negativity bias이라는 인지적 경향을 가지게 된다. 부정적으로 편향된 인지적 패턴을 가지게 되면 자신에게 닥칠 위험 요소에 대해서는 강한 확신을 갖지만, 대신 안전에 관한 정보는 무시하는 패턴을 보인다. 또한 지각, 판단, 의사결정을 내릴 때 긍정적인 정보보다는 부정적인 정보에 더 귀를 기울인다. 불안이 심한 사람은 특정한 상황에 내재된 위험을 과대평가하고, 그 위험에 대처할 수 있는 자신의 능력을 과소평가하는 성향이 있다.3

인간은 자신을 둘러싼 환경을 인식하고 자신에게 일어나는 일을 이해하고자 노력한다. 만약 무슨 일이 일어날지 예측하지 못하는 상황에 놓여 있다면 정말 끔찍할 것이다. 특정 환경에서 공황과 공포감을 느끼는 사람은 왜 그런 일이 일어나고 있는지, 그리고 그것이 무엇을 의미하는지 알고 싶을 것이다. 윌리엄 셰익스피어William Shakespeare는 『햄릿』을 쓰면서 "좋은 것과 나쁜 것을 구별하는 것은 생각이다. 그리 생각하면 그렇게 된다."고 말했다. 나 자신이 세상을 이해하는 방법에 따라 세상은 안전한 곳이 되기도 하고 위험한 곳이 되기도 한다는 의미이다.

사고와 정서가 밀접하게 연관되어 있다는 것은 널리 알려진 사실이다. 누구나 자신이 위험하다고 생각해 온 상황에 실제 놓이게 되면 심한 두려움을 느낄 것이다. 외계인과 괴물이 실제 존재한다고 믿는 사람들은 이런 주제의 공포영화를 절대 즐길 수가 없다. 자신이 실제 그런 상황에 놓여 있다고 믿기 때문이다. 반대로 외계인과 괴물은 그저 영화 속에 등장하는 허구이고 실제 존재하는 것은 아니라고 생각하는 사람들은 공포영화를 즐기는 데 아무 문제가 없다. 이 모두가 생각의 차이에서 온다.

(3) 신체적 감각

마음이 불안하면 특정한 신체적 감각을 촉발할 수 있다. 불안으로 야기될 수 있는 가장 흔한 신체적 감각들로는 다음과 같은 것들이 있다.[4]

· 심장이 갑자기 빨리 뛴다.
· 가슴이 답답하고 숨 쉬는 것이 힘들어진다.
· 손과 몸에 땀이 많이 난다.

- 팔과 다리를 떨거나 흔든다.
- 손과 발이 차가워진다.
- 입안이 바짝 마른다.
- 시야가 흐려진다.
- 소화불량, 설사, 변비가 생길 수 있고, 구역질이나 위경련이 나타난다.
- 근육 긴장과 그로 인한 두통이 심해진다.
- 내 몸이 실제로 여기에 있지 않다고 느끼거나, 영혼이 몸 밖으로 나와 주변을 내려다보고 있는 것처럼 느끼기도 한다.
- 모든 것이 마치 현실이 아닌 것처럼 느껴진다.
- 현기증이 나거나 정신이 멍해진다.
- 목에 뭔가 걸려 있는 것 같아 음식을 삼키기가 힘들다.
- 이유 없이 구역질하거나 먹은 것을 토하기도 한다.
- 긴장과 초조함을 느낀다.
- 통증과 고통을 느낀다.
- 잠들기 어렵다.

인간은 위험한 상황에 있다고 느낄 때 불안을 경험한다. 지극히 정상적인 반응이다. 이런 경우 신체는 싸우거나fight, 도망가거나flight, 혹은 움츠러드는freeze 반응을 보인다. 위의 세 가지 반응은 자동으로 이루어지는데, 수만 년에 걸쳐 인간이라는 생명체가 생존을 위해 발달시킨 메커니즘이기도 하다. 정글에서 굶주린 야생 동물과 마주쳤다고 가정해 보자. 어떤 동물이냐에 따라 정면으로 대응하거나, 최대한 빨리 도망치거나, 혹은 죽은 척하고 가만히 있는 선택을 할 것이다. 또한 상황과 사람의 기질에 따라 대처하는 방법은 모두 다를 것이다.

인간은 자신에게 해가 될 만한 위험을 감지하면 위에서 열거한 신체적 활동을 촉발하는 화학물질인 아드레날린을 분비한다. 아드레날린은 신체적 변화를 일으키며, 그 결과 평소보다 더 빨리 달리거나 더 많은 힘을 발휘하게 되어 자신과 가족을 보호할 가능성을 높여왔다. 만약 이러한 신체적 반응이 없었다면 인류는 살아남기 힘들었을 것이다.

그런데 이런 신체적 반응이 항상 긍정적인 결과만을 가져다주는 것은 아니다. 야생동물처럼 외부적인 위험 요소로부터 자신을 효과적으로 보호할 수 있었으나, 인간관계처럼 보이지 않는 사회적 관계를 위험한 것으로 지각하면 인간은 자신의 신체에 부정적인 결과를 만들어 낸다. 즉 대인관계나 활동에서 자신이 바보처럼 비치거나 그와 같이 대접받을까 두려워하는 태도를 갖게 되면 사회적 관계를 위협적인 것으로 자각하는 것이다. 사회적 관계를 위험 요소로 자각하면 할수록 불안감과 두려움이 증가하고 혹시라도 심장마비나 뇌출혈 같은 질병을 얻는 것은 아닐까 걱정할 정도로 극심한 신체적 변화와 고통까지 경험하게 된다.

불안장애를 위한 인지행동치료

　모든 유형의 불안은 자신이 처한 상황과 경험에 연관된 생각에서 비롯된다. 공황발작을 겪는 사람들은 심장마비나 뇌출혈을 염려할 정도로 끔찍한 발작을 경험한다. 혹시 다른 사람이 알게 되면 사회생활이 어려워질까 봐 두렵기도 하다. 강박장애를 가진 사람은 정해진 순서대로 일하지 않거나, 손을 깨끗이 씻지 않아서 청결하지 않다고 느끼면 뭔가 끔찍한 일이 일어날 것 같은 불안감을 호소한다. 외상후 스트레스장애를 가진 사람들은 트라우마trauma(정신적 외상)의 기억을 회피하려고 한다. 그러므로 이런 장애를 겪는 사람으로 하여금 과거의 사건을 자세하게 상기하도록 하면 감당하기 힘든 심리적 동요를 경험한다.

　앞서 예시한 불안 증상 중에서 어느 하나라도 일상생활에 영향을 미칠 만큼 자주 느낀다면 불안장애일 수도 있으므로 도움을 청해야 한다. 불안은 생존을 위해 필요한 것이기도 하지만, 불필요한 불안은 커다란 심리 문제를 초래한다. 그 예를 제시하면 다음과 같다.

- 스트레스 상황이 아닌데도 불안을 보일 경우
- 스트레스 상황이 제거되었는데도 계속 불안을 보일 경우
- 스트레스 상황이 아닌데도 뚜렷한 이유 없이 불안을 보일 경우

불안을 겪는 사람들은 우울 증세를 동반하는 경우가 많다. CBT 에서는 정의하는 불안이란 다른 사람들에 비해 특정한 사건이나 상황을 더 위험하고 위협적인 것으로 받아들이는 왜곡된 지각의 결과이다. 위험 상황이라고 자각하고 불안감을 느끼면 스스로 위험을 해결하거나 감당할 능력이 없다고 판단하기 때문에 해결책을 찾으려는 시도조차 능동적으로 하지 않는다. 이처럼 CBT에서는 사건 자체에 불안의 원인이 있는 것이 아니라, 그 사건에 대한 개인의 인지적 해석이 불안을 초래한다고 가정한다. 영국 옥스퍼드 대학교 심리학과 교수이자 보건부 임상고문인 데이브드 클락David, M. Clark은 다음 그림5처럼 불안이라는 정서 상태가 부정적 사고와 신체적 증상이 서로 되먹이는 순환관계에 있다고 보았다.

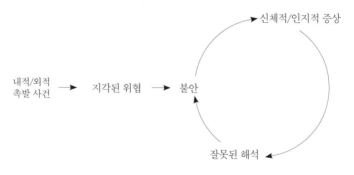

클락의 인지적 불안 모델

이를 보다 구체적으로 도식화해 보면 다음과 같다.

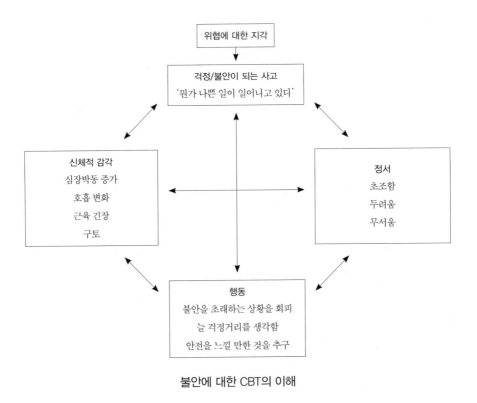

불안에 대한 CBT의 이해

위에서 제시하듯 CBT에서 보는 불안은 인간의 사고, 정서, 신체적 감각, 행동이 유기적으로 작동해서 일어나는 현상이다. 인간의 몸과 마음이 불안에 대해서 반응하는 방식은 다음 그림6과 같다.

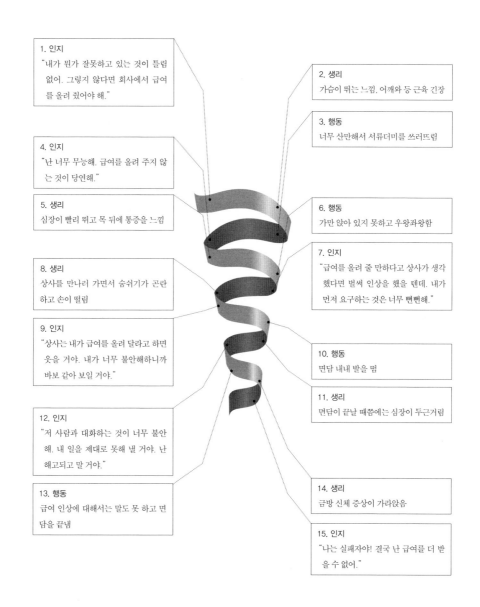

1. 인지
"내가 뭔가 잘못하고 있는 것이 틀림
없어. 그렇지 않다면 회사에서 급여
를 올려 줬어야 해."

2. 생리
가슴이 뛰는 느낌, 어깨와 등 근육 긴장

3. 행동
너무 산만해서 서류더미를 쓰러뜨림

4. 인지
"난 너무 무능해. 급여를 올려 주지 않
는 것이 당연해."

5. 생리
심장이 빨리 뛰고 목 뒤에 통증을 느낌

6. 행동
가만 앉아 있지 못하고 우왕좌왕함

7. 인지
"급여를 올려 줄 만하다고 상사가 생각
했다면 벌써 인상을 했을 텐데. 내가
먼저 요구하는 것은 너무 뻔뻔해."

8. 생리
상사를 만나러 가면서 숨쉬기가 곤란
하고 손이 떨림

9. 인지
"상사는 내가 급여를 올려 달라고 하면
웃을 거야. 내가 너무 불안해하니까
바보 같아 보일 거야."

10. 행동
면담 내내 발을 떪

11. 생리
면담이 끝날 때쯤에는 심장이 두근거림

12. 인지
"저 사람과 대화하는 것이 너무 불안
해. 내 일을 제대로 못해 낼 거야. 난
해고되고 말 거야."

13. 행동
급여 인상에 대해서는 말도 못 하고 면
담을 끝냄

14. 생리
금방 신체 증상이 가라앉음

15. 인지
"나는 실패자야! 결국 난 급여를 더 받
을 수 없어."

하향식 나선형 모양의 불안 관련 부정적 사고와 행동

특정한 신체적 감각을 불안의 결과로 해석하여 실제 자신이 위험한 상황에 놓여있다고 판단한다. 그 결과 생각 속 불안감은 더욱 증폭되고, 생각은 다시 신체적 반응에 영향을 줌으로써 불안한 신체적 감각을 더욱더 극대화시킨다. 두려운 상황에 닥치면 인간은 본능적으로 그곳에서 달아나려고 하고, 그 결과 이런 본능적 태도는 실제 무언가 두려운 것이 있다는 강한 신념을 갖게 한다. 회피하거나 달아난다는 것은 내면의 두려움을 극복할 기회를 걷어차는 일이다. 그러므로 불안은 점점 더 커져만 가고 마음은 그 불안을 감당하기가 버거워진다.

특정한 상황과 일에 대해 두려움이나 걱정거리가 생기면 사람들은 행동보다는 생각을 한다. 불안감을 일으키는 일에 대해 지나치게 오랜 시간 동안 생각하며 앞으로 닥칠 일에 대해서 예측하고 또 불안해한다. 이런 습관은 아주 비생산적이다. 실질적으로 상황을 개선하거나 바꾸는 일 없이 오히려 불안만 더 가중하는 결과를 가져오기 때문이다.

누구나 불안을 느끼면 불안에서 벗어나 안도할 만한 대상을 구하려고 한다. 가까운 사람에게서 불안감을 해소할 만한 도움을 구하기도 하고, 인터넷 검색을 통해 정보를 얻거나 전문가와의 상담으로 도움을 얻기도 한다. 그러나 이런 도움은 일시적일 뿐, 항상 지속될 수는 없다. 잠시의 안도감은 불안을 회피하는 데 도움이 되긴 하지만, 불안감이 커질수록 더 크고 강력한 안도감을 필요로 하기 때문이다. 불안을 잘 관리하려면 지속적이면서도 효과적인 방법이 필요하다.

　이제껏 살펴본 바와 같이 불안의 인지적, 생리적, 행동적 요소는 서로 동시적으로 작동하고 영향을 주고받는다. 한 가지 요소가 증가하거나 감소하면 나머지 두 요소 역시 증가하거나 감소한다. 그러므로 불안을 해결하려면 부정적 결과를 초래하는 인지, 생리, 행동의 연쇄 반응을 차단하는 것이 유일한 방법이다.

불안장애의 유형

나를 불편하게 하는 것들

발달적 관점에서 보면, 인간은 누구나 불안 정서를 경험한다. 그러나 특정한 상황에서 겪을 수 있는 불안 경험이 예상치를 훨씬 뛰어넘거나 불안 상황이 지속되면 일상의 균형이 깨지는 결과를 초래하므로 바람직하지 않다. 불안을 초래하는 특정 상황, 장소, 대상을 회피하는 행동을 보이며 안절부절못하고, 조급해 하면서 몸을 떠는 등 각성된 신체 반응을 보이게 되어 사회생활에 불편을 초래한다. 또한, 지나친 걱정과 비합리적 생각으로 불안하다고 인지한 상황을 회피하려고 하기 때문에 조급함, 우울, 초조와 같은 정서적 반응도 동반한다.[7,8] 문제가 되는 불안, 즉 불안장애에는 여러 가지 유형이 있지만 공통적으로 나타나는 증상은 아래와 같다.

· 마음을 편안하게 하기가 힘들다.
· 걱정되고 불안하거나 초조하다.
· 곧잘 짜증을 내거나 화를 낸다.
· 걱정하는 것을 멈추거나 통제하지 못한다.

- 늘 모든 일을 걱정한다.
- 무시무시하고 두려운 일이 일어날 것이라고 생각한다.

1. 범불안장애

여러 상황에서 늘 불안해하는 만성적 불안 상태를 범불안장애GAD, generalized anxiety disorder라고 부른다. 이런 장애를 가진 사람은 매사에 잔걱정을 많이 하고, 늘 불안해하고 초조해하며 사소한 일에도 잘 놀라고 긴장한다. 이런 사람들에게 불안의 대상은 생활 전반에 걸쳐 다양하기 때문에 '부동불안浮動不安' 혹은 '일반화된 불안장애'라고도 부른다.

범불안장애를 가진 사람이 일상생활에서 느끼는 불안은 과장되고 비현실적인 특징을 가지고 있다. 늘 과민하게 반응하고 긴장된 상태에 있기 때문에 쉽게 짜증 내고 금방 피로감을 느낀다. 때로는 지속적인 긴장으로 인한 근육통, 만성적 피로감, 두통, 수면장애, 소화불량, 과민성대장증후군을 겪기도 한다. 불필요한 걱정에 집착하기 때문에 우유부단하고 행동이 느린 특징도 있다. 그 결과 업무상 비효율적인 결과를 초래하기도 한다. 범불안장애를 가진 사람들은 대체로 자신의 걱정이 과도하고 부적절하다는 것을 잘 알고 있다. 그러나 실제 걱정거리가 무엇인지는 명확하게 설명하지 못한다.

범불안장애를 일으키는 요인으로는 스트레스성 사건, 높은 불안감수성, 잦은 부정적 감정 경험, 우울증, 혹은 기타 불안장애의 병발을 들 수 있다.9 범불안 증상으로는 대략 6가지가 있다. 다음 6가지 불안 증상 중 적어도 3가지 이상의 증상을 가지고 있다고 판단되거나, 최소한 6개월 이상 지속됐다면 범불안장애로 진단할 수 있다.

□ 안절부절못하거나 낭떠러지 끝에 서 있는 느낌이다.
□ 쉽게 피곤해진다.
□ 집중하기 힘들거나 머릿속이 하얗게 되는 것 같다.
□ 과민성이다.
□ 몸의 근육이 긴장 상태에 있다.
□ 잠들기 어렵거나 밤새 뒤척이는 등 수면 불안 상태가 계속된다.

2. 공포증

공포증phobia은 불안 때문에 생기는 질병의 일종으로 주로 경험에 의한 감정 반응이다. 일반적으로 위험한 상황에서 경험한 최초의 공포감이 잠재되어 있다가, 이와 비슷한 상황에 닥쳤을 때 과거의 공포감정이 겉으로 표출되는 것이다. 예를 들어, 어려서 물에 빠져 죽을 뻔했던 사람은 물에 대해 과도한 공포감을 보일 수 있다. 이런 사람은 물과 연관된 상황을 피하려 애쓸 것이고, 그 결과 잠재적 불안감을 잠재울 수는 있겠으나 일시적인 효과에 그칠 수 있다. 만약 과거의 부정적 경험을 자극하는 연상작용이 생겨나면 공포대상에 대한 불안감이 오히려 증가한다. 정신의학자들은 공포증을 불안장애의 한 형태로 본다. 그리고 그런 공포감을 일으키는 대상에 따라 공포증 앞에 수식어를 붙여 놓았는데, 그 가짓수만 해도 수백 개가 넘는다.

몇 가지 예를 들자면, 높은 곳에 있을 때 무서움을 느끼는 고소공포증acrophobia, 밀폐된 곳에서 무서움을 느끼는 폐소공포증claustrophobia, 어둠을 두려워하는 어둠공포증nyctophobia, 군중을 두려워하는 대중공포증ochlophobia, 낯선 사람을 두려워하는 외인공포증xenophobia, 동물을 두려워하는 동물공포증zoophobia 등이 있다. 개방된 장소나 공공장소에 있을 때 두려움을 느끼는 광장공포증agoraphobia은 집에서 한 발자국도 나서지 못할 만큼 증상이 심한 질병이다. 부모에게서 떨어지지 않으려는 아동들이 학교공포증schoolphobia을 겪는 사례도 종종 발견된다.

그렇다면 이런 공포증은 어떻게 치료할 수 있을까? 현재까지 효과적인 치료법으로 알려진 것으로는 체계적 둔감법systematic desensitization과 노출치료exposure therapy를 꼽을 수 있다. 체계적 둔감법이란 환자가 긴장을 이완시킨 상태에서 약한 공포 자극부터 시작해서 점차 강한 공포 자극에 노출시키는 방법으로, 공포증에 가장 효과적인 치료법으로 알려져 있다. 반복적인 노출을 통해 공포 자극에 적응하도록 유도하는 노출치료도 특정 공포증의 치료에 자주 사용되는데, 공포 자극을 상상하게 하여 공포에 노출시키는 심상적 노출법imaginal exposure과 공포 자극에 조금씩 점진적으로 노출시키는 점진적 노출법graded exposure, 그리고 단번에 공포 자극에 직면시키는 홍수법flooding으로 세분할 수 있다.

3. 사회불안장애

사회불안장애social anxiety disorder는 가장 흔한 공포증의 유형으로 사회공포증social phobia이라고도 부른다. 사회불안장애는 사회적인 상황에서 창피를 당하거나, 실수를 하는 것에 극심한 공포를 느끼는 것으로, 이러한 사회불안장애를 가진 사람들은 다른 사람이 자기 자신에 대해서 뭐라고 생각하는지, 혹은 다른 사람들이 자신에 대해서 어떻게 판단하는지에 대해 매우 불안해한다. 그리하여 타인의 주목을 받는 상황과 만남을 두려워하며 실수나 하거나 창피를 당할까 염려한다. 심지어 공중화장실을 이용하거나 전화 통화를 기피하는 사람들도 있다.

자신이 긴장하고 당황한다는 것을 남들이 알아차릴까 봐 전전긍긍한다. 따라서 사회불안장애를 가진 사람들은 친숙하지 않은 사람과의 만남을 피하고 부정적인 사회적 평가를 두려워하기 때문에 정상적인 사회생활을 하는 데 어려움을 겪고 스트레스를 받는다.

사회불안장애는 부끄러움이나 수줍음과는 다르다. 수줍음이 많은 사람 역시 남들 앞에 서는 것을 두려워하긴 하지만, 그렇다고 무리해서까지 그런 상황을 애써 피하지는 않는다. 반면에 사회불안장애가 있는 사람들은 사회생활과 대인관계에 큰 지장을 받기 때문에 정상적인 생활이 쉽지 않다. 사회불안장애가 있는 아이들은 자기주장이 약하고, 자신감이 부족하며, 매우 예민하고, 보통 아이들보다 더 우울한 정서를 보이는 경우가 많다. 내성적이거나 수줍음을 많이 타는 성향의 아이가 사회불안장애를 보이는 경우가 많으므로 유전적인 요인도 무시할 수 없을 것이다.

이러한 성향은 타고난 기질 때문일 수도 있지만, 유아기 혹은 학령전기의 양육환경이나 부모와의 관계에서 비롯한 경우도 있다. 예를 들어, 부모의 과잉보호 혹은 부모의 애정결핍을 경험한 아이들은 사회불안 증상을 나타낼 수 있고, 친구들에게 심하게 놀림을 받은 경험 역시 불안장애로 이어지기도 한다.

사회불안을 많이 느끼는 사람은 대략 네 가지의 인지적 특성을 지닌다.[1] 첫째, 대인관계에서 부정적 결과를 초래할 수 있는 위험 요소에 예민하게 반응하고 집중한다. 예를 들어, 사회불안이 높은 사람은 낯선 사람이 자신에게 미칠 수 있는 부정적 행동에 과몰입하여 상상한다. '나를 싫어하지 않을까?' '나를 무시하지 않을까?' '나를 거부하지 않을까?' '나에게 화를 내지는 않을까?' '나에게 무리한 요구를 하지 않을까?' 이런 상상을 하고 불안해한다. 그러다 실제 만남에서 상대의 여러 가지 행동 중에서 비호의적이고 거부적인 태도를 감지하면 거기에만 집중해서 예민하게 반응한다.

둘째, 사회불안이 높은 사람은 위험한 일이 일어날 확률을 과대평가하는 경향이 있다. 예를 들어, 상대방에게 무언가 부탁해야 할 일이 생기면 상대방이 자신의 부탁을 거절할지도 모른다는 부정적 가능성부터 떠올리며 불안해한다.

셋째, 사회불안이 높은 사람은 앞서 상상한 위험 요소가 현실로 실현되었을 때 나타날 수 있는 결과를 지나치게 부정적으로만 과대평가하는 성향이 있다. 실제 상대방이 내 부탁을 거절할 경우 자신에게 돌아올 결과와 영향을 부정적으로 과대평가한다. 당황스럽고 무안해서 괴로울 것이다, 앞으로 그 사람과의 관계가 더 나빠질 것이다, 나에 대해서 나쁜 소문은 퍼트릴 것이다 등 부정적 결과를 비현실적으로 과장해서 예상하고 더욱 불안해하는 것이다.

넷째, 사회불안이 높은 사람은 자신이 예상했던 부정석 결과가 실제로 발생할 경우, 자신은 이런 문제에 대처할 수 있는 능력이 모자란다고 과소평가한다. 설혹 상대방과의 관계가 악화되고 자신의 능력을 의심하는 소문이 퍼진다고 해도 이를 회복시키고 수정할 수 있는 능력이 없다고 생각한다. 이런 태도는 다시 스스로를 심한 불안감에 빠트리게 되므로 악순환이 반복된다.

사회불안장애는 단기간에 겪고 끝날 수도 있지만, 평생 지속되는 경우도 흔하다. 가족 이외의 타인과 사회적 관계를 형성하는 데 실패한 아이들은 사회불안장애에서 벗어나지 못하고 외로움과 우울함을 경험한다. 아동기 때 겪는 이러한 불안장애는 또래와의 긍정적인 사회적 경험을 많이 하면 할수록 개선되므로 부모의 격려와 지지가 무엇보다 필요하다. 구체적으로 사회불안장애를 치료하기 위해서 사회적 상황을 올바르게 이해하고 적절하게 행동하는 데 필요한 사회적 기술social skills을 학습시키는 것이다. 긍정적으로 생각하고, 이성적으로 판단하는 연습을 반복적으로 실천하면 점차 사회적 상황을 받아들이기 시작한다.

인지치료는 아이들의 왜곡된 생각을 바로잡는 데 필수적이다. 사회적 행동이 제대로 이루어지지 않는 이유는 과도한 걱정과 부정적인 자기 이미지 때문이다. 그러므로 적합한 사회적 행동을 할 수 있을 때까지 꾸준한 교정과 자기암시훈련이 필요하다. 구체적으로 살펴보자. 먼저 발표하기, 식사하기, 혹은 달리기 시합처럼 아이가 싫어하는 활동의 목록을 만든다. 그리고 그런 상황에 닥쳤을 때 해야 할 구체적인 행동 요령을 미리 주지시키고 연습하도록 한다. 연습을 통해 얻은 기술과 대처 요령을 실생활에서 적용해 나가다 보면, 점차 그런 상황들에 대한 불안과 공포가 줄어드는 긍정적인 결과를 얻을 수 있을 것이다.

4. 공황장애

공황장애panic disorder란 심한 불안 발작과 이에 동반되는 다양한 신체 증상들이 아무런 예고 없이 발생하는 불안장애이다. 공황장애는 일반인들에게 널리 알려진 장애는 아니었으나, 최근 방송에서 유명인들이 공황장애 경험을 토로하면서부터 점차 널리 알려지기 시작했다. 공황은 공포와 유사한 의미를 갖고 있는데, 영어로는 'panic'이라고 한다. 공황의 어원은 그리스 신화에서 유래한다. 그리스 신화의 판Pan은 반인반수의 목신인데, 그 성격이 어찌나 포악한지 낮잠을 방해받으면 크게 노하여 인간과 가축에게 공포와 공황을 불어넣었다고 하여 'panic'이라는 단어가 만들어졌다고 한다.

의학적인 상태가 아니더라도 갑자기 놀라거나 극심한 불안 상태가 되었을 때, 우리는 흔히 공황 상태에 빠졌다고 말한다. 쉽게 말하면, 공황이란 생명에 위협을 느낄 정도의 상황에서 경험하는 갑작스러운 공포감이다. 그러므로 실제로 생명에 위협을 받는 상황에서 공포를 느끼는 것은 자연스러운 반응이라고 할 수 있다. 그런데 문제는 특별히 위협을 느낄만한 상황이 아닌데도 불구하고 신체의 경보 체계가 오작동을 일으킬 때이다. 이런 경우는 병적인 증상으로 치료가 필요하다.

공황장애를 가진 사람들은 공황발작을 반복적으로 경험한다. 이런 증상은 종종 경고 없이 그리고 어떤 특별한 이유도 없이 갑작스럽게 발작하는데, 심각한 불안과 두려움이 겉으로 드러날 때 보이는 현상이다. 예를 들어, 밤에 혼자서 외진 길을 가다가 칼을 든 강도를 만났다고 상상해 보자. 그 순간 머리카락은 쭈뼛쭈뼛 서고, 눈동자는 커지고, 입이 벌어지며, 심장박동수는 빨라진다. 숨이 턱턱 막히는 것 같고, 손발을 비롯한 온몸이 떨리면서 '이제 죽었구나.' 하는 엄청난 공포감이 엄습한다.

실제 위험한 상황에서 경험하는 불안은 스스로를 보호할 수 있게 도와주는 중요한 기능을 한다. 만약 극한 상황에서 아무런 불안도 느끼지 않는다면 자신을 보호하기 어려울 것이다. 따라서 불안의 일차적인 목적은 외부의 위험으로부터 자신을 보호하는 것이다. 그러나 위험이나 불안을 느껴야만 하는 상황이 아닌 때에 이런 경험을 시도 때도 없이 하게 된다면 일상적인 생활이 불가능해질 것이다.

정신분석학자들은 개인이 받아들이기 힘든 생각, 소망, 충동이 자기도 모르게 무의식적으로 억압되어 있다가 어떤 계기를 통해 의식 속에서 자각될 때 공황발작이 일어난다고 분석한다. 특히 어려서 부모를 잃었다거나 분리불안을 경험한 사람은 성장해서 공황발작을 경험할 확률이 높다고 여겨진다. 실제로 성인이 되어서 공황발작이 오는 경우는 가족이나 친구의 죽음을 경험하거나 심각한 정신적 스트레스를 받은 경우들이 대부분이다.

인지행동주의 이론에 따르면, 불안은 학습이나 조건화 반응에 의해 생겨난다고 한다. 운전 중에 처음 공황발작을 경험했다면, 운전할 때마다 이전에 겪었던 공황발작을 떠올릴 확률이 높아져 불안해진다. 또한 공황장애를 가진 사람들은 사소한 신체적인 감각의 변화에도 지나치게 민감한 반응을 보여서 오히려 불안을 더 가중시키기도 한다. 예를 들어, 심장의 박동이 빨라지거나 가슴이 답답한 증상이 조금이라도 생기면 심장마비로 죽을지도 모른다는 강박에 빠지는 것이다. 이외에도 공황장애의 증상으로는 아래와 같은 것들이 있다.

☐ 호흡이 가빠지거나 숨이 막히는 듯한 느낌이 든다.

☐ 어지러워 휘청거리거나 졸도할 것 같은 느낌이 든다.

☐ 맥박이 빨라지거나 심장이 마구 뛴다.

☐ 손발이나 몸이 떨린다.

☐ 땀이 난다.

☐ 누가 목을 조르는 듯 질식할 것 같은 느낌이 든다.

☐ 속이 울렁거리면서 토할 것 같다.

☐ 딴 세상에 온 듯한 느낌이 들거나 내가 딴사람처럼 느껴진다.

☐ 손발이 저릿저릿하거나 마비되는 느낌이 든다.

☐ 얼굴이 화끈거리거나 오한이 든다.

☐ 가슴 부위에 통증이 느껴지고 압박감이 든다.

☐ 죽을 것 같은 공포를 느낀다.

☐ 미쳐버리거나 스스로 통제할 수 없게 될 것 같은 두려움을 느낀다.

위에서 열거한 증상 중 4가지 이상의 증상이 갑작스럽게 발생하여 10분 이내에 참을 수 없을 정도가 된다면, 공황발작이라고 의심해도 좋다. 공황발작은 대체로 10분 이내에 급격한 불안과 함께 신체적 증상이 정점에 이르러서는 20~30분 정도 지속되다가 자연스럽게 사라진다. 증상이 1시간 이상 지속되는 경우는 아주 드물다.

공황장애를 가졌다고 해서 종일 발작 증상을 느끼는 것이 아니다. 증상의 빈도 역시 개인에 따라 다르다. 1년에 몇 차례만 경험하는 경우도 있고, 하루에도 몇 번씩 경험하는 사람도 있다. 공황발작도 문제지만, 공황발작이 없는 동안에도 다시 발작 증상이 나타날까 봐 걱정하는 예기불안anticipatory anxiety 때문에 정상적인 생활이 어려운 사람들도 많다.

공황장애는 적절한 시기에 적절한 치료를 받으면 대부분 완치가 가능한 병이다. 그러나 치료 시기를 놓치면 더 심하게 진행될 수 있는 병이기도 하다. CBT만으로도 공황장애를 겪는 사람들의 증상을 완화시켜 주지만, 적절한 약물치료가 병행되면 더욱 효과적이다. 공황장애치료에서 CBT의 역할은 왜곡된 사고와 행동을 교정할 수 있도록 돕는다. 먼저 공황장애가 무엇인지에 대해서 충분히 이해할 수 있도록 설명한 다음, 오해와 편견 혹은 잘못된 신념을 바로잡도록 조력한다. 그런 다음 인지치료와 공포의 대상이 되는 장소나 상황에서도 불안감 없이 접근할 수 있도록 행동치료를 수행한다.

이런 치료를 수행하면 불안, 공포감, 공황발작이 감소한다. 하지만 치료가 효과를 보려면 환자가 자신의 증상이나 반응을 객관적으로 관찰할 수 있어야만 한다. 그래서 CBT에서는 환자 스스로 발작을 경험한 상황을 공황기록표, 기분기록표라는 이름으로 자세하게 기록하도록 한다. 또한 공황발작이 올 경우에 대비해 미리 호흡 조절이나 근육 이완 등을 충분히 연습하도록 하기 때문에 실제 발작에서 자신의 신체 증상을 스스로 조절할 수 있을 정도가 된다. CBT의 관점에서 공황장애의 공황 사이클을 제시하면 다음과 같다.

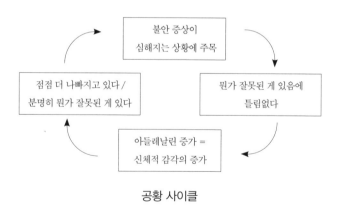

공황 사이클

5. 광장공포증

광장공포증agoraphobia은 문자 그대로 광장에서 느끼는 두려움을 말한다. 원래는 그리스의 광장처럼 넓은 공간에서 갑작스럽게 느끼는 불안감을 의미했지만, 여기서 문제가 되는 것은 공간의 넓이가 아니라, 비상시 급히 빠져나가기가 힘들거나 도움을 구하기 어려울 법한 장소에 있기 때문에 느끼는 공포심이다. 예를 들어 혼자 외출하거나, 줄을 서거나, 사람이 많은 거리나 상점 혹은 밀폐된 공간(터널, 다리, 엘리베이터)에 있거나, 도중에 내리기 어려운 운송 수단(지하철, 버스, 기차)을 이용할 때 느끼는 불안감이 광장공포증이다.

광장공포증은 광장에 압도당한 상태에서 그 어디에도 도움을 청할 수 없고 안전한 장소(보통 집)로 피할 수도 없는 상황에서 느끼는 두려움과 연결되어 있다. 인간은 두려운 상황에 놓이면 불안해하며 그곳에서 벗어나고자 하는 강한 욕구를 갖게 된다. 따라서 광장공포증을 가진 사람들은 자신을 두려운 상황에 노출시키지 않으려고 외출을 삼가고 안전한 공간(집)에만 있고자 한다. 이런 증상이 심해지면 심지어 집에서도 공황발작을 경험하는 사례가 있는데, 이런 상황에까지 도달하면 항상 누군가 곁에 있어서 자신을 돌봐 주기를 바라는 지경까지 이르게 된다. 한번 공황발작을 경험하면 혼자서 외출하기가 두려워지고 그 결과 불안은 광장공포증으로 발전한다.

광장공포증을 가지게 되면 사람들이 많이 모여 있는 장소, 좁은 공간, 그리고 대중교통수단을 피한다. 버스, 기차, 비행기처럼 개인에게 할당된 좁은 공간에서 느끼는 답답함을 견디지 못하고, 만약 어떤 문제가 생겼을 때는 도망칠 수 없다는 부담감이 커지기 때문이다. 이렇게 대중과 함께 하는 공간을 피하다 보면 활동 반경이 줄어들고 사회활동에 제약을 받게 되므로, 본인과 가족 모두에게 고통을 줄 수 있는 심리적 질병이라고 할 수 있다.

6. 강박장애

강박장애OCD, obsessive-compulsive disorder는 강박관념이나 강박행동이 일어나는 장애를 의미한다. 이때 강박관념과 행동은 따로 일어나기도 하고 동시에 순서대로 나타나기도 한다. 강박관념은 자신이 원해서 가지게 되는 관념이라기보다는 억제하고 무시하려고 해도 특정한 생각, 이미지, 혹은 충동이 지속적으로 의식에 떠오르는 상태이다. 강박적인 생각들은 대개 소름 끼치고 수치스럽고 불쾌한 것들이 많은데, 대부분 아무런 근거가 없는 것들이며 사람마다 상황에 따라 불안을 느끼는 정도 역시 다르게 나타난다. 흔하게 나타나는 강박관념으로는 자신이 파괴적인 행동을 저지를지도 모른다는 생각, 손이 더러워지지 않을까 하는 염려(예를 들면 누군가와 악수할 때), 집을 나오기 전에 가스 불을 껐는지 몇 번이나 확인하는 의심 등이 있다.

이에 반해 강박행동은 무의미하고 틀에 박힌 행위를 반복하려는 충동이나 자극을 말한다. 강박행동에 빠진 사람은 자신의 행동과 상황 사이에 아무런 논리적 관계가 없다는 것을 잘 알면서도 자신의 바람대로 반복적인 행동을 하게 된다. 강박행동들은 대부분 반복적이고 단순하다. 계속해서 손을 씻거나, 셈을 하거나, 외출할 때 가스 밸브가 잠겨 있는지 몇 번이나 확인하거나, 물건을 만지작거리고, 복잡한 말을 반복하는 경우들이 많다. 물론 치밀하고 오랜 시간을 두고 이루어지는 반복행동들도 존재한다.

그렇다면 왜 강박행동을 반복하는 것일까? 무의미하다는 것을 알면서도 특정한 행동을 반복하는 이유는 그런 행동을 하지 않으면 극심한 불안을 느끼고, 그 행동을 해야만 비로소 불안이 해소되기 때문이다. 만약 그와 같은 고통에 싸인 사람이 강제적으로 외부의 힘 때문에 강박적인 행동을 할 수 없게 되면 도저히 극복할 수 없는 심리적 불안감에 휩싸이게 된다.

강박증에 빠진 사람의 성격은 대체로 완고하고, 끊임없이 의심하며, 변덕이 심한데다 지나친 도덕 기준을 가진 경우가 많다. 또한 지나치게 소심하여 기쁨을 표현하거나 편하게 긴장을 푸는 일도 서투르다. 별로 중요하지 않은 일에 지나친 관심을 갖고 행동하기 때문에 일의 생산성이 떨어지고 본인의 에너지만 낭비하는 경우가 많다. 강박장애를 겪고 있는 사람 중에는 세상일에 지나친 책임감을 가진 경우도 많다. 이런 사람들의 특성은 세상의 위험으로부터 자신을 보호하고, 다른 사람들에게 해가 끼치지 않도록 해야 한다는 강한 믿음을 가지고 있다는 점이다.

그러나 강박적인 의식이나 강박적인 행동이 그가 가진 심리적인 문제를 완전히 해결해 주는 것은 아니다. 예를 들어, 길을 걷다가 길 한가운데서 커다란 돌멩이를 발견한다. 혹시라도 다른 사람이 그

돌멩이에 걸려 넘어질까 봐 돌을 한쪽으로 치워야 한다고 생각한다. 그런데 걱정은 여기서 멈추지 않는다. 돌을 치운다 해도 누군가 길 한가운데서 넘어져서 밖으로 치워 놓은 돌에 머리를 부딪칠 수도 있지 않을까? 걱정은 꼬리에 꼬리를 물고 이어진다. 이처럼 불안감이 초래한 강박의식에 따라 실행하는 강박행동은 애초의 불안감을 해소해 주는 게 아니라 더 큰 불안감을 초래하고 만다.

7. 외상후 스트레스장애

외상후 스트레스장애PTSD, post-traumatic stress disorder는 학대, 자연재해, 전쟁, 사고, 친구나 가족의 죽음과 같은 극심한 트라우마(정신적 외상)를 경험한 후 생겨날 수 있는 심리적 반응이다. 트라우마란 충격적이거나 두려운 사건을 당하거나 목격하는 것을 말하는데, 이런 외상은 대부분 갑작스럽게 일어나고 이를 경험하는 사람에게 심한 정신적 고통을 준다. 생명에 위협이 될 만한 사건을 경험한 사람은 누구나 외상후 스트레스장애를 겪을 수가 있다.

외상 경험이 오래전에 일어났던 사건이라고 해도 당시의 충격적인 기억을 자극하고 떠올리게 하는 활동이나 장소를 접하면 극단적 심리적 반응이 나타나므로 가능하면 그런 상황을 피하려고 한다. 그 결과 신경은 늘 곤두서 있고, 매사에 집중하기가 힘들며, 수면장애는 물론, 앞으로 일어날 일에 대한 무력감과 공포감에 고통스러워한다. 이처럼 외상후 스트레스장애는 그 원인과 양상이 보통의 트라우마 증상보다 극단적으로 심각하기 때문에 일반적인 스트레스 치료법으로는 개선하기가 힘들다. 대표적인 외상적 사건은 다음과 같은 것들이 있다.

- 전쟁 또는 전투에 노출
- 아동기의 신체적 혹은 성적 학대
- 테러
- 신체적 혹은 성적 공격
- 교통사고
- 화재, 태풍, 홍수, 쓰나미, 지진과 같은 자연재해

외상을 겪자마자 생존자들이 처음 느끼는 것은 살아남았다는 안도감이다. 그러나 안도감은 잠시, 생존자들은 자신이 겪은 재난의 경험을 지속적으로 떠올리면서 주변의 소리나 자극에 대해 강렬하게 반응하거나 높은 각성 상태로 고통받기 시작한다. 이처럼 외상경험은 스트레스 반응으로 이어지는데, 이는 개개인이 심리적으로 나약해서가 아니다.

외상 경험에 따른 스트레스 반응이 지속되는 기간은 사람마다 다양하다. 며칠 혹은 몇 주 동안 계속되기도 하지만, 대부분은 시간이 지나면서 점차 개선된다. 그러나 어느 날 갑자기 외상을 극복하고 사고에 대한 경험을 잊어버리는 '완치'는 존재하지 않는다. 대다수는 외상으로부터 자연스럽게 회복되지만, 만약 스트레스 반응이 대인관계나 직장, 중요한 활동 등에 심각한 영향을 준다면 반드시

심리치료 전문가의 도움을 받아야만 한다.

8. 건강불안

사람은 누구나 자신의 건강에 관심이 많다. 건강에 관심을 갖다 보면 더 건강한 삶을 방식을 선택할 가능성이 크기 때문에 어찌 보면 바람직한 일이라고 할 수 있다. 그런데 이러한 관심도 지나치면 건강불안health anxiety으로 이어지기도 한다. 특히 심장마비나 암과 같은 질병에 걸려본 사람들은 예전보다 더 건강에 예민해지고, 과거와는 다른 변화를 만들어 내지 않으면 더 심각한 건강 문제가 발생할 수 있다는 염려를 떨치기가 힘들다. 물론 이런 관심과 태도는 생산적일 수도 있지만, 강박적인 관념으로 이어지기도 한다.

예를 들어, 어느 날 주변 사람이 심하게 아프거나 죽거나 하면 내게도 혹시 그런 일이 생기지 않을까, 불안해하기 시작한다. 그때부터 사소한 증상들이 심상찮게 느껴진다. 콧물이 나면 혹시 독감이 아닐까 의심되고, 어느 날 피부에 검은 반점을 발견하면 혹시 피부암은 아닌지 걱정하기 시작한다. 평상시 느끼던 피로감이 갑자기 다발성 경화증multiple sclerosis(뇌·척수·시신경으로 구성된 중추신경계에 발생하는 만성 질환으로, 환자의 면역체계가 건강한 세포와 조직을 공격하는 자가면역 질환)처럼 느껴지고, 두통이 생기면 뇌종양일 거라고 불안해한다. 그래서 건강불안이 있는 사람들은 병원을 자주 찾고 여러 가지 검사를 받는 걸 선호한다. 인터넷 검색을 하고 관련 책을 섭렵하며 여기저기 전문의를 찾아다니기도 하지만 실제 건강상 문제가 없는 경우가 흔하다. 다음 사례를 보자.

〈사례〉

김○○씨는 약간 과체중이지만 건강한 50대 여성이다. 최근 그녀의 친구 중 한 명이 유방암으로 세상을 떠난 일이 있었다. 죽은 친구는 평소 건강을 잘 챙기던 사람이었다. 늘 잘 먹고 규칙적으로 운동하던 건강한 친구였는데, 어느 날 유방암 진단을 받은 것이다. 그로부터 수개월 동안 고통스럽고 힘든 치료 과정을 거친 친구는 끝내 세상을 떠나고 말았다. 김○○씨는 친구의 유방암 진단 소식과 연이은 갑작스러운 죽음에 큰 충격을 받고 그때부터 자신의 건강 상태에 예민해지기 시작했다.

조금이라도 이상한 징후들이 생기면 신경이 날카로워졌다. 두통이나 근육경련이 생기면 덜컥 겁이 났고, 혹시 무슨 병이 있는건 아닌지 불안해했다. 혹시 무슨 병에 걸린 것은 아닌지 의심하며 폭풍 검색을 하고, 만나는 사람들마다 의견을 물어보기 시작했다. 그것도 모자라 동네 병원을 다니며 증상을 설명하면서 의사의 명쾌한 설명을 기다렸다. 물론 의사를 만나고 나면 마음이 편안해지지만, 그것도 잠시뿐이었다. 걱정거리는 다시 생겨났고 예전에는 대수롭지 않게 여겼던 증후에 대해서 더 과민하게 반응하는 날들이 많아졌다.

그 결과, 불안해하면 할수록 예전보다 두통도 더 자주 생기고, 더 피곤해지고, 가슴이 두근거리는 정도(심계항진)도 심해지는 걸 느꼈다. 의사가 건강상 아무 문제가 없다고 말해도 김○○씨는 믿을 수가 없어서 다른 병원을 찾거나 스스로 진단하고 치료 방법을 탐색해 본다.

위의 사례처럼 질병에 대한 지나친 걱정과 두려움은 급기야 일상의 삶을 장악하고, 건강염려증hypochondriasis이라는 심리적 장애를 가져다준다. 건강염려증은 질병불안장애illness anxiety disorder라고도 하는데, 이는 신체 질환이 없는데도 질병이 있는 것처럼 비관적으로 생각하거나, 경미한 신체 증상에 대해서도 과도하게 판단하여 자신이 중병에 걸린 것처럼 생각하는 정신적 증상의 하나다. 이러한 정신적 장애를 가지게 되면 가벼운 통증이나 경미한 신체적 증상만 느껴도 마치 큰 병에 걸린 듯 오해하고 걱정한다. 자기 진단에 대한 확신 때문에 전문의의 진단을 믿지 못하고 여러 병원을 전전한다면 건강염려증을 의심해 볼 만하다. 이런 건강염려증이 과도하게 진행되면 비효율적인 감정 상태로 이어진다.

불안을 극복하는 방법
차분하게 마음 가다듬기

CBT에서는 개인이 경험한 사건 자체가 아니라 경험을 부정적으로 해석하는 태도에서 불안이 생겨난다고 본다. 즉 불안의 원인은 개인의 인지적 사고의 특성에서 생겨나므로 관념에서 불안의 원인을 찾아야 한다고 분석한다. 불안감을 가진 사람의 특징은 잠재적인 위협과 애매모호한 자극을 과장해서 해석하는 경향이 있고, 자신의 능력을 낮게 평가하거나, 스스로 통제하지 못할 것이라고 예상한다. 그리하여 자기진술 역시 부정적이고, 신체적 반응을 잘못 해석해서 미래의 재난 위험성을 과대평가한다.

이러한 인지적 특성 때문에 불안 요소가 모호한 상황임에도 불구하고 불안감을 호소하고, 그 결과 근육의 긴장, 발한, 복통 및 두근거림과 같은 신체적 반응을 느낀다. 이러한 신체적 반응에 압도되면 다시 짜증, 우울, 무력감, 분노가 증폭된다. 이처럼 인간의 관념은 현재 상황을 인지적으로 왜곡하고 그 결과 행동적, 정서적, 신체적 반응을 일어나게 만든다.[10]

이런 증상을 가진 사람들은 불안감을 없애기 위해서 불안을 유발시키는 상황을 회피하고, 안정감을 줄 수 있는 부모나 친구에게 과도하게 의존하게 된다. 따라서 CBT에서는 불안이 발생하고 악순환되는 고리를 끊기 위하여 불안 문제를 개념화한 후에 이에 따른 CBT 모델의 세 가지 요인, 즉 인지와 정서 및 행동에 초점을 둔 치료적 기법을 적용한다. 불안을 다루는 CBT의 치료과정을 살펴보자.

CBT에서는 제일 먼저 인지적인 면에 대해 개입한다. 구체적으로는 부적응적인 자동적 사고와 왜곡된 신념을 찾아내어, 합리적이고 적응적인 사고를 개발하고 적용하는 데 초점을 둔다. 인지적 재구조화를 통하여 현실적이고 합리적인 사고 양식을 촉진한 다음, 상황을 지나치게 위협적으로 인식하는 경향성을 바꾸도록 가르치는 것이다. 행동적 차원에서는 사회적 기술을 습득하고 자기주장을 훈련하도록 도와서 사회적 상황에 대한 대처 능력을 향상시켜 준다. 앞으로 소개할 방법과 검증된 예들은 여러 종류의 불안에 적용할 수 있지만, 상황에 따라 효과는 다를 수 있다는 점도 미리 밝혀 둔다. 먼저 인지를 재구조화하는 방법을 살펴보고, 그다음으로 취할 수 있는 행동 전략을 살펴보자.4

1. 생각의 균형

균형 있는 사고는 인지치료가 추구하는 핵심이다. 즉 불안을 초래하는 생각을 규명하고 이를 다른 방식으로 바라보도록 돕는 것이다. 생각은 단지 생각일 뿐 생각과 사실facts이 일치하는 것은 아니며, 생각은 정신적 사건mental events일 뿐이다. 그런데 많은 사람이 자신의 생각이 그저 하나의 가능성이나 관념일 수 있다는 것을 망각하고 구체적인 사실처럼 여기고 반응한다. 생각은 실제가 아닌데도 무섭다고 느낀다. 나쁜 일이 일어날 거라고 생각하고 두려워한다. 물론 걱정한 대로 나쁜 일이 생길 수도 있지만, 그렇지 않을 때가 더 많다. 이어질 4장에서 더 자세하게 다루겠지만, 어떤 왜곡된 사고방식이 자신에게 영향을 주고 있는지 점검하다 보면 불안과 걱정거리를 덜 수 있는 다른 관점이 가능하다는 것을 깨달을 수 있다. 걱정거리가 있다면 스스로에게 다음과 같은 질문을 던져 보라.

- 내가 지금 걱정하는 이 일이 앞으로 5년 동안 내 삶에 얼마나 중요할까?
- 나의 부정적 사고나 걱정에 대해 가족이나 친구는 뭐라고 말할까?
- 만약 친구가 늘 불안해하며 지낸다면 나는 뭐라고 충고할 수 있을까?
- 나는 지금의 사태를 보는 방식이 유일하고 절대적인 것이라고 생각하는가?
- 나는 아직 아무런 문제도 없는데 미리 걱정하고 있지는 않은가?
- 나는 앞으로 생겨날 수 있는 나쁜 일을 과대포장하고 있지 않은가?

2. 완벽주의에서 벗어나기

당신은 현실적으로 성취 가능한 것보다 훨씬 더 많은 것을 자기 자신에게 기대하는 편인가? 또는 다른 사람들에 대해서 자신에게 적용하는 기준보다 훨씬 더 높은 기대를 적용하는 편인가? 그렇다고 한다면 당신은 완벽주의자일 가능성이 크다. 완벽주의perfectionism는 자신을 향해 높은 기준을 설정하여, 보다 높은 성취감을 얻기 위하여 끊임없이 노력하는 태도를 말한다. 이러한 신념을 가진 사람을 완벽주의자라고 부른다.

대부분의 완벽주의자는 일의 결과가 완벽하기를 원하기 때문에 과도하게 높은 목표를 잡고 일을 수행하는 경향이 있다. 이것이 실제 효과적으로 작용할 경우에는 자기효능감과 성취감을 높여주지만, 성취에 대한 압박감 때문에 불안을 유발하는 역기능적인 측면도 분명 존재한다. 역기능적인 측면이 강하게 작용하면 불안이 증가하고, 기대에 못 미치는 결과는 자기패배적인 정서를 불러일으킨다. "난 항상 단정하게 옷을 입어야만 돼.""난 어떤 일이 있어도 반드시 1등을 할 거야.""나는 이것을 완벽하게 처리해야만 돼.""난 처음에 이 모든 것을 바로잡아야만 해. 그렇지 않으면 난 정말 바보처럼 보일 거야!" 이런 주문이 항상 좋은 결과로 이어지는 것은 아니기 때문에, 실패할 경우 누구보다 더 심각한 패배감을 경험하게 된다.

해결책은 간단하다. '이 정도면 괜찮아.'라고 스스로에게 말하는 것이다. 유연하고 융통성 있는 사고만이 자기패배적 열등감으로부터 당신을 구할 수 있다. 물론 자신감 있게 일을 잘할 수 있을지라도, 완벽성보다는 우수성을 목표로 하는 것이 좋은 결과를 가져다줄 가능성이 훨씬 더 크다. 모든 면에서 완벽한 사람은 없다. 그런데 왜 우리는 자신이 모든 걸 완벽하게 성취할 수 있을 거라고 기대하는 가? 우수성을 목표로 하면 행복해질 가능성이 크지만, 완벽성을 목표로 하면 결코 행복해질 수 없다.

임상심리학자 마거릿 러더퍼드Margaret Rutherford는 완벽해야 한다는 가르침을 너무 잘 따르다 지쳐버린 사람들을 가리켜 '완벽하게 숨겨놓은 우울증perfectly hidden depression을 겪는 사람'이라고 불렀다.11

3. 걱정에 관한 신념 검토하기

불안과 걱정거리 그 자체보다는 불안해하고 걱정하는 심리 과정에 개입하는 신념이 더 큰 문제인 경우가 많다. 걱정을 긍정적으로 바라보는 사람들은 이렇게 생각한다. "걱정은 나쁜 일이 일어나는 것을 막아 주고, 나를 안전하게 해 준다.""걱정은 내가 더 꼼꼼한 사람이 되도록 해 준다.""걱정하지 않으면 일이 잘못될 수도 있다." 반대로 걱정에 대해 부정적인 태도를 가진 사람들은 다음과 같이 생각한다. "걱정은 나를 미치게 할 수 있다.""걱정은 나를 병들게 할 수 있다.""걱정은 내 심장에 부담을 준다."

걱정거리가 많은 사람들은 걱정하지 않는 것이 더 어렵다고 말한다. 그런데 막상 걱정을 떼어놓기 힘들어하면서도 그 불안 때문에 또 미래를 두려워한다. 당신에게 걱정이 긍정적인 경우와 부정적인 경우에 대해서 아래 표를 작성해 보라.

걱정이 나에게 유용한 이유	걱정이 나에게 나쁜 이유
·	·
·	·
·	·

걱정에 관한 나의 신념

그런 다음, 위에 적은 것들을 논리적으로 생각하고 검토해 보라. 우리가 어떤 일에 대해서 걱정한다는 것은 앞으로 발생할 수 있는 모든 나쁜 일들을 적극적으로 예상하는 행위를 뜻한다. 그러나 걱정한다고 해서 실제 걱정한 일들이 다 일어나는가? 한 연구기관의 조사 결과에 따르면, 걱정했던 일이 실제로 일어나지 않는 경우가 40%, 이미 일어난 일이 30%, 신경 쓸 필요가 없는 일이 22%, 어쩔 수 없는 일이 4%, 걱정해야 할 일이 4%라고 한다. 즉, 우리가 걱정하는 일의 96%는 불필요한 걱정이라는 점이다. 또한, 걱정하든 안 하든 실제 일어날 나쁜 일은 일어나고야 만다. 그러므로 대부분의 걱정과 염려는 비생산적이라고 해도 과언이 아니다. 이런 비생산적인 걱정은 우리에게 스트레스와 긴장, 그리고 불안만 증가시키고, 삶의 즐거움은 반감시키므로 가능하면 불필요한 걱정은 버리고 살자. 이를 실천할 방법을 살펴보자.

당신은 걱정이 많은 편인가? 그렇다면 선택의 폭을 줄이고 가능한 한 빨리 결정을 하는 것이 중요하다. 왜냐하면 아무리 작은 일이라도 일단 결정하고 나면 어떤 일이든 쉽게 해결할 수 있다는 기분이 들기 때문이다. 자신이 통제할 수 있는 일에 집중하는 것도 걱정거리를 사전에 줄일 수 있는 좋은 방법이다. 모든 상황과 일을 완벽하게 통제할 수 있는 사람은 없다. 자신이 통제할 수 없는 일에 지나치게 생각을 집중하다 보면 무력감에 걱정은 더욱 커지기 마련이다. 그러므로 자신이 통제할 수 있는 일에 집중하라. 짧은 시간에 불안과 걱정을 줄이는 데 큰 도움이 된다. 삶에 있어서 걱정은 있을 수밖에 없다. 불필요한 걱정은 최소한으로 줄이고 인생에 꼭 필요한 일에만 집중한다면 당신의 삶이 더욱 건강해질 것이다.

4. 걱정 의사결정나무의 활용

범불안장애를 가진 많은 내담자는 다양한 불안 요인을 어떻게 처리해야 할지 몰라서 더 고통스러워하는 '분석 마비'를 겪을 수도 있다. 이런 내담자들은 체계적인 접근 방식이 필요한데, 이때 도움이 되는 것이 '걱정 의사결정나무'이다. 걱정 의사결정나무는 길리언 버틀러Gillian Butler와 토니 호프Tony Hope가 불안과 걱정에 접근하는 방식으로 채택한 것으로,12 범불안장애GAD 치료의 중요한 단계 중 일부를 개념화하여 이를 내담자에게 전달하는 방식이다.

구체적으로 불안을 줄이기 위해 실천할 수 있는 전략은 간단하다. 먼저 불안의 원인이 무엇인지 하나하나 글로 적는다. 그런 뒤 다음 그림처럼 걱정 의사결정나무의 도식에 따라 나뭇가지의 질문에 대답하며 따라간다.

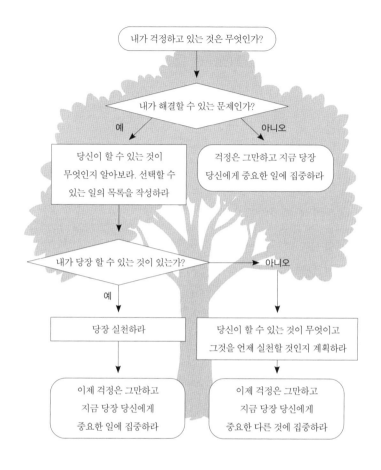

내가 걱정하고 있는 것은 무엇인가?

내가 해결할 수 있는 문제인가?

예

당신이 할 수 있는 것이 무엇인지 알아보라. 선택할 수 있는 일의 목록을 작성하라

아니오

걱정은 그만하고 지금 당장 당신에게 중요한 일에 집중하라

내가 당장 할 수 있는 것이 있는가?

아니오

예

당장 실천하라

당신이 할 수 있는 것이 무엇이고 그것을 언제 실천할 것인지 계획하라

이제 걱정은 그만하고 지금 당장 당신에게 중요한 일에 집중하라

이제 걱정은 그만하고 지금 당장 당신에게 중요한 다른 것에 집중하라

걱정 의사결정나무

질문의 가지를 타고 내려가면서 자신이 직면하고 있는 걱정의 유형을 식별한다. 그런 다음 불안 요소에 대응할 수 있는 전략의 범위를 구체적으로 좁혀 나간다. 그렇게 되면 걱정을 유발하는 상황이 좀 더 관리하기 쉬운 것으로 인식되기 시작한다. 이러한 전략적 치료가 내담자에게 주는 메시지는 간략하다. 삶의 문제에 대해 걱정만

하고 있을 게 아니라, 대안을 정리하고 이를 실천할 수 있는 기술을 습득할 수 있다는 것이다.13 걱정 의사결정 나무는 그러한 기술을 습득할 수 있는 하나의 좋은 전략이므로 이를 통해 내면의 걱정거리를 통제하고 관리하는 데 유용하게 사용할 수 있다.

5. 다른 일에 몰두하기

대개의 심리학자들은 내담자가 불안증세와 공황발작을 호소하면 그런 현상에 지나치게 생각을 빼앗기지 말라고 조언한다. 그러나 내면의 불안감에 주의를 기울이지 말라는 조언을 실천하기란 말처럼 쉽지 않을 것이다. 인간의 마음은 아주 분주한 곳이다. 애초부터 그렇게 설계되어 있기 때문이다. 우리는 하루에도 수많은 생각을 하고 수많은 불안과 걱정을 경험한다. 그러므로 이런 마음속 동요를 무시하는 것은 쉽지 않다. 그러나 우리는 마음속 불안과 염려를 끌어안고 살기보다 인내와 연습을 통해 더 긍정적인 미래로 나아가는 법을 배울 수 있다는 것도 잘 알고 있다.

스스로 '그것에 대해 생각하지 마!'라고 말한다고 해서 바로 효과가 있는 것은 아니다. 그러나 포기하지 말고 온갖 상념으로 바쁜 자신의 마음에 대해 친절하지만 단호한 태도로 대하라. 일단 걱정 의사결정나무의 도식에 따라 실천해 보았다면, 걱정은 비생산적이라는 사실을 스스로 상기할 수 있어야 한다. 대신 자신을 꾸짖지 말고, 관심을 다른 곳으로 돌려 새롭게 집중할 일을 찾아보라. 관심 있는 활동을 선택해서 그것에 모든 감각을 집중시켜 보라. 친구나 가족과 대화, TV 시청, 집안일, 운동 등 무엇이든 좋다. 그 일에 집중하라. 중간에 걱정거리가 또 끼어들기도 하겠지만, 지금 하는 일에 집중해야 한다고 자기 자신에게 말하라.

처음엔 어려울 수 있지만 반복하다 보면 점차 쉬워진다. 그러니 자신은 할 수 없다고 미리 포기하지 말라. 부정적 생각은 현재 잘하고 있는 일도 망가뜨릴 수 있다. 반복은 좋은 결과를 낳는다. 인내심을 갖고 꾸준히 걱정거리를 다독이는 연습을 하다 보면 어느 순간 걱정이 내게서 떠나고 없는 때를 맞이하게 될 것이다.

6. 마음을 편안하게 하기

신체적으로 긴장을 이완하는 것은 훌륭한 기술이지만, 불행하게도 긴장이완 기술을 제대로 사용할 줄 아는 사람은 드물다. 매일 바쁜 생활 속에서 근육은 경직되고, 스트레스가 많았던 하루를 마치고 나면 어깨, 목, 등, 안 쑤신 곳이 없을 정도다. 스트레스를 받거나 걱정거리가 많으면 이와 같은 근육 긴장이 심해지면서 부분적 통증, 두통, 그리고 심한 피로감을 느끼게 된다.

신체적 긴장 이완 기술을 배우고 익힌다는 것은 불안과 스트레스를 대처하는 데 필요한 투자를 하는 셈이다. 어떤 기술을 배우고 익히는 일과 마찬가지로 긴장이완 기술을 익히려면 연습이 필요하다. 긴장이완의 기술을 익히고 실행하는 연습은 매일 반복적으로 이루어져야 한다. 그러기 위해 매일 연습할 시간을 미리 정해 놓고 긴장 이완 연습을 꾸준히 하면 큰 도움이 된다. 가장 많이 사용되고 있

는 효과적인 긴장이완의 기술에는 다음과 같은 것이 있다.[14,15]

(1) 점진적 이완훈련 progressive relaxation training

에드몬드 제이콥슨 Edmund Jacobson에 의해 처음 시작된 것으로 긴장된 근육을 하나씩 수축시켰다가 풀어 주기를 반복한다. 이때 긴장 이완의 방법은 스스로 조절해야 하기 때문에 아래와 같은 방법을 참조하라.

- 먼저 편안한 환경을 찾는다. 가능한 한 조용한 곳에서 편안한 의자에 앉거나 누워서 긴장을 풀어 준다. 처음에는 잘되지 않을 수도 있으나, 여러 번 계속 반복하다 보면 점차 익숙해진다.
- 처음부터 혼자 하려면 어디서부터 해야 할지 당황스럽다. 인터 넷에는 이완훈련을 도와주는 음성파일이나 영상이 많으니 이를 활용하면 좋다. 충분히 연습하면 어느 순간 혼자서도 쉽게 할 수 있게 된다. 대신 처음 시작할 때부터 정확하게 훈련하는 습관을 들여야 한다.
- 몸 전체의 긴장을 이완시키는 훈련도 좋지만, 의자에 앉아 있는 시간이 많으면 틈나는 대로 의자에 앉은 채로 어깨, 목, 팔의 긴장을 풀어 준다. 그것만으로도 상당한 효과를 거둘 수 있다.
- 들숨에 근육을 수축시키고 날숨에 이완시키는 기술을 습득하면 긴장완화 효과가 배가 된다.
- 들숨은 10초, 날숨은 15초 정도로 하고 들숨보다 날숨을 천천

히 길게 한다.

- 신체의 특정 부위를 긴장시킬 때는 다른 부위에 영향을 주지 않도록 한다. 예를 들어, 주먹을 꼭 쥐어야 할 때 주먹에만 힘이 가도록 하고 어깨, 목, 턱과 같은 부위에 긴장이 생기지 않도록 주의하며 순서대로 정해진 부위의 긴장을 이완시킨다.

(2) 자율훈련autogenic training

요하네스 슐츠Johannes H. Schultz가 고안한 자율훈련은 '마음이 편안하다' '오른팔이 따뜻해진다'와 같은 암시를 이용해 몸의 근육과 자율신경계통의 긴장을 이완시키려는 방법이다. 자율훈련을 할 때는 가능한 편안한 의자에 앉거나 누워서 수행한다. 소요 시간은 12분에서 15분 정도가 적당하고, 꼭 불안과 연관이 없어도 자주 연습하면 몸과 마음이 편안해지는 효과를 얻을 수 있다. 아주 숙달된 경우가 아니라면 훈련과정을 보여주는 영상을 이용하는 것을 추천한다. 피곤하거나 감정적으로 흥분되었을 때, 긴장되거나 집중이 잘되지 않을 때 이런 자율훈련이 도움이 된다고 알려져 있다. 표준적인 자율훈련의 순서는 다음 표와 같다.

단계	자기암시	효과
1	마음이 편안하다	사전준비
2	팔, 다리가 묵직하다 (오른, 왼, 양팔; 오른, 왼, 양다리; 나의 팔, 다리가 무겁다)	근육이완
3	팔, 다리가 따뜻하다 (오른, 왼, 양팔; 오른, 왼, 양다리; 나의 팔, 다리가 따뜻하다)	혈관조정
4	심장이 규칙적으로 뛴다	심장조정
5	호흡이 편안하다	호흡조정
6	배가 따뜻하다	복부조정
7	이마가 (약간) 시원하다	두부조정

자율훈련의 순서

(3) 호흡법breathing

마음이 불안하거나 긴장되었을 때, 손쉽게 마음을 풀어 줄 수 있는 좋은 방법 중 하나이다. 우선 앉거나 서 있는 채로 몸의 긴장을 풀고 편안하게 한다. 눈을 감는다. 그런 자세로 숨을 들이쉬고 내쉬면서 호흡에 집중한다. 숨을 들이마실 때는 코로 들이마시고, 날숨은 코와 입으로 천천히 내쉬도록 한다. 숨을 들이마실 때보다 내쉴 때 더 시간을 두고 천천히 진행한다. 숨을 들이마실 때는 맑은 공기가 몸 안에 들어와서 온몸을 가득 채운다고 상상한다. 반대로 숨을 내쉴 때는 몸속의 긴장, 불안, 걱정이 몸 밖으로 빠져나간다고 상상한다. 마음이 훨씬 더 편안해질 것이다. 매일 하다 보면 긴장 이완이 더욱더 쉬워지고 집중력도 높아진다. 그 결과 마음도 편안해지는 것을 느낄 수 있다. 정신집중을 위한 호흡법은 다음과 같다.

- 우선 편안하게 앉아서 조용히 약 5분 정도 몸의 여러 감각들을 느낀 후에 시작한다. 천천히 호흡하면서 공기가 들어오고 나가는 것을 느끼며 집중한다. 처음에는 깊은 호흡을 하려고 무리하기보다는 공기가 들고 나는 것에 집중한다. 호흡 중에 다른 생각이 들어도 중단하지 말고 10분에서 15분 정도 매일매일 실천한다.

- 특정한 감각을 하나 정한 다음, 그 감각에 온 신경을 집중시키고 천천히 호흡한다. 호흡하다 보면 집중되었던 느낌이 다른 데로 옮겨 가기도 하지만, 이를 알아차리더라도 자연스럽게 놓아두고 천천히 다시 처음에 느꼈던 감각으로 되돌아가 집중하고 호흡을 계속한다.

- 몸의 긴장을 빼고 편안하게 앉은 자세에서 조용히 눈을 감는다. 천천히 호흡하면서 주변의 소리에 집중한다. 이때 가능한 몸을 움직이지 않도록 한다. 혹시 가렵거나 따끔한 느낌이 생기면 그 부분에 집중해 본다.

(4) 시각화visualization

긴장이 풀린 상태에서 우리 마음속에 떠오르는 이미지에 집중하는 것을 시각화라고 부른다. 스스로 편안함을 느끼는 상황을 떠올리고 이를 상상하는 것만으로도 의식적 노력 없이 긴장을 완화하는 데 효과가 있다. 그러므로 마음을 편안하게 만들어주는 정신적 이미지를 창조해 내는 기술을 익히고 그 이미지를 사용하는 방법을 익혀두면 유익하다. 구체적으로 다음 세 가지 방법을 사용해 본다.

첫째, 편안하게 누워서 조용히 숨을 들이쉬고 내쉰다. 내면에서 들려오는 조용한 음악에 맞추어 생각이 자유롭고 드나들도록 한다. 둘째, 마음에 드는 장소를 골라 머릿속에 그려 본다. 쾌적한 인상들을 기억 속에 다시 되살려 낸다. 휴가 중 휴식, 바닷가 산책, 언덕에서 바라본 아름다운 경치 등 그 어떤 것도 좋다. 셋째, 머릿속 풍경이 불러오는 평온함에 내 몸을 맡겨 보자.

이번에는 불안증상 중에서도 가장 중증인 공황발작 치료에 유용한 방법을 알아보자. 앞서 살펴보았듯이 공황발작은 인간의 경험과 신체적 감각이 상호작용을 통해 일어나는 심리적, 육체적 현상이다. 공황발작을 다루려면 가장 먼저 그 원인이 무엇인지부터 파악해야 한다. 공황발작을 경험한 사람들은 그 발작이 얼마나 끔찍하고 무서운지 생생하게 기억한다. 그러나 공황상태는 그 자체로 우리를 해치지는 않는다. 이런 본질을 자기제한 시스템self-limiting system이라고 한다.

기저질환이 없는 한 공황발작으로 미치거나 죽은 사람은 없다. 비록 공황발작이 아주 강렬한 신체적 감각이긴 하지만, 그 자체로 우리의 생명을 위협하지는 않는다. 이 점을 먼저 이해해야 한다. 공황발작이 일어나면 정신을 잃는다고 생각하는 사람들이 많다. 그러나 기절이라는 현상은 혈압이 갑자기 떨어졌을 때 생기는 신체적 현상이다. 실제 혈액이나 부상에 대한 공포증이 있지 않는 경우를 제외하고(이 경우에 피나 상처를 보는 것은 당신의 혈압을 떨어뜨릴 수 있다) 공황발작이 일어나면 혈압은 오히려 평상시보다 증가한다. 그래서 공황발작 동안 기절하는 사람은 거의 없다. 당신이 공황 상태일 때 어떤 두려움이 생기는지 다음 질문에 대답해 보라.

· 일어날 수 있는 최악의 상황은 무엇인가?
· (최악의 상황에 대한 느낌보다도) 이것이 실제로 일어날 가능성은 얼마나 되는가?
· 다른 사람들은 내가 생각하는 최악의 상황에 대해 얼마나 동의하는가?
· 최악의 상황이 실제 발생한다면, 상황이 아무리 끔찍하더라도 대처할 방법이 하나도 없는 것일까?

위의 질문에 대답하다 보면 스스로 상상한 재앙에 대처하는 방법을 찾을 수 있다. 일단 원인을 찾았으면 그다음 단계는 내면의 두려움을 마주하고 상황을 바라볼 수 있도록 도와주는 새로운 전략을 찾는 일이다. 여기 세 가지 방법이 있다. 점진적 노출graded exposure, 홍수법flooding, 그리고 행동 실험behavioral experiments이다.

① 점진적 노출: 노출치료exposure therapy는 남아프리카공화국 출신의 독일계 미국인 정신과의사 조셉 울프Joseph Wolpe가 개

발한 행동치료의 한 유형이다. 체계적 둔감화systematic desensitiza-tion라고도 부른다. CBT에서는 이 노출치료를 통해 내담자(환자)가 불안을 마주하고 극복하도록 돕는다. 이 방법은 어떤 위험도 유발하지 않고 불안의 근원이 되는 대상이나 환경에 노출시켜 불안이나 고통을 없애는 기술이다.

예를 들어, 극장에만 가면 가슴이 답답하고 어지러움을 호소하는 내담자가 있다면 상담자가 직접 그 상황에 노출되어 보는 것이다. 이를 통해 상담자는 특정 사고와 심상에 대한 내담자 내면의 왜곡을 조사할 수 있고 이에 대처할 수 있는 기술을 개발할 수 있다. 그 결과 내담자는 자신의 예견이 항상 정확하지 않다는 것을 배우게 되고 미래의 불안한 사고에 도전할 수 있게 된다.16 불안장애를 다루는 방법에는 여러 가지가 있지만, 실제 임상에서는 점진적 노출을 가장 흔히 사용한다.

점진적 노출은 불안 자극의 수위가 낮은 단계에서부터 높은 단계로 점차 강도를 높여가며 실행한다. 내담자가 불안과 상반되는 행동(예: 긴장이완)을 보이면, 불안유발 수준이 높은 사건에 점진적(체계적)으로 노출시켜 불안유발 상황에 대해 둔감해지도록 한다. 이 외에도 불안장애를 감소시키는 데 적용할 수 있는 방법은 다음과 같다.

첫째, 심호흡, 명상 등을 통해 근육을 이완시킨다. 둘째, 약간 불안하지만 쉽게 수행할 수 있는 활동에서부터 가장 두려운 활동을 포함하는 목록을 작성한다. 셋째, 쉬운 활동 단계에서부터 시작하여 점차 어려운 상위 단계로 나아간다. 계속해서 연습하는 것이 매우 중요하다. 자신감이 생기기 시작할 때까지, 그리고 두려운 결과가 무엇이든 그 일이 발생하지 않을 때까지 꾸준히 연습하고 반복하라. 한 단계가 끝나면 그 단계에서 학습한 내용을 기록하고 스스로 축하하며 그다음 단계로 넘어가라. 넷째, 불안의 정도가 낮아질 때까지 다음 단계로 넘어가지 말고 현재 단계에서 계속 연습하라. 불안 정도가 처음보다 적어도 절반으로 떨어질 때까지는 단계를 높이지 않는 것이 중요하다. 일찍 포기하고 도망치지 않으면 불안 수준은 떨어질 것이고 다음 단계에 필요한 것들을 배울 수가 있다. 두려움을 마주해야만 두려움을 극복할 수 있다. 당신이 폐소공포증 때문에 엘리베이터 타는 것이 불안하다면, 그 공포증을 이기는 방법은 불안감이 점차 줄어들어 마침내 없어질 때까지 매일 조금씩 엘리베이터 타는 연습을 하는 것 이외에는 다른 방도가 없다. 혼자서도 불안감 없이 엘리베이터를 이용할 수 있을 때까지 천천히 지속적으로 연습해야 한다.

② 홍수법: 홍수법은 체계적 둔감화와 대조적인 불안치료법으로, 말 그대로 불안을 일으키는 상황에 불안감을 최대 강도로 증폭시키는 방법이다. 비유하자면 불안감이 소나기나 홍수처럼 급작스럽게 닥치는 상황에 노출시켜 불안감을 한꺼번에 없애는 방법이다. 예를 들어, 자동차를 무서워하는 사람이 있다고 하면, 상담자가 내담자를 차에 태우고 하루에 몇 시간씩 데리고 다니는 식이다. 그렇

게 되면 자동차에 대한 공포가 오히려 즐거움으로 바뀌어 결과적으로 공포감이 완전히 사라질 수 있다.[17]

이처럼 홍수법은 불안한 정서를 자극하는 상황을 회피하는 게 아니라 정면으로 대면하는 것이다. 물론 이러한 상황에서 내담자는 지속적으로 노출되는 불안 상황에서 강도 높은 불안을 경험하지만, 같은 강도의 불안이 지속되기는 어렵기 때문에 결국에는 안정상태가 되고 현재의 상황이 위험하지 않으며 안전하다는 것을 배우게 된다.

③ 행동실험: CBT 치료사들이 사용하는 치료 방법 중 가장 강력한 기술 중 하나로서, 신념의 타당성을 테스트하도록 고안된 체험 활동이다. 행동실험은 개인이 자기 자신, 타인, 그리고 세상에 대해 가진 신념의 정확성을 시험하거나 새로운 신념을 테스트하는 데 목적을 둔 정보수집 활동이다.[18] 다른 과학 분야와 마찬가지로 CBT 역시 실험을 통해 이론을 검증할 증거를 수집하는데, 증거가 수집되는 통로가 바로 행동실험이다. 이 과정은 점진적 노출을 시도한 후 실행할 수 있는 단계로서, 불안의 원인이 되는 자신의 생각과 두려움을 좀 더 분석적으로 살펴볼 수 있다. 과학자가 이론과 가설을 검증하기 위해 실험을 하듯, 스스로 과학적 태도를 가지고 본인의 신념을 분석하는 것이다. CBT에서도 불안을 호소하는 사람에게 이런 태도를 요구하며 다음과 같은 절차에 따라 행동하도록 유도한다.

- 1단계: 나쁜 일이 일어날까 봐 두려워 피하는 상황을 떠올려 본다. 두려운 것이 무엇이고, 발생할 수 있는 최악의 상황은 어떤 것이며, 만약 그러한 상황이 발생하게 되면 어떤 일이 일어날지 글로 적어본다. 상상력을 발휘하여 최악의 결과까지 적는다. 그 결과를 통제할 수 없을지, 당황스러울지, 신체적인 고통이 생길지, 바보처럼 보이는 건 아닐지, 무엇이든 생각나는 대로 다 적어본다.

- 2단계: 그 예상을 테스트하기 위한 실험을 설계한다. 무엇을 해야되는지, 자신의 예상이 들어맞을지, 어떻게 측정할 것인지 적어본다. 예상한 것이 현실이 될 거라고 믿는 신념을 누그러뜨리고, 무엇이 예상을 멈추게 할 수 있는지, 그리고 이런 실험을 방해할 만한 것은 무엇이고, 그런 장애물을 어떻게 극복하고 실험을 완수할 수 있는지에 대해서 생각해 본다.

- 3단계: 실험을 실행한다. 미리 정한 방법을 사용해서 실제 일어난 일을 적어 본다.

- 4단계: 무엇이 발생했고, 가장 두려워했던 예상이 실제 사실로 판명되었는지, 무엇을 배웠는지 기록한다. 그리고 이제까지의 단계를 통해 배운 것을 토대로 다음 실험을 설계해 본다.

7. 활동 계획하기

불안과 공황의 원인은 우리가 꼭 해야 할 일을 수행하는 데 효율적으로 시간을 배분하거나 계획하지 못해서 발생하는 것일 수도 있다. 효과적인 계획수립은 우리가 살면서 터득해야 할 중요한 기술 중 하나다. 해야 할 일이 많으면 불안해진다. 그런데 그러한 불안감이 계속 커지도록 방치하면 적절하게 대응할 수가 없어서 급기야 정신적 마비 상태에 빠지고 만다. 그 결과 불안에 압도당하고 정신적 공황 상태에 갇혀버리므로, 이런 일에 대처하기 위해서 필요한 규칙들을 학습해야만 한다.4 그 규칙들은 다음과 같다.

첫째, 나비가 아니라 벌새처럼 행동한다. 나비는 이 꽃, 저 꽃으로 날아다닌다. 부지런해 보일 수 있으나 실제 유용한 일을 하지는 않는다. 인간도 마찬가지이다. 불안감에 싸이면 나비처럼 행동한다. 한 가지 일을 하다가 다른 일로 옮겨 가기를 반복한다. 그러다 궁극적으로는 그 어느 것 하나 제대로 해내지 못하고 끝나는 경우가 많다. 반면, 새 중에서 가장 작고 모습이 아름다워 '날아다니는 보석'이라고 불리는 벌새hummingbird를 보라. 중력의 힘에도 불구하고 허공에 멈춰 서서 꽃에서 꿀을 빨아 먹는다. 그리고 다음 꽃으로 옮겨간다. 나비가 아니라 벌새가 되어야 한다. 이리저리 옮겨 다니는 걸 멈추고, 한 번에 한 가지 일에 집중해야 한다. 그 일이 끝나기 전까지는 절대 다음 일로 넘어가지 말라. 필요한 건 집중이다.

둘째, 일을 관리 가능한 단계로 나눈다. 누구나 과제가 생기면 어디서부터 시작해야 할지 몰라서 쩔쩔매 본 경험이 있을 것이다. 일에 압도되어 버릴 것 같아 그냥 모래 속에 머리를 파묻는 타조처럼 현실을 외면하고 싶어질 것이다. 이럴 때는 해야 할 일을 여러 가지 단계로 나누어서 실행하는 기술이 필요하다. 가장 먼저 해야 할 일을 정하고 나면, 그 일에 충실하라. 다음 단계를 미리 걱정하지 말라. 첫 번째 단계에서 해야 할 일을 완수한 후에 다음 단계로 넘어가자. 그 일을 충실히 하고 나서 또 그다음 단계로 넘어가자. 계속 이런 식으로 일을 진행하면 처음엔 거대한 장벽처럼 보였던 과제가 어느 순간 다 해결되어 있는 순간을 맞이하게 될 것이다. 처음부터 과제가 지나치게 압도적으로 느껴진다면, 구체적으로 일을 진행시키려고 하지 말고 딱 5분만 해보는 '5분 규칙'을 활용하는 것도 좋다.

셋째, 활동 계획을 작성한다. 매일매일 자신이 해야 하는 과제의 목록을 작성하라. 오늘 반드시 해야만 하는 일이 무엇이고, 좀 천천히 해도 되는 일은 무엇인지 정한 다음, 일의 중요성과 긴급성을 고려해서 순서를 정하라. 그런 다음 순서에 따라 일의 내용, 시간대, 요구되는 시간 분량, 잘하고 있는지 체크할 수 있는 여분의 시간까지 정하여 하루 시간표를 만든다. 시간표를 작성할 때는 커피나 차를 마시는 시간, 식사 시간, 휴식 시간, 심지어 화장실을 이용하는 시간까지 모두 계산한다. 시간표가 완성되었으면 그 시간표대로 실행한다. 자신이 벌새라고 생각하고 한가지 과제에 집중하고, 그 일이 완전히 끝나고 나면 그다음 과제로 이동한다.

넷째, 문제를 해결한다. 어떤 일을 어떻게 처리해야 할지 당황스럽더라도 시간을 할당해서 해결한다. 내가 이용할 수 있는 도구들은 어떤 것인지, 누구의 도움을 받을 수 있는지 생각해 본다. 도움을 청하는 것은 부끄러운 일이 아니다. 문제가 무엇인지 명확하게 적은 다음, 가능한 모든 해결책에 대해 자유롭게 상상하고 구상하는 시간을 가진다. 그런 다음, 가능한 해결책을 모두 적고 각각의 장단점을 확인한다. 장단점을 고려하면서 각각의 해결책에 대해 10점 만점으로 점수를 매긴 다음, 가장 높은 점수의 해결책을 선택한다. 문제 해결에 필요하다면 지인에게 도움을 청하라. 모든 문제가 즉각적인 해결책을 가지고 있는 것은 아니지만, 과제를 완성하기 위한 전략으로 단계를 나누다 보면 일의 순서와 필요한 요소들이 무엇인지 정확하게 파악할 수 있다. 끝으로, 해결책이 효과가 있는지 없는지 시험해 본다. 효과가 없었다면 그 이유가 무엇인지 분석해 보고, 새로운 정보를 수집하여 다른 방법으로 문제에 접근해 본다.

8. 약물복용

단기적으로 불안감을 없애는 데 도움이 될 수 있는 특정 약물이 있다. 베타 차단제beta blocker라고 불리는 약물은 불안과 떨림과 같은 신체적 증상을 완화시키는 데 효과가 있는 것으로 알려져 있다. 대중 앞에 서야 하는 직업을 가진 사람들은 자주 불안감을 경험하는데, 특히 발표, 공연을 앞두고 복용하면 불안감 해소에 도움이 된다. 베타 차단제는 진정제가 아니라서 중독성이 없으며, 졸음을 유발하거나 일에 영향을 미치지 않으므로 필요에 따라 복용할 수 있다.

스트레스가 지속되면서 증상이 심각해진다면 담당 의사의 처방에 따라 벤조디아제핀benzodiazepine 계열의 디아제팜diazepam을 복용할 수도 있다. 이 약물은 대개 2~4주 동안 단기 코스의 치료에 쓰인다. 혹시 있을지 모르는 중독성을 고려하여 디아제팜을 장기간으로 처방하지는 않는다. 불안감을 해소시키기 위해 약물에만 의존하면 불안증세가 재발할 가능성이 커지고 완치에는 큰 도움이 되지 않을 수도 있다.

여느 질병과 마찬가지로 불안정서 역시 약물치료보다 예방이 더 중요하다. 불안장애의 원인은 대부분 과도한 스트레스나 심리적인 외상에서 비롯되므로, 평소에 적당한 휴식을 취하고 취미 활동을 통해 심리적으로 긴장을 이완시키고 스트레스를 관리하는 것이 중요하다. 필요한 경우 약물복용을 할 수도 있으나 불안에 대처할 방법을 먼저 습득해야만 한다.

CBT를 시행하는 동안에 약물을 사용하는 것은 CBT 효과를 감소시킬 수 있다는 연구 결과도 있다. 불안과 공황 상태를 다루는 가장 좋은 방법은 실제 불안과 공황 경험을 하게 될 때 미리 학습한 대응 방법을 실행하는 것이다. 그런데 만약 약부터 복용하게 되면 그런 기회를 놓치므로 CBT의 치료 효과가 상쇄된다. 요약하자면, 불안을 제대로 정복하려면 불안을 관리하기 위한 전략을 배워야 한다. 불안을 정면으로 마주하고 대처하는 일은 결코 쉽지 않은 일이지만, 위대한 승리는 자신 자신에 대한 승리라는 점을 염두에 두고 늘 노력해야 할 것이다.

4장

우울증
마음의 독한 감기

우울증이라는 감옥에 갇혀 있는가.

그런데 감옥을 지키는 간수는

그 누구도 아닌 바로 당신 자신이다.

_도로시 로웨 Dorothy Rowe,
호주의 심리학자이자 작가

사람들은 기분이 좋지 않거나, 저하되어 있으면 우울하다고 표현한다. 일반적으로 기분이 좋지 않을 때 우울하다고 통틀어 표현한다. 이처럼 우울은 '마음의 감기'라고 할 정도로 우리가 흔하게 겪는 심리적 증상이다. 감기에 자주 걸리면 몸 상태를 체크해 봐야 하는 것처럼, 우울한 기분이 자주 들면 마음 상태를 체크해 봐야 한다. 감기를 방치하면 더 큰 병이 생길 수 있듯이 우울도 초기에 치료하지 않으면 더 심각한 정신장애나 자살 같은 끔찍한 결과로 발전할 수 있기 때문이다. 정서로서 우울은 온몸에 힘이 없고 저조한 기분으로 나타난다. 이런 기분 상태를 가리켜 우울이라고 부른다고 생각하는 사람도 많겠지만, 인지와 행동 차원의 우울도 있다.

인지적 측면의 우울은 비관적이고 자기 파괴적인 생각이다. 특히 자기 자신에 대한 비하(자기비난), 세상에 대한 부정적인 생각(비관주의), 미래에 대한 절망적이고 염세주의적인 사고(무망감), 이 세 가지를 인지삼제라 부른다. 모두 인지적 측면에서 나타나는 우울 증상이다.

행동적 측면에서 나타나는 우울은 불면이나 과다수면, 자해나 자살 시도 같은 자기 파괴적 행동과 일상에서 아무것도 하지 않고 물러나는 증상으로 나타낸다. 이러한 정서, 인지, 행동 셋 중에 하나라도 해당하면 우울한 상태라고 볼 수 있다.

우울증에 빠지면 인식의 차원을 넘어 세상을 보고 경험하는 방식이 달라진다. 살아가는 것이 에베레스트 등반처럼 힘들게 느껴지고, 세상에 종말이 온 것 같고, 절망스럽다. 우울을 경험하는 사람들은 자신이 느끼는 세상을 묘사할 때 어두운 색깔로 표현한다. 즉 우울한 상태에서의 세상의 색깔은 아무 희망도 없는 잿빛 회색처럼 보인다.

윈스턴 처칠Winston Churchill은 자신이 경험한 우울증에 대해 묘사하길 '무시무시한 큰 검은 개'가 늘 자신을 따라다닌다고 표현했다. 우울 경험은 종종 죄책감, 수치심, 혹은 분노와 같은 여러 가지 고통스러운 정서를 수반하기도 하는데 그 원인과 증상에 대해서 좀 더 자세하게 살펴보자.

우 울 증 의   원 인
내가 미워서 생기는 병

    누구나 살면서 크고 작은 실패나 상실을 경험하고 우울한 기분에 빠지기도 한다. 그러다 시간이 지나게 되면 자연스럽게 정상적인 삶을 회복한다. 우리는 인간이기 때문에 살면서 부딪치는 모든 사건에 대해서 다양한 감정을 체험한다. 기대에 미치지 못할 때 실망하고, 기분이 저조할 때 슬픔을 느낀다. 모두가 흔히 경험하는 것이기에 지극히 정상적인 것인 동시에, 그런 기분이 들 때면 그 이유가 무엇인지 명확히 알 수 있다. 이런 정서적 반응은 대개 오래지 않아 사라지기도 하고, 또 우리 자신이 그런 기분에서 벗어나기 위해서 스스로 노력하기도 한다. 그러므로 일상적으로 겪는 상실감과 우울을 병리학적으로 규정하지는 않는다.

    그런데 이런 상실감과 우울이 회복되지 않고 몇 주, 몇 달, 심지어 몇 년간 지속되고, 식욕과 수면 패턴이 변화하고, 피로, 신체적 고통, 통증을 느끼며, 스스로 무가치하다는 무력감에 주변 사람들로부터 자신을 고립시키는 상태로 발전하기도 한다. 일생을 통해 누구나 한 번 이상은 우울감을 경험하게 되지만, 위의 열거한 심한 우울증에

걸릴 가능성은 전체 인구의 25%, 즉 4명 중 1명으로 알려져 있다.[1]

우울증은 뇌의 신경전달물질의 불균형으로 인해 생겨난다. 특히 세로토닌이라는 뇌의 신경전달물질이 저하되면 우울증이 증가하는 것으로 알려져 있다. 그러므로 우울증 치료제는 이러한 신경전달물질의 양을 조절하여 심리상태를 호전시키는 역할을 한다. 우울증이 유전 질환이 아니지만, 우울증이 있는 부모나 형제 혹은 친척이 있다면 우울증에 걸릴 확률이 일반인에 비해 상대적으로 높을 수 있다. 사랑하는 사람의 죽음, 이별, 외로움, 실직, 경제적인 걱정과 같은 스트레스가 우울증을 유발하거나 악화시킬 수 있다. 또한 암, 내분비계 질환, 뇌졸중 등 다양한 질환이 우울증을 유발하기도 한다.

우울증은 30~40대에 가장 흔하지만, 어느 연령에서나 발병할 수 있는 질환이다. 그런데 우울증은 심리장애이면서 동시에 인지적, 정서적, 행동적 증상 등 여러 가지 증상을 복합적으로 가지고 있다. 인지적 증상으로는 주의집중의 어려움, 기억력과 사고력 그리고 판단력의 저하, 과제수행 능력의 저하, 부정적이고 비관적인 사고 등이 있다. 정서적 증상으로는 슬픔, 공허함, 좌절감, 죄책감, 무기력감, 고통 등을 호소한다. 마지막으로 행동적 증상으로는 사회생활 및 대인관계의 위축과 곤란, 지연 행동, 우유부단한 행동, 식욕과 체중의 변화 등을 꼽을 수 있다.[2]

우울증 환자를 대상으로 한 연구에 따르면 우울증 환자들은 신체적인 양상으로 식욕 저하, 소화불량, 복부불편감 등의 소화기계 징후를 나타내고, 가슴이 두근거리는 순환기계 증상, 통증 등의 근골격계 징후, 불면증, 두통, 피곤함 등을 복합적으로 겪는다고 한다. 이외에는 정신적으로 스스로를 무가치하다고 느끼거나, 과거의 잘못에 대해 죄책감을 느끼거나, 자기비하로 인해 불안을 느끼는 것으로 나타났다. 이런 정서적 불안정은 짜증, 무기력감, 상실감으로 이어지고, 생활고나 집안일에 부담감이 겹치면 이 모든 것을 해결하는 수단으로 자살을 떠올리는 경우도 있다고 보고된다.3

이처럼 우울증은 암울하게만 보인다. 다행인 것은 최근 들어 우울증에 대한 인식과 이해가 높아지면서 우울증은 누구에게나 일어날 수 있다는 인식의 확산으로 예방과 치료를 위한 캠페인이 다방면으로 이루어지고 있다는 점이다. 스스로 우울 증상을 가지고 있다는 것을 공개적으로 밝히고 서로 공감하고 대처 방법을 공유하는 일도 예전보다 훨씬 더 자연스러워졌다. 무엇보다도 좋은 소식은 현대에는 검증된 우울증 치료방법이 많다는 것이다. 약물치료, 이야기치료, 보완대체치료, 사회적 활동 등 그 종류도 여러 가지로 개발되어 있고, CBT의 치료방식 또한 사람들의 우울증을 완화시키는 데 큰 도움을 주고 있다.

정상적인 감정 변화가 우울증으로 발전하는 계기는 어떤 것일까? 일상에서 상실과 어려움을 겪는 일은 흔하다. 그 결과 정상적인 기분 저하를 경험하기도 하고 그 감정 상태가 어느 정도 지속하기도 한다. 만약 그런 상황에서 주변의 돌봄과 사회적 도움을 받게 되면 감정회복에 큰 도움이 되지만, 그렇지 않은 경우 우울한 감정은 지속적인 만성 우울증으로 발전하기도 한다. 그러므로 우울 증상이라고 생각되는 심리적, 신체적 증상이 몇 주 이상 지속된다면 반드시 전문가의 도움을 받아야만 한다.

그렇다면 현재 자신이 겪고 있는 감정 변화가 우울증의 증상인지 어떻게 확인할 수 있을까? 지난 2주 동안에 기분이 어떠했는지 생각해 보고, 그 기분을 정기적으로 자주 느꼈으면 '예', 그렇지 않으면 '아니오'라고 대답해 보라. 만약 지난 2주간 걸쳐 거의 매일 5개 이상의 증상을 경험했다면 우울증일 가능성이 크다. 이때는 반드시 전문가를 찾아 상담하고 도움을 받을 것을 추천한다.[4]

☐ 매우 슬프거나 예민한가?

☐ 예전에 즐기던 일에 더 이상 흥미가 없는가?

☐ 죄책감이나 자기 자신에 대한 나쁜 감정을 느끼는가?

☐ 집중력과 기억력이 떨어지거나, 어떤 판단과 결정을 할 수 없는가?

☐ 체중이나 식욕에 변화(증가 혹은 감소)가 있는가?

☐ 수면 패턴에 변화(증가 혹은 감소)가 있는가?

☐ 피곤하거나 에너지가 바닥났다고 느끼는가?

☐ 주변 사람이 보기에 당신이 요즘 안절부절못하거나 활동이 줄어든 것 같은가?

☐ 당신의 상황이 희망이 없거나 당신이 무가치한 존재라고 느끼는가?

☐ 죽음이나 자살 생각을 하는가?

우리 주변의 누군가가 지금 자살을 생각하고 있다고 생각해 보라. 참으로 안타깝고 무서운 일이 아닐 수 없다. 물론 우울 증상을 가지고 있다고 해서 모두가 자살을 시도하는 것은 아니지만, 오래도록 우울 증상을 가진 사람이 그렇지 않은 사람에 비해서 자살을 생각하는 경우는 훨씬 더 많다. 사는 것이 힘들고 고통스러울 때면 그냥 이대로 잠들어서 깨어나지 않기를 바랄 때도 있다. 아예 태어나지 않는 게 더 나을 뻔했다고 비관하는 경우도 있다. 누구나 한 번쯤 해볼 수 있는 생각이지만, 실제로 자기 자신을 해치는 일은 차원이 다른 이야기이다. 심각하게 자살의 충동을 느낀다면 주저하지 말고 전문가의 도움을 받아야만 한다.

보건복지부에서 운영하는 중앙자살예방센터(http://www.spckorea.or.kr)나 자살예방상담전화(국번없이 1393)로 24시간 정신건강 상담이 가능하며, 보건복지부 상담센터(국번없이 129)를 통해서도 상담이 가능하다. 인터넷상에서는 대한정신건강재단에서 운영하는 웹사이트 해피마인드(http://www.mind44.com)를 통해 무료상담이 가능하고 우울증에 대한 정보도 얻을 수 있다. 연구 결과에 따르면, 우울증은 명확하고 긍정적이며 건전한 방식으로 생각하는 게 어렵게 만드는 뇌의 화학적 변화와 관련이 있다. 그러므로 전문가의 도움이 필요하다. 스스로 삶이 위기 상황에 놓였다고 판단되면 주저하지 말고 주변에 도움을 청해야 한다.

우울증을 위한 인지행동치료

우울증은 조기에 발견해서 치료하지 않으면 잦은 재발과 만성화로 인해 일상생활이 어려워지고 사회경제적으로도 큰 부담을 주는 질환이다.[5] 그러므로 경미한 우울증이라도 조기에 발견해서 적절한 치료를 빨리 받는 것이 중요하다. 많은 임상연구의 메타분석meta analysis(수년간에 걸쳐 축적된 연구 논문들을 요약하고 분석하는 방법) 결과에 따르면 CBT가 우울 증상 완화에 효과가 있는 것으로 밝혀졌고, 실제로 전 세계적으로 우울증 치료에 널리 쓰이고 있다. 다음 그림은 CBT의 치료 도식인 '다섯 영역 모델'이다.[4]

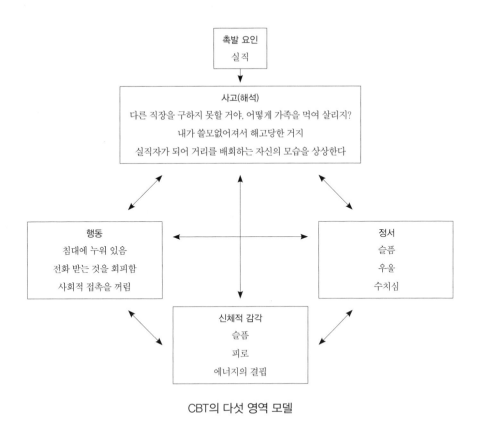

CBT의 다섯 영역 모델

우울증을 초래하는 원인이 딱 한 가지인 경우는 드물다. 대부분의 사람에게 있어서 우울증의 원인은 생물학적(뇌의 화학적 불균형), 심리적(사고와 감정), 그리고 사회적(삶) 요인이 혼합된 복합적인 것이다. CBT의 관점에서 보면, 아동기의 트라우마, 어린 시절 가족의 죽음을 비롯한 각종 상실, 학교에서의 따돌림과 괴롭힘 등 초기의 경험과 삶의 사건들이 훗날 우울증을 발전시키는 데 큰 영향을 미치는 요인들이다. 왜냐하면, 그러한 경험이 자기 자신(나는 약하고 무능한 존재야), 타인(다른 사람이 나를 해칠 것 같아), 그리고 세상(세상은 불공평해)에 대한 부정적인 신념을 형성하는 데 바탕이 되기 때문이다.

CBT가 우울증을 치료하는 방식과 과정은 다음과 같다. 먼저 내담자의 비활동성과 고착된 우울감을 막기 위해 활동 계획표를 만들게 한 다음, 유쾌한 활동 비율을 늘리도록 한다. 이런 활동은 무언가를 완성하는 경험을 더해 주고 인지적 시연(중요한 과제수행에 필요한 일련의 과정을 상상하기)을 가능하게 한다. 또한, 우울함에서 빠져나오지 못하도록 하는 요인이 무엇인지를 파악하는 데 유용하다.

자기주장과 역할 훈련을 통해 우울감의 원인 사건을 밝혀낸 후, 이와 관련해서 자동적 생각이 시간적으로 어떻게 발전해갔는지를 살펴본다. 이 과정에서 자동적 사고의 현실성, 정확성, 타당성을 검토할 수 있게 되어 스스로 비난의 화살을 돌리던 태도에서 벗어나기가 수월해진다. 그 결과 내담자는 자기비난의 늪에서 빠져나와 문제를 해결할 수 있는 대안을 찾을 수 있는 태도로 변신한다. 앞에서 제시한 CBT의 다섯 영역 모델의 우울증에 대한 이해를 바탕으로 우울증을 극복하기 위한 몇 가지 방안을 제시해 보면 다음과 같다.

1. 적극성을 가져라

누구나 기분이 우울해지면 평소 즐기던 일이 즐겁지 않다. 그래서 일상적 즐거움을 주던 일을 멈추게 된다. 그렇게 되면 우울감은 더욱더 증가한다. 우울감이 증가하면 활동성이 줄어들고, 활동성이 줄어들면서 기분은 다시 더 우울해지는 부정적인 나선형 패턴을 그리게 된다. 그러므로 CBT에서는 내담자가 평소에 즐기던 활동을 멈추거나 회피하지 않도록 다시 활성화시키는 데 초점을 맞춘다. 나선형 패턴에서 다시 정상적 패턴으로 돌아오기까지는 많은 노력과 시간이 필요하다. 기분이 저하되어 일상적 패턴을 잃어버리면 어떤 일이 일어나는지 사례를 통해 살펴보자.

〈사례〉

최△△은 직장인이다. 그런데 현재 회사가 어려운 처지에 놓이게 되었다. 최근에 입사한 그녀는 누구보다 자신이 먼저 해고될 거라고 생각한다. 늘 자존감이 부족하다고 느낀 그녀는 직장에서조차 낮은 자존감 때문에 해고 가능성에 불안해하며 미래를 걱정하고 있다. 이렇게 자존감이 낮은 이유는 학창 시절 또래에게 괴롭힘을 당한 후부터 시작되었는데, 그 후로도 여러 가지 상황에서 자주 의기소침하게 되었다.

낮은 자존감은 실직에 대한 불안의 원인을 자기 탓으로 돌리는 결과로 이어졌고, 해고는 시간 문제일 뿐이라고 생각하자 하루하루 더 불안해진다. 그렇다고 직장 문제를 가족에게 털어놓지도 못한다. 가족들이 자신의 상황을 듣고 나면 어떤 태도를 보일지 알 것만 같다. 실직하게 되면 그건 자신이 부족해서 그런 거라고 말할게 뻔하다. 그래서 함부로 말하지도 못한다.

상황이 이렇게 되자 갈수록 기운도 없어지고, 외출도 싫고, 집에서 혼자 시간을 보내는 일이 많아진다. 처음에는 회사 일이 피곤하기 때문에 외출할 시간이 없다고 생각했는데, 실제로 몸이 예전보다 더 피곤해지는 것만 같다. 의욕도 없고, 무기력해지면서 기분은 더욱더 우울해진다.

현재 최△△은 기분을 더욱더 우울하게 하는 부정적 사고와 행동에 사로잡혀 있는 상황이다. 이 사례를 하향식 나선형 모양으로 나타내면 다음과 같은 그림이 된다.

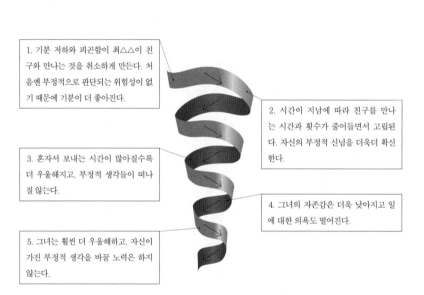

1. 기분 저하와 피곤함이 최△△이 친구와 만나는 것을 취소하게 만든다. 처음엔 부정적으로 판단되는 위험성이 없기 때문에 기분이 더 좋아진다.

2. 시간이 지남에 따라 친구를 만나는 시간과 횟수가 줄어들면서 고립된다. 자신의 부정적 신념을 더욱더 확신한다.

3. 혼자서 보내는 시간이 많아질수록 더 우울해지고, 부정적 생각들이 떠나질 않는다.

4. 그녀의 자존감은 더욱 낮아지고 일에 대한 의욕도 떨어진다.

5. 그녀는 훨씬 더 우울해하고, 자신이 가진 부정적 생각을 바꿀 노력은 하지 않는다.

하향식 나선형 모양의 우울 관련 부정적 사고와 행동

우울증이 심각해지면 무기력해지기 쉽다. 평소 즐겁던 일이 더 이상 즐겁게 느껴지지 않아서 활동이 줄어들고 다른 일을 하는 것도 꺼려진다. 이런 현상을 가리켜 정동情動의 변화가 줄어들고 동기가 결여된다고 한다. 이처럼 무기력한 태도와 증상은 행동활성화be-havioral activation 기법을 통해 얼마든지 극복할 수 있다.

행동활성화란 할 수 있는 구체적인 활동들을 시각적으로 행동계획표를 활용하여 계획하고 지속적으로 모니터링하는 것을 의미한다. 무기력에 빠져 있는 우울증 환자들은 "의욕이 없으니까 누워 있는 거예요. 의욕이 없는데 어떻게 운동을 해요."라고 말한다. 하지만 의욕은 쉬면서 기다린다고 저절로 생기는 것이 아니다. 우울증 극복을 위해서는 행동활성화가 필요하다.

행동활성화 치료는 내적 의욕이 아니라 외적 가치에 따라 활동하도록 도와주는 것으로, "내 삶에서 중요한 것은 무엇인가? 지금 당장 내가 집중해야 하는 일은 무엇인가?"와 같은 질문을 스스로 던지도록 한다. 의욕이 생길 때까지 마냥 기다리는 것이 아니라, 스스로 질문하고 스스로 조금씩 움직이도록 만드는 것이다. 이 치료법은 행동이 의욕을 불러일으킬 수 있다는 원리에 기반한 기법이다.

이처럼 행동활성화 치료는 인간의 생각이 에너지 감소의 원인이라는 점에 착안해서 먼저 행동을 활성화해서 심리 상태까지 변하도록 유도한다. 즉 내면의 의욕이 외부 행동을 일으키는 인사이드 아웃inside out이 아니라 외부에서 주어진 규칙에 따라 움직일 때 비로소 의욕이 생기는 아웃사이드 인outside in으로 행동하도록 인도

한다.

　무심결에 '귀찮아'라는 말을 자주 내뱉는 사람들이 있다. "귀찮아서 운동하기 싫어요. 그딴 것 해 봐야 무슨 소용이 있어요. 괜히 귀찮기만 하지."라고 말한다. 의욕이 없다면서 귀찮다는 말로 행동을 대신해 버리는 것이다. 이런 사람들을 자세히 관찰해 보면 귀찮다는 말의 이면에 무기력이 아닌 또 다른 심리, 즉 회피 심리가 숨겨져 있다는 것을 알 수 있다.

　새로운 도전과 새로운 경험 혹은 새로운 인간관계는 불편함과 위험성을 동반한다. 동시에 자유, 가능성, 그리고 새로운 희망도 존재한다. 그러므로 귀찮다는 말은 일종의 자기 합리화이기도 하다. "새로운 것을 배우러 갔다가 제대로 따라가지 못하면 창피하잖아요. 창피해지는 것이 싫어서 배우고 싶지 않아요."라며 배움과 도전을 거부하고, "그냥 살던 대로 살고 싶어요, 귀찮게 이 나이에 뭘 해요."라며 세월의 흐름에 자기를 눌러 앉혀 버리기도 한다. 이건 모두 '귀찮아'라는 말로 자신의 행동을 합리화하는 태도이다.

　의욕은 새로운 활동을 반복적으로 경험해야 유지된다. 새로운 자극을 받으면 뇌에서 동기를 불러일으키는 도파민이라는 신경전달물질이 분비된다. 다소 불편함과 위험성이 따르더라도 새로운 경험을 피하지 말고 무엇이든 시도하다 보면 새로운 동기가 생겨나고 삶의 활력도 생겨난다. '한번 시작하면 끝장을 봐야 해. 이왕 할 거 같으면 잘해야 돼!'라는 강박관념을 갖지 말고 작은 것부터 시도해 보고, 그것이 어떤 느낌인지 체험해 보라. 생각만 하고 이리저리 따지기만 하지 말고 새로운 경험 속으로 뛰어 들어가야 한다.

'귀찮아'라고 움츠리는 마음을 움직일 수 있는 것은 내 몸이다. 몸을 움직이지 않으면 더 귀찮아진다. 그러나 반복하면 수월해진다. 자동차 시동이 걸리지 않을 때 뒤에서 밀어주면 시동이 다시 걸리는 것처럼, 처음에는 힘들어도 한번 발동이 걸리면 그다음에는 움직이기 수월해진다. 이런 경험이 누적되면 열정과 활력이 따라온다. 장 자크 루소Jean-Jacques Rousseau가 말한 것처럼 "산다는 것은 호흡하는 것이 아니라 행동하는 것"이다. '귀찮아'라는 말로 스스로 주저앉지 말고 움직이며 진정으로 살아있음을 느껴야만 한다.

일상 속에서 실행하기 쉬운 행동활성화 전략은 간단하다. 생활계획표처럼 하루의 활동 계획(예: 기상/수면 시간, 식사 시간, 공부 시간 등)을 표로 만들어 보는 것이다. 이렇게 내가 할 수 있는 활동 계획표를 만들다 보면 무기력하고 소극적인 태도에 조금씩 생기가 도는 것을 느낄 수 있다. 또 다른 예는 가벼운 운동이다. 자신의 평소 활동량에 비추어 약간의 변화만을 주더라도(예: 평소 하루에 밖에서 10분 정도 걷고 있다면, 목표를 15분 정도 걷기로 설정) 하루의 경험이 달라질 수 있다. 우리는 다양한 방식으로 자신의 삶에 활력을 불어넣을 수 방법을 찾고 실행해야만 무기력으로부터 자유로워질 수 있음을 명심하자.

물론 정말 무기력하고 에너지가 바닥났다고 느낄 때도 있다. 그럴 때는 손가락 하나 움직이는 것도 귀찮아진다. 이런 상황에서 벗어나고 싶다고 해서 처음부터 커다란 도전을 계획할 필요는 없다.

오히려 그런 생각이 더 큰 불안을 불러올 수도 있다. 이때 실천해 볼 수 있는 것이 '5분 규칙5-minute rule'이다. 즉, 5분 동안 욕을 하든, 불평을 하든, 어떻게든 부정적인 생각을 머릿속에서 지우려고 무언가 해보는 것이다.

딱 5분만 실행해 보라. 그 이상일 필요도 없다. 그런 다음 스스로 자신을 다독여 보는 것이다. 이 5분은 아무것도 하지 않은 것보다 훨씬 낫다. 우울할 때 실행하는 5분은 기분 좋을 때 1시간 활동한 것과 같은 정도로 효과가 뛰어나다. 5분간 활동하고 나면 이후의 감정 상태를 살펴보라. 여전히 부정적인 생각이 남아 있는가? 5분 동안 '지금 할 수 있는 게 뭘까?' '이 경험을 통해 무엇을 배울 수 있을까?' '어떻게 하면 앞으로 나아갈 수 있을까?' 이런 생각을 하다 보면 자기도 모르는 사이에 긍정의 메시지가 떠오르는 것을 경험할 것이다. 믿기지 않는다면 당장 실천해 보라.

그렇다면 최△△의 사례에서 행동활성화가 어떻게 그녀의 행동을 변화시킬 수 있는지 살펴보자. 나선형 패턴의 아래 단계에서 출발하여 위의 단계로 올라가면서 확인해 보자.

1. 그녀는 현재 상황을 점검해 볼 수 있는 여러 방법을 가지고 있고, 보다 활동적인 것이 기분을 더 좋게 만든다는 것을 인식하고 있다.

2. 이것은 상황에 대한 통제력과 긍정적 사고를 더 갖게 만든다. 그러자 부정적 사고가 다소 수그러든다.

3. 친구가 동의할 때 그녀는 조금 더 긍정성을 느낀다.

4. 그녀는 친구와 전화 통화를 한다. 커피숍에서 만나기로 하고, 같이 점심을 먹고, 쇼핑을 하자고 친구에게 제안한다.

5. 전화 통화는 그녀에게 성취감을 준다. 생각했던 것보다 친구와 대화하는 것이 보다 쉽다는 것을 알게 된다.

6. △△은 자신의 활동을 점검하고, 친구와 전화로 대화하기로 마음먹는다.

상향식 나선형을 통한 행동활성화 과정

위 그림에서 보면 최△△의 기분이 호전되고 활동도 많아지는 것을 확인할 수 있다. 즉 하향식의 나선형이 상향식의 나선형으로 바뀐 것이다. 활동을 조금씩, 점진적으로 늘리기만 해도 기분을 향상시킬 수 있다. 해야 할 일을 조금씩 단계로 나누어, 너무 빨리 서두르지 말고, 너무 많은 것을 기대하지도 말고, 그저 실천해 보라. 분명히 긍정적인 결과를 얻을 수 있을 것이다.

2. 부정적 사고에 도전하라

사람이 우울해지면 사고방식도 바뀌어 세상을 평가하는 방식에 부정적 편향성을 갖는다. 사람들은 우울해지면 부정적 사건과 결과를 자신의 잘못으로 돌리고, 긍정적 사건과 결과에 대해서는 자신의 노력을 무시하거나 남 탓이나 운 탓으로 돌린다. 우울할 때는 그저 세상이 어둡고 암울하게만 보인다. 이처럼 기분 저하 상태에서의 부정적 사고는 자동적인 경향이 있어서 제대로 인식하지 못한다. 이것은 비관적 사고방식이 정서적 저하 상태와 완벽하게 조화를 이루기 때문이다. 따라서 이런 상태에서는 자신이 부정적 사고를 하고 있다는 것을 인식하지 못하거나 그것이 정확한 판단인지 아닌지 확인할 수가 없다. 그저 기분이 좋지 않다는 것만 느낄 뿐이다. 그러므로 기분을 변화시키려면 자신이 부정적 사고를 하고 있다는 사실을 인식해야만 한다. 이처럼 정서적으로 우울할 때 우리가 사고방식을 왜곡시키는 방식에는 어떤 것들이 있는지 살펴보자.

(1) 정신적 여과mental filter

이것은 단편적인 사실 하나에 집착한 나머지 상황 전체를 부정적으로 지각하고, 자신에게 불리한 방식으로 현실을 왜곡하는 과정이자 현상이다. 즉, 특정 상황에서 아주 일부분만 선택해 전체 상황을 판단하는 것이다.

예를 들어 보자. 김 대리는 회사에서 프레젠테이션을 아주 잘마쳤고, 여러 사람에게서 칭찬도 들었다. 그런데 옆 부서 윤 과장이

"저, 발표 중에 혼동되는 부분이 있는데 내일 좀 더 설명해 줄 수 있어요?"라고 말했다. 그러자 김 대리는 좋았던 기분이 싹 가시면서 '내 전달력에 문제가 있는 거야. 확실히 나는 발표에 약해.'라고 생각한다. 진짜 잘한 건지, 뭐가 부족한 건지, 도무지 알 수가 없었다. 이런 생각은 밤늦도록 계속되었고, 생각할수록 머리만 아파왔다. 여기서 김 대리에게 작동하는 것이 바로 정신적 여과 현상이다. "이야~ 이거 준비하느라 고생 많았어, 정말 잘했어. 깔끔했어요." 이런 주변 사람들의 칭찬과 만족스러운 표정들은 모두 걸러내 버리고, 부정적인 멘트 하나만 인식하는 것이다. 모임에서 자신의 애인이 옆에 앉은 다른 이성 참가자와 가까이 앉았다는 것만 가지고 질투하는 사람 역시 이런 정신적 여과의 증상에 빠진 거라고 말할 수 있다.

이러한 정신적 여과가 작동하면 긍정적인 것은 모두 빠져나가고 부정적인 것만 남는다. 이른바 인지왜곡이 일어나는 것이다. 정신적 여과를 다른 말로는 '선택적 추상화selective abstraction'라고 부른다. 선택적 추상화란 사건의 일부 사항만으로 결론을 내리는 것으로, 이 과정에서 많은 정보가 무시되고 전체 맥락의 중요성을 놓치게 된다.

앞서 김 대리가 자신이 성공적으로 수행한 부분은 제쳐두고 혹시라도 있었을 법한 실수와 약점에만 집중해서 자신의 가치를 과소평가하는 것처럼 말이다. 이러한 선택적 추상화에 빠지지 않으려면 조금 떨어져서 전체 상황을 보려는 노력을 기울여야 한다. 그러면 부정적인 것보다 긍정적인 것이 훨씬 더 눈에 잘 띈다. 그것이 내 인식 속으로 들어오게 해야 인지왜곡에서 벗어날 수 있다.

(2) 과잉일반화over-generalizing

CBT에서는 우울증을 과잉일반화의 결과로 본다. 과잉일반화란 특정한 사건에 대해 극단적인 신념으로 대하는 태도가 이와 유사하지 않은 상황에까지 부적절하게 확대되어 적용되는 것을 말한다. 과잉이라는 단어가 가리키듯 어떤 사실이나 사건에 정도 이상의 지나친 해석을 내리는 것이다. 과유불급過猶不及, 즉 아무리 좋아도 지나치면 원하는 것에 미치지 못한다고 했다. 살면서 타인에 의해 마음의 상처를 받는 일이 아예 없을 수는 없을 것이다. 그러나 한두 번의 좌절이나 경험을 통해 자신은 앞으로도 타인에게서 대우를 받거나 똑같은 좌절을 경험할 것이라고 일반화시키는 사람들이 더러 있다. 즉, 상대의 진심이나 의중은 그런 것이 아닌데도 혼자 일방적으로 그렇게 해석해 버린다. 특히 과거 성적 피해를 겪은 사람은 그때의 사건에서 얻은 결론을 광범위한 상황에 적용시킨다.

이러한 왜곡된 사고의 예는 '나는 남자에 의해 학대를 당했다. 남자들은 다 똑같을 것이다. 그러므로 남자는 모두 믿을 수가 없다'라고 결론을 내리는 것이다. 소개팅에 나갔다가 실망한 여성이 "남자는 모두 똑같아!"라고 불평하는 것도 같은 맥락이다. 이런 과잉일반화가 마음의 습관으로 굳어지면 작은 상처도 크게 받아들여지고, 이것이 우울증의 원인이 되기도 한다. 대개의 우울증 환자들은 이런 과잉일반화 경향을 가지고 있다.

과잉일반화는 사람에 대해서만 아니라 자신이 처한 현실에 대한 인식에서도 나타난다. 즉, 지금 자신이 처한 현실을 과거의 부정적 결과와 연결시켜 아직 결과가 진행 중인데도 미리 부정적으로 판단해 버리는 것이다. 이런 태도 역시 우울증의 원인이 된다.

특목고에 다니는 정ㅁㅁ은 중간고사에서 국어와 영어를 각각 100점 받았고, 수학은 90점 받았다. 남들이 보기에는 훌륭한 성적이지만, 정작 자신은 인생을 망쳤다며 우울해한다. 원인은 어렸을 적 경험에 있었다. 학업성취가 좋을 때는 과도한 칭찬을 받았고, 조금이라도 떨어지면 꾸중을 들었다. 현재는 부모가 더 이상 학업에 대해서 지나친 간섭을 하진 않지만, 어렸을 적 부모가 보여준 부정적 시선을 자신의 내면 가치로 각인시켜 버렸기 때문에 과잉일반화 태도가 굳어버린 것이다.

이처럼 과거에 형성된 부정적 시선은 학습뿐 아니라 자신의 인생 전체를 부정적으로 해석하는 과잉일반화로 발전하고 우울증을 초래한다. 한 가지 덧붙이자면, 과잉일반화가 극단적 형태로 발전하면 낙인찍기labeling라는 심리적 행위를 하기 쉽다. 금연 중인 사람이 무심코 담배를 피운 후 "깜박 실수했네. 다시 노력하자."라고 생각하는 게 아니라 "역시 나는 골초라서 안 돼. 나는 실패자야."라고 스스로 낙인찍는 것이다.

(3) 파국화catastrophizing

비합리적인 생각이나 판단에 사로잡히면 현재 자신이 처한 상황을 최악이라고 생각하거나, 최악의 상태가 언제든지 올 수 있다고 생각하는 태도이다. '재앙화' 또는 '부정적 과장'이라고도 부른다.

예를 들어, 한 남성이 마음에 드는 여성을 보고는 "저 여성은 나보다 모든 면에서 뛰어나기 때문에 나 같이 능력 없는 남자에게는 관심조차 없을 거야."라고 생각하는 것이다. 이런 경향을 가진 사람들은 어떤 일이나 상황에서도 최악의 경우를 미리 생각하여 행동하기 쉽다. 자신을 계속 파국화시키는 사람은 날씨가 맑은 날에도 먹구름의 기미를 찾거나 아니면 스스로 머릿속에서 창조해 낸다. 기분 저하 혹은 우울증 상태일 때는 실제 최악의 일이 발생하기도 한다. 그런데 그런 결과를 불가피한 것으로 받아들이는 것은 잘못이다. 이처럼 파국화의 인지적 오류에 빠지면 기분은 가라앉고, 우울감은 커지면서 때론 공황장애로 이어지기도 한다.

(4) 흑백논리사고 all-or-nothing thinking

어떤 일이든 극단적으로 흑 아니면 백, 전부 아니면 무無로 판단하고 회색지대와 중간은 인정하지 않는 이분법적 사고를 말한다. "원하는 대학에 떨어지면 인생은 실패야!"라고 생각하는 것이 그 예에 해당한다. 우울한 사람들은 세상을 흑백논리로 해석하고 평가하는 경향이 있다. 즉, 생활 사건의 의미를 이분법적인 범주에서 둘 중 하나로 해석하는 오류를 범하게 된다. 완벽하지 못하면 모두 부적절하거나 실패한 것이라고 여긴다.

하지만 삶의 많은 문제들이 흑백 논리로 설명되지 않는다. 그러므로 사소한 일을 처리할 때는 '이 정도면 괜찮다'고 만족하는 상황에서 끝낼 수도 있어야 한다. 어느 누구도 완벽할 수 없으며, 모든 일에 완벽주의를 지향하게 되면 결코 만족감을 가질 수가 없다. 따라서 일을 완벽하게 하려고 하기보다는 최선을 다하는 것이 중요하다.

(5) 사고의 확대와 축소magnification or minimization

자신의 장점은 축소하고 단점은 확대해서 생각하는 태도를 의미한다. 자신이 수행한 일을 평가할 때도 똑같이 적용한다. 시험에서 단 한 문제를 틀렸는데도 "그런 실수는 멍청이나 하는 짓이다."라고 자신의 실수를 확대 해석하기도 하고, 우등상을 받고도 "이런 상은 조금만 노력하면 누구나 받을 수 있어."라고 자신의 능력을 축소해 해석하는 것이 그 예라 할 수 있다.

사고의 축소는 평가절하적 사고disqualifying the positive를 불러일으킨다. 평가절하적 사고는 긍정적이고 건설적인 것들을 무시하거나 평가절하하는 것이다. 자신이 성취한 일에 대해 칭찬을 받아도 '나는 칭찬받을 만큼 잘하지 못했어.' 혹은 '그냥 듣기 좋으라고 한 얘기일 뿐이야.'라고 자신의 능력을 평가절하해 버린다.

(6) 독심술mind-reading

상대의 마음을 읽을 수 있다고 믿는 태도이다. 이런 태도를 가진 사람들은 대인관계에서 자신에 대한 상대의 평가를 읽을 수 있다고 믿는다. 그런데 그런 믿음은 대개 특별한 근거 없이 부정적인 해석인 경우가 대부분이다. 만약, 친한 친구가 며칠 연락이 없었다고 생각해 보자. 그 친구는 현재 해외여행 중이므로 연락을 할 수가 없는 건데도, 그런 사정을 모르면서 지레 이렇게 생각한다. '이젠 날 좋아하지 않나 봐.'

아론 벡은 독심술을 '우울증을 만드는 생각의 오류' 중 하나로 보았다. 우울증 환자들은 상대방이 자신에 대해 안 좋게 생각하고 있다고 예측하면서 상대가 자신에 대해 부정적으로 평가하는 것은 순전히 자신의 책임이라고 책망한다. 그 결과 대인관계에서 불협화음을 일으키기가 쉽다. 그런데 타인의 마음을 읽을 수 있는 사람이 있을까? 우리는 상대의 마음을 추측할 수 있을 뿐, 실제 어떠한지 전혀 알 수가 없다.

독심술이 인지적 오류일 수밖에 없는 이유는 상대의 마음이라 짐작했던 내용들이 사실은 내 마음의 반영일 수 있기 때문이다. 정신분석이론에서는 이를 투영 혹은 투사projection라고 한다. 오늘따라 사장님이 인상을 쓰고 있으면 중간 간부는 어제 거래처와의 회의에서 큰 실수를 한 것이 마음에 쓰여 사장님의 눈치를 보게 된다. 아내의 표정이 어두우면, 남편은 어제 회식에서 늦게 들어온 미안함에 눈치를 보게 된다. 이처럼 상대의 마음이라고 생각한 것은 실제 자기 마음속의 불안, 분노, 슬픔 등을 투영한 모습일 뿐이다. 다만 자신이 의식하지 못하고 있을 뿐이다. 따라서 건강한 대인관계를 위해서는 상대의 사고와 행동을 지레짐작하여 평가하지 않도록 주의해야 한다. 특히 기분이 저조하거나 우울할 때 이러한 독심술의 오류가 발생하기 쉬우므로 조심하고 경계하자.

(7) 정서적 추론emotional reasoning

"나는 뭔가 부족해. 나는 쓸모없는 사람인가 봐." "희망이 없고, 나아질 기미는 안 보여." "뭔가 일이 잘 안 되는거 같아 불안해. 내가 일을 망치고 있는 거 같아." 이처럼 생각한다면, 당신은 과거의 경험에서 현재 기분이 저조한 원인을 찾고 있다. 그리고 그 원인의 결과로 미래에 대해 추론하고 판단하는 '정서적 추론'의 상태에 있는 것이다. 이러한 정서적 추론은 기분이 저하되어 있을 때 흔하게 나타나는 사고방식으로, 상황을 보는 방식을 왜곡시키고 우울증을 심화시킨다.

(8) 강박적 의무should statements

어떤 일을 수행할 때, 기준을 높게 설정하고 자신을 몰아세우고 채찍질하는 태도를 말한다. 자신이 세운 기준에 미치지 못할 때는 부정적인 감정을 경험한다. 피아니스트가 공연을 앞두고 '절대 실수하면 안 돼.'라고 강박적인 생각을 하다가 연주 중 실수하게 되면 자기혐오나 강한 수치심을 느낄 수가 있는데, 이는 스스로 '강박적 의무'를 부여했기 때문이다. 심지어 기차나 비행기 출발이 지연되었을 때 기차나 비행기는 항상 제시간에 출발해야 한다며 화를 내는 사람들 역시 이런 '강박적 의무'에 사로잡힌 경우에 해당한다.

(9) 개인화personalization

자신과 관련 없는 것들마저도 자신과 관련을 짓고 부정적인 일들에 대해 과도한 책임감 또는 수치심을 일으키는 생각을 말한다. 예를 들어, 누가 지나가면서 나를 쳐다보면서 웃을 때 '나를 비웃는다.'라 생각하거나 '내 아내가 친구가 없는 것은 모두 내 탓이다.'라 생각하며 사건의 근원을 100% 자신에 돌리는 것이다.

3. 역기능적 핵심신념을 찾아라

앞서 우울증을 유발할 수 있는 여러 가지 부정적인 심리적 요인들을 살펴보았다. 그렇다면 이같이 부정적인 태도를 갖게 하는 요인은 무엇인지 부정적 사고의 핵심을 찾아가는 기술을 살펴보자. 부정적 사고를 일으키는 요소를 역기능적 핵심신념이라고 부른다. 이 신념은 자기 자신이나 주위 세계에 대해 가지고 있는 일반적이고 추상화된 진술을 가리킨다. 자동적 사고라는 것이 다양한 상황에 부딪혔을 때 사람들에게 반복적으로 나타나는 생각이라면, 역기능적 핵심신념은 어린 시절의 경험을 이후의 모든 상황에 일반적으로 적용시키는 생각이다.

역기능적 핵심신념은 대개 'ㅇㅇ해야 한다' 혹은 '만일 ㅇㅇ하면 △△일 것이다'의 형태로 구성되어 있으며, 일상생활에서 행동이나 기대치를 정하는 원칙처럼 작동한다. 이러한 역기능적 가정이나 신념에서부터 자동적 사고가 자연적으로 만들어진다. 그런데 자동적 사고는 조금만 주의를 기울이면 그 패턴을 쉽게 관찰할 수 있지만, 역기능적 핵심신념은 의식의 표면 위로 잘 드러나지 않는다. 그렇다면 역기능적 핵심신념을 어떻게 발견하고 규명할 수 있을까?

역기능적 핵심신념을 발견하는 효과적인 방법은 다양한 상황에서 나타난 자동적 사고를 보고 유추하는 것이다.6 구체적으로는 자동적 사고를 파악했으면 이를 모아 놓고 공통된 내용을 검토해서 역기능적 핵심신념을 유추한다. 만일 어떤 종류의 자동적 사고가 반복적으로 나타난다면, 그것이 역기능적 핵심신념을 찾아내는 단서가 될 수 있다. 예를 들어, 우울증을 가진 사람이 "나는 팀장님이 시키는 일 중에 제대로 하는 일이 하나도 없어." "컴퓨터 학원에 등록해도 엑셀 하나 마스터하지 못할 거야." "내 힘으로는 친구를 설득시키지 못해." 등의 자동적 사고를 보일 경우에 '나는 제대로 하는 일이 하나도 없다' '나는 무능하다'와 같은 핵심신념을 가지고 있음을 추론해 볼 수 있다.

역기능적 핵심신념을 발견하는 두 번째 방법은 '이것이 나에게 무엇을 의미하는가?'라는 질문을 순서대로 계속 던져 보는 것이다. 자동적 사고는 핵심신념에서부터 나오는 것이므로 이런 질문을 하다 보면 자동적 사고의 기저에 깔린 핵심신념을 발견할 수 있다. 예를 들어, "남편이 더 이상 나를 사랑하는 것 같지 않아."와 같은 자동적 사고가 일어난다면, 아래 도식에 따라 스스로 질문하고 부정적 핵심신념을 찾아낼 수 있다.

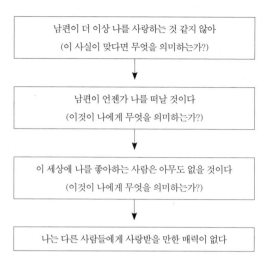

남편이 더 이상 나를 사랑하는 것 같지 않아
(이 사실이 맞다면 무엇을 의미하는가?)

↓

남편이 언젠가 나를 떠날 것이다
(이것이 나에게 무엇을 의미하는가?)

↓

이 세상에 나를 좋아하는 사람은 아무도 없을 것이다
(이것이 나에게 무엇을 의미하는가?)

↓

나는 다른 사람들에게 사랑받을 만한 매력이 없다

화살표 아래로 내려가는 방법

이 같은 질문을 따라 내려오다 보면 맨 먼저 시작된 자동적 사고(남편이 더 이상 나를 사랑하는 것 같지 않아)의 원인은 남편이 주말에도 집에 늦게 들어오는 특정한 상황과 관련되어 있음을 알 수 있다. 자동적 사고에 머물지 않고 심층적으로 분석하다 보면, 아내의 삶에 보다 일반적으로 작동하고 있는 핵심신념을 찾아낼 수가 있다. 이렇게 역기능적 핵심신념을 찾았다면 이를 검증하고 대안이 될 만한 핵심신념을 찾아 재구성해야만 한다.

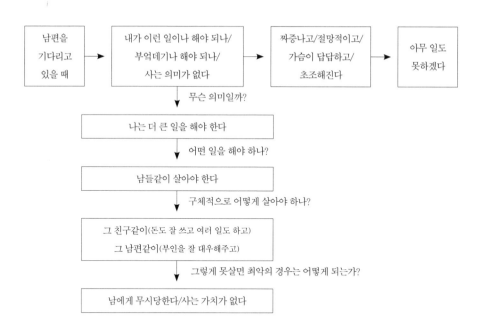

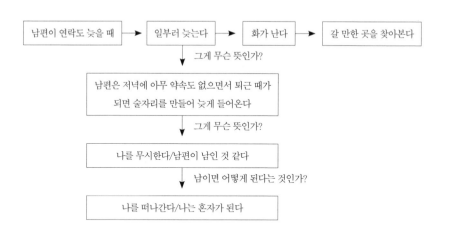

질문 화살표를 이용해 핵심신념을 찾아낸 예

4. 현실적이고 균형 잡힌 사고를 하라

CBT 치료법에 비판적인 사람들은 CBT가 긍정적인 사고만 강조한다고 말한다. 그러나 CBT는 한결같이 긍정적인 생각만 해야 한다고 주장하는 것이 아니라, 사건을 보고 해석할 때 보다 현실적이고 균형 잡힌 태도를 가져야 한다고 강조할 뿐이다. 모든 것이 좋거나, 혹은 모든 것이 나쁜 상황은 없다. 알버트 아인슈타인은 '세상은 사고의 산물이며, 사고를 바꾸지 않고서는 세상을 변화시킬 수 없다'고 말했다.

아들을 둔 어머니가 있었다. 큰아들은 우산 장사를 하고, 작은아들은 부채 장사를 한다. 부정적인 태도를 가진 어머니라면 비가 오면 작은아들이 부채를 많이 팔지 못할 거라고 근심하고, 날씨가 좋은 날에는 큰아들이 우산을 많이 팔지 못할 거라고 걱정한다. 하루도 근심과 걱정 없이 보내는 날이 없다. 이와 반대로 매우 긍정적인 견해를 가진 어머니라면 날이 좋은 날에는 작은아들이 부채를 많이 팔 수 있다며 좋아할 것이고, 비 오는 날에는 큰아들이 우산을 많이 팔 거라며 행복할 것이다.

이처럼 똑같은 상황에 대해서 보다 현실적이고 균형 잡힌 사고를 하도록 돕는 것이 CBT의 방법이다. 만약 기분이 저하되어 있거나 우울하다면 그 기분을 촉발시킨 자동적인 부정적 사고가 무엇인지 찾아내고 적어 보라. 그런 다음에 아래 질문에 스스로 답해 보라.

- 이 상황을 다르게 바라볼 수 있는 방법이 있는가?
- 내가 긍정적인 기분이라면 이 문제를 어떻게 바라볼까?
- 한 주/한 달/일 년 후에 나는 지금 상황을 어떻게 생각할까?
- 이것에 대해 다른 사람은 뭐라고 말할까? 나의 배우자/부모/형제자매/친구는 이것을 어떻게 바라볼까?
- 그들이 이러이러한 태도로 판단할 거라는 내 생각의 근거는 무엇인가? 내 생각은 어떤 식으로든 왜곡 또는 편향되지 않았을까? 이 생각을 반박할 수 있는 증거를 찾을 수 있는가? 미처 고려하지 못한 것은 무엇인가?

이런 질문을 스스로 던지고 대답을 찾다 보면 자동적인 부정적 사고의 타당성을 검토하는 데 도움이 된다. 소크라테스는 제자들에게 질문을 던져 스스로 진리를 깨닫도록 대화를 이끌어 나가는 기술을 창안하였는데 이를 '산파술' 혹은 '산파식 대화법'이라고 한다. 소크라테스식 대화는 내담자로 하여금 자신의 삶에 영향을 끼치는 생각과 신념에 대해 비판적으로 평가하도록 질문하면서 대화를 이끌어가는 것을 말한다.

벡은 이 기술을 CBT에 도입하여 자동적 사고를 검토하는 중요한 기법으로 발전시켰다. 스스로 질문하고 대답을 찾는 방식은 질문자가 스스로 자신의 사고를 검토하기 때문에 타인에 의한 설득이나 설명보다 더 효과적인 결과를 가져다준다. 당신이 혹시라도 부정적 사고를 하고 있는지 알고 싶다면 위의 질문에 스스로 대답해 보라.

대답을 통해 내면의 부정적 사고를 발견했다면, 예전과는 상황을 다르게 볼 수 있는 균형 잡힌 생각은 어떤 것인지 적어 보라.

앞서 예로 들었던 최△△의 사례를 빌어 부정적인 생각을 균형 잡힌 생각으로 발전시킨다면 어떻게 될까? 최△△은 현재 회사가 처한 상황을 보며 "내가 해고되면 그건 내가 얼마나 쓸모없는 존재인지를 증명하는 거야."라고 부정적으로 판단했다. 그러다 부정적 생각의 원인을 파악하고 새롭게 균형 잡힌 사고를 실천하게 되면서 전혀 다른 결과를 얻게 되었다. "사실 일을 하면서 칭찬받은 적이 있었지. 특히 최근 상사는 나를 좋게 평가했어. 요즘 회사가 어렵기 때문에 해고되는 경우도 있겠지. 내가 가장 최근에 입사한 사람이니까 아마도 더 좋은 곳을 찾아보라는 의미로 나를 놓아줄지도 몰라." 이 얼마나 놀라운 변화인가?

부정적 사고는 균형 잡힌 사고로 얼마든지 바꿀 수 있다. 필요한 것은 그 기술을 익히고 꾸준히 연습하고 실천하는 일뿐이다. 기분이 저하되거나 우울하다면 위와 같은 방법을 실천해 보라. 내 생각을 자동으로 균형 잡힌 생각으로 만들어주는 새로운 습관을 얻게 될 것이다.

5. 비판에 동요하지 마라

많은 사람이 자기비판을 통해 스스로를 단련시키기도 한다. 어려서부터 우리는 스스로 동기를 부여하고 무언가 활동적으로 시도할 때 자신을 채찍질하는 법을 배워왔다. 종일 빈둥거리며 누워 있다 보면, 어느 순간 게으름뱅이처럼 누워있지 말고 얼른 일어나서 움직이라는 또 다른 내 목소리가 들려온다. 강아지도 산책시켜야 하고 차도 세차하고 부모님께 오랜만에 전화도 드려야 한다는 내 안의 잔소리가 들리는 것만 같다. 실제 일어나서 행동으로 옮기기도 한다.

그런데 이런 효과는 우리의 기분이 정상적일 때만 일어난다. 기분이 우울한 상태에서 들리는 내 머릿속의 잔소리는 더 이상 효과가 없을 뿐만 아니라, 동기부여도 되지 않고 오히려 스스로를 공격하고 괴롭히기만 할 뿐이다. 당신을 괴롭히는 목소리는 당신의 일부이기 때문에 무엇이 문제인지 너무나 잘 알고 있다. 그래서 괴롭힘의 강도는 높아지고 당신은 더욱더 우울의 늪으로 빠져들게 된다.

업무 수행에 어려움을 겪는 동료가 있다. 당신은 어떤 식으로 그를 도울 수 있을까? "넌 할 수 있어. 네가 실수한 것은 정상적인 거야. 네가 할 수 있는 것에 집중해 봐. 난 네가 꾸준히 한다면 해낼 수 있다고 믿어." 이렇게 격려하는 대신 비판하는 경우도 있을 것이다. "넌 바보야. 왜 이렇게 어리석니? 네가 저지른 실수를 좀 봐. 너는 왜 잘하는 게 하나도 없니? 얼른 다시 해. 그래봤자 또 비웃음만 사겠지만 말야." 이렇게 불쾌하고 불친절한 타박을 듣는다면 상대방은 과연 더 나은 성취를 얻을 수 있을까? 그렇지 않을 것이다. 동정적이고 나를 지지해주는 누군가의 격려가 훨씬 더 긍정적인 결과를 낳는 데 도움을 준다.

대부분의 사람이 자기 자신의 일에 대해서는 긍정보다 부정적인 태도를 보인다. 스스로 비판하고 야단을 치기 때문에 더 낙담하고 우울해진다. 자기 일을 성공적으로 수행하는 사람들은 자기 비판 대신 자신을 친구나 동료처럼 대하며 긍정적인 메시지를 준다. 힘들다면 스스로 책망하지 말고, 당신 자신을 응원하고 격려해 보라. 머잖아 그 결과에 스스로 놀라게 될 것이다.

6. 마음챙김 명상을 하라

우울증을 극복하는 데 도움이 되는 것들을 열거하면, 긍정적 사고, 규칙적인 운동과 균형 잡힌 식사, 명상, 요가 등 여러 가지를 들 수 있다. 만약 우울증 치료 중이라면 알코올을 자제하고 낮잠도 30분 이상은 피하는 것이 좋다. 요가나 명상이 우울증 치료에 좋다는 것은 누구나 다 알고 있다. CBT 역시 우울증을 개선하는 보조 치료로써 마음챙김 명상, 집중명상mindfulness meditation의 효능을 높이 평가한다. 여러 연구 결과에 따르면, 현재 의식의 흐름에 집중하는 집중명상은 부정적 사고를 감소시키고 긍정적 정서를 증가시킨다. 또한 각종 스트레스를 완화하고, 만성통증과 공황장애를 비롯한 불안장애와 우울증과 같은 심리적 장애 치료에 효과적인 것으로 나타났다.[7]

깨어 있는 마음, 알아차림이라고도 불리는 이 집중명상은 판단을 멈추고 지금 이 순간에 주의를 집중하며 우리 내부와 주변에서 일어나는 일에 주의를 기울이는 것이다. 원망과 소망 그리고 욕구로 인해서 왜곡되는 지각을 뒤로하고, 현재 삶에서 진행되는 일을 명료하게 바라본다. 과거를 곱씹거나 미래에 대한 불안이나 욕망에 사로잡히기보다 현재의 마음 자리에 집중한다. 그러므로 이러한 집중명 상은 현재 일어나는 현상과 경험을 있는 그대로 바라보고, 그 어떤 해석, 평가, 판단하지 않고 수용적 자세로 관찰하고 자각한다.

인간의 의식은 대부분 검열받지 않은 사고와 감정의 끊임없는 흐름이다. 마음은 흐름이라는 것을 자각하는 것에서부터 집중명상 은 시작된다. 마음이 한 생각에서 다른 생각으로 끊임없이 오고 가 면 정신적 에너지가 낭비되고, 현재 내 마음속에서 실제 일어나는 일을 자각하지 못한다. 그래서 집중 명상에서는 판단하고 평가하기 에 앞서 세상을 있는 그대로 바라보고, 지각한 것을 예단하지 않은 범주에 집어넣고자 노력한다. 이런 집중 명상을 시도해 보고 싶다 면, 경험이 풍부한 명상 전문가와 함께 하는 것이 좋지만, 여기서는 일상생활에서 쉽고 간단하게 실천할 수 있는 집중 명상 호흡법을 소 개하고자 한다.[8]

1단계: 편안한 장소에 앉는다. 의자에 앉은 채로 명상해도 좋다. 의자에 앉아서 양손의 힘을 뺀 채 무릎 위에 가볍게 얹고 두 다리는 편한 정도로 벌린 채 발은 땅바닥을 가볍게 밟 는 정도로 위치시킨다. 등은 똑바로 펴고 시선은 약간 정 면을 바라보며 턱은 가볍게 안쪽으로 끌어당긴다.

2단계: 두 차례 코로 깊은 숨을 들이마시고 나서 입으로 숨을 내 쉰다. 눈을 감아도 좋다. 앉아 있는 의자가 하체에 어떤 느 낌을 주는지 주목한다. 다리와 발의 느낌은 어떠한가? 따스한가 아니면 차가운가? 주위에 어떤 소리가 들리는가? 내 몸이 느끼는 여러 가지 감각과 주변에서 들려오는 소리에 주목한다. 내 몸의 특정한 부위에 긴장이나 이완이 느껴지는지 주목하며 머리부터 발끝까지 온몸의 감각을 하나씩 느껴본다.

3단계: 이제 호흡에 집중한다. 숨을 들이쉬고 내쉬면서 생겨나는 느낌이 어떤지 주목해 보라. 호흡할 때 어떤 감각이 생기고 또 사라지는가? 가슴, 위, 어깨 혹은 그 밖의 부위에 생겼다 사라지는 감각을 느낄 수 있는가?

4단계: 천천히 숫자를 세어 본다. 숨을 들이쉴 때 1, 내쉴 때 2, 들이쉴 때 3, 내쉴 때 4 이런 식으로 10까지 세어 본다. 10까지 센 다음에는 다시 처음부터 시작한다.

5단계: 잡념이 생겨서 주의가 흐트러질 수 있는 순간이 온다. 이때는 떠오른 잡념을 그저 지나가는 생각으로 인식하고, 다시 호흡에 집중하면서 처음부터 숫자를 다시 센다.

6단계: 5분이 지나면 4단계와 5단계를 반복한다.

7단계: 잠시 조용히 앉아 있는다. 이 시점에서 어떤 생각이 불현듯 마음속에 떠오를 수도 있고, 마음이 평온해질 수도 있다.

8단계: 내 주변이 어떠한지 감각적인 느낌에 주목해 본다. 그리고 천천히 눈을 뜨고 명상을 종료한다.

이처럼 집중명상의 핵심은 무언가 일부러 생각하고 판단하는 것이 아니라, 지금 현재에 집중하는 것이다. 짐짓 내 생각이 저 멀리 있는 것처럼 둔감하게 바라보면서 현재 이 순간을 주목한다. 이런 명상 역시 꾸준한 노력과 연습을 통해서 더욱더 단련될 수 있으니 무리하지 말고 점차 명상시간을 늘려가는 것이 좋다.

7. 사고기록지를 활용한 우울증 상담의 예

CBT에서 활용되는 사고기록지는 내담자로 하여금 자신의 부정적 사고를 인식하도록 돕고, 사실과 생각을 분리하고, 자신의 생각이 감정에 어떤 영향을 미치는지 볼 수 있도록 만드는 도구이다. 또한 부정적 사고를 대체할 만한 생각을 찾아서 이처럼 현실적이고 균형적인 사고가 어떤 감정의 전환을 불러일으키는지에 대해서도 다룰 수 있다.

사고기록지 활동은 부정적 사고를 긍정적 사고로 바꾸는 것이 목적이 아니라 한쪽으로 왜곡된 시각을 바로잡기 위한 것이다. 사고기록지의 평가항목에 자신의 자동적 사고와 그에 대한 객관적 사실들을 적어가면서 시각화를 하다보면 자신의 생각을 명확히 인식할 수 있게 된다. 사고기록지의 예는 다음 표와 같다.[9]

상황	어디에 있었고 누구와 함께 있었으며, 무엇을 하고 있었는가?
기분	그때 당신의 감정을 나타낼 수 있는 단어는? 상대적 강도를 0~100%로 평가하기
자동적 사고	마음속에 어떤 생각이 지나갔는가? 어떤 기억이나 이미지가 떠올랐는가?
지지하는 증거	그 생각의 객관성을 지지할만한 근거들은?
지지하지 않는 증거	그 생각이 100% 맞지 않을 수 있는 것을 말해 주는 경험과 사실은 무엇인가?
새로운/균형적 관점	부정적 자동적 사고를 대체할 만한 새로운/균형적 사고는?
기분 재평가	지금은 그 상황에 대해 어떤 감정이 드는가? 기분의 강도를 재평가하기

사고기록지의 예

이때 자동적 사고를 기억하는 질문에는 '그런 감정이 들기 전에 어떤 생각이 지나가던가?' '뭐가 힘들었는가?' '무엇 때문에 그렇게 느끼고 있는가?' '어떤 일이 일어나는 것이 두려운가?' '다른 사람이 자신에게 뭐라고 말하는 것 같던가?' '어떤 이미지 또는 기억이 떠오르던가?' 등 여러 가지가 있을 수 있다.

한 상황에서도 다양한 자동적 사고가 일어날 수 있으므로 최대한 다양한 자동적 사고를 찾아낼 수 있도록 하되, 그중에서 가장 자신에게 가장 영향력이 강한 자동적 사고를 뜨거운 사고hot thought라고 명명하여 그 한 가지 사고를 중심으로 이후의 객관적 증거들을 이야기하는 것이 효율적이다. 그 생각을 지지하는 증거는 그가 왜 그렇게 생각하는지를 물어보면 쉽게 대답될 수 있다.

그러나 그 생각을 지지하지 않는 증거는 대부분이 스스로 의식적이든 무의식적이든 무시해 왔기 때문에 금방 떠올리기가 쉽지 않다. 이때 '다른 사람들은 그 상황에 대해 어떻게 생각할 것 같은가?' '친한 친구가 그런 생각을 한다면 뭐라고 말해 주고 싶은가?' '이 생각이 100% 진실이라고 할 수 없다고 생각하는 부분이 혹시 있는가?' '이전에 비슷한 감정이 들었을 때 다르게 생각한 적은 없는가?' '지금부터 5년 후에 이 상황을 되돌아본다면 어떤 생각이 들까?' '작은 부분이지만 무시하고 있는 상황적인 부분들이 있는가?'와 같은 질문들을 던지면서 스스로 과거의 생각의 전형적 틀에서 벗어나서 다른 시각으로 생각해 보는 기회를 가져야만 한다.

다음은 완벽주의적 기질 때문에 매 학기 중간고사부터 학업을 포기하고 우울증을 지속적으로 겪는 대학생 내담자와의 상담 사례를 살펴보자. 이 내담자는 3학기째 중간고사 시점에 이르면 우울증이 심각해져서 집 밖으로 나오지 않고 어떤 모임에도 참석하지 않게 되었다. 신체적, 심리적 활동과 기능이 완전히 멈추는 것이다. 그 결과 학사경고 누적으로 한 학기만 더 시험을 치르지 않으면 더 이상의 대학 생활이 보장되지 않는 지경에 이르게 되었다. 이 내담자의 가정환경을 살펴보면 부모는 경제적으로 안정되어 있고, 자녀에 대한 기대가 높았으며, 내담자의 형은 부모의 그런 기대에 부응하여 좋은 대학에 입학하여 좋은 학점으로 졸업하였다.

다음은 이 내담자와 대화하며 그 내용을 사고기록지에 정리한 것이다.[10]

상담자 오늘 우리가 사고기록지라는 이 활동지를 가지고 지난주 중간고사 시간 동안 가장 우울했던 때가 언제였는지, 그때 대담자분에게 들었던 생각에 대해서 깊이 들여다보려고 합니다. 지난주에 언제 가장 우울했나요?

내담자 지난주 월요일에 철학 시험이 있었어요. 사실 철학을 좋아하고 관심 분야이기도 한데, 중간고사 문제가 어떤 식으로 나올지 몰라서, 공부해도 모르겠더라구요. 그래서 아예 시험을 치르러 가지 않았어요.

상담자 그때가 월요일 몇 시였나요?

내담자 시험이 1시에 있었어요. 그날 아침부터 엄청 고민을 했어요.

상담자 시험을 치러가지 않고 그 이후에 집에서 머물렀던 건가요?

내담자 네, 그냥 계속 인터넷만 하고⋯. 그날 잠을 거의 16시간 잔 것 같아요. 기분이 안 좋아서 아무 것도 못 하겠더라구요.

상담자 그날 그럼 저녁밥도 안 먹고 혼자서 집에서 인터넷하고 자고 그랬겠네요.

내담자 네, 저녁밥 먹는 것도 귀찮아서 그냥 안 먹었어요.

상담자 기분이 정말 안 좋았겠어요. 시험을 치지 않기로 결정하고 집에 있으면서 기분이 어땠나요?

내담자 너무 우울했어요. 또 시작인가 싶고⋯ 학교를 그만둬야 하나 싶고⋯. 교양과목까지 이렇게 성적이 낮으면 어떡하나 싶고 그랬어요.

상담자 정말 마음이 답답하고 절망적이라고 느꼈을 수도 있겠네요.

상담자 네 맞아요. 진짜 계속 이러면 방법이 없잖아요. 그런데 저도 저를 어쩔 수 없어서…. 진짜 저는 왜 이렇게 생겼는지 모르겠어요.

상담자 스스로를 원망하는 마음도 있는 것 같네요. 스스로를 통제할 수 없다고 느껴지니까 무기력한 마음도 들 것 같고요.

내담자 진짜 저 스스로가 너무 바보 같아요. 그냥 공부하는 것도 다 싫고, 어디로 사라졌으면 좋겠어요.

상담자 우리가 느끼는 감정의 강도에 대해 상대적인 평가를 해보는 것이 중요한데, 여기 답답함, 절망적, 원망감, 무기력한 감정들을 적었는데, 만약 감정의 강도를 0(전혀 강하지 않음)에서 100(매우 강함)까지 나눌 수 있다면 지금 현재 어디쯤 위치하고 있을까요? 먼저 답답한 감정은 0에서부터 100 사이에서 어디쯤 있을 거 같은가요?

내담자 답답함은 60, 절망적 90, 원망 80, 무기력 80인 것 같아요.

상담자 절망감이 가장 강한 감정이었네요.

내담자 네.

상담자 시험을 치르러 가지 않기로 결정했을 때 어떤 생각이 들던가요? 그때 당시 머릿속에서 어떤 생각이 지나가던가요?

내담자 글쎄요….

상담자 사실, 이미 몇 개를 말씀해 주셨어요. "내가 왜 이러는지 모르겠다" "학교를 그만두어야 하나" "내가 너무 바보 같다" 이런 생각들이 지나간 것 같은데 또 어떤 생각이 들었을까요?

내담자 "이런 내가 너무 싫다"와 "나는 왜 잘하는 게 없지"

상담자 시험 시간 전에 어떤 생각이 시험을 포기하는 선택을 하도록 만들었을까요?

내담자 시험을 못 치를 바에야 아예 안 치는 게 낫다? 철학 교양과목이면 누워 떡 먹기인데 그 시험까지 못 치면 진짜 안 되거든요.

상담자 종합해 보면 '시험을 잘 치지 않으면 나는 실패자다' 이런 생각이 있는 것 같은데, 맞나요?

내담자 실패자까지는 아닐지 모르지만, 어쨌든 부모님이 아마 성적표 보시면 기절하실 거예요. 기대치가 엄청 높으세요. 시험을 잘 쳐야 직업도 잘 구할 수 있는데, 그것도 망한 것 같아요. 희망이 없네요.

상담자 '시험을 못 치면 미래에 희망이 없다'라는 생각으로 정리해 볼 수 있겠네요. 이 생각이 그때 들었던 핵심적인 생각이라고 볼 수 있을까요?

내담자 네, 그런 것 같아요.

상담자 지금부터는 그때의 생각 중 핵심적인 사고라고 볼 수 있는 '시험을 못 치면 미래에 희망이 없다'라는 생각을 지지하는 증거와 지지하지 않는 증거를 함께 찾아보려고 합니다. 그렇게 생각이 굳혀진 이유가 있을 것 같아요. 어떤 이유로 그렇게 생각하게 되었나요?

내담자　그렇지 않나요? 주위에 보면 학사경고로 졸업한 선배들을 보면 별로 성공해서 사는 사람이 없어요. 공부가 다는 아니지만, 공부 잘하는 사람들이 직장을 잘 잡는 것 같더라고요.

상담자　그럴 수 있겠네요. 시험을 못 치면 미래에 희망이 없다고 생각하는 것은 낮은 학점으로 졸업해서는 직장을 못 잡을 것 같은 생각이 들어서겠네요. 미래가 직장에 달려 있다고 생각하시고요.

내담자　직장뿐만 아니라, 결혼도 잘 못 하게 될 것이고, 돈도 없게 될 것이고, 그러다 보면 패배자처럼 살게 되겠죠.

상담자　직장, 결혼, 돈을 버는 것에서 이 시험이 영향을 끼칠 것이라고 생각하네요.

내담자　저희 형도 명문대 들어가서 좋은 학점으로 졸업해 지금 대기업에 입사했거든요. 저는 성적이 안 돼서 명문대에 들어가지도 못했지만, 이 학교에서 학점까지 낮으니…. 부모님이 걱정이 많으시죠. 밥벌이나 하고 살겠나 하고 한심하게 보시는 것 같기도 하고.

상담자　그런 부분들이 '이 시험을 못 치면 미래에 희망이 없다'라는 생각을 더 굳히게 만들었네요. 그럼 이번에는 '시험을 못 치면 미래에 희망이 없다'는 것이 100% 사실인지 한번 생각해 보면 어떨까요?

내담자　글쎄요…. 무슨 얘기를 해야 할지….

상담자　대학 시험 결과와 미래의 희망을 동일하게 보시는데, 그렇지 않은 경우도 있을까요?

내담자 　흠… 뭐 대학 학점은 안 좋아도 나중에 임용고사라든지 공무원 시험 잘 쳐서 직장을 잡는 사람을 보긴 했어요. 근데 그런 사람이 몇 명이나 되겠어요?

상담자 　몇몇 안 되긴 하겠지만 대학 시험이 아니라 취업 시험을 준비 잘해서 직업을 잘 잡는 사람도 있어요. 대학 학점은 안 좋아도 결혼, 돈 버는 것을 잘하는 경우도 생각해 볼 수 있지 않을까요?

내담자 　결혼은 뭐… 진짜 알 수 없는 것 같긴 하더라고요. 돈이 있어야 결혼하긴 하지만, 여하튼 결혼해서 잘 사는 선배들 보면 약간 돈보다 운인 것 같기도 하고…. 마음이 잘 맞는 사람을 만나는 건 힘든 일인 것 같아요.

상담자 　맞아요. 그런 것 같아요. 혹시 주위에 내담자분처럼 대학 시험으로 인생이 결정된다는 생각을 가지고 있는 친구에게 본인이 이야기를 해 준다면 어떤 이야기를 해 주고 싶어요?

내담자 　친구한테요? 글쎄요…. 너무 심각하게 생각하지 말라고… 그걸로 인생이 결정되지는 않는다? 그런데 남한테는 말해 줄 수 있을 것 같은데 저 자신한테는 그럴 수 없을 것 같아요.

상담자 　왜 자신한테는 그렇게 말해 줄 수 없을 것 같나요?

내담자 　그러면 노력하지 않고 살 것 같아서? 대학 생활에서 잘해야 뭔가 떳떳하게 사회생활도 할 수 있고 그렇잖아요.

상담자 혹시 5년 후, 10년 후의 본인이 철학 시험을 보러 가지 않아서 우울하면서 힘든 지금의 나에게 어떤 말을 해 줄 수 있을까요?

내담자 글쎄요…. 대학 시험에 목숨 걸지 말라고… 그까짓 것 아무 것도 아니다… 기분 좋게 대학 생활하는 게 중요하다?

상담자 굉장히 중요한 이야기이네요. 어떻게 보면 시험 성적보다 대학 생활의 추억을 만드는 것도 대학 생활의 큰 의미이기도 하겠네요. 내담자분의 이야기를 들으면서 여기 지지하는 증거와 지지하지 않는 증거를 이렇게 정리를 해보았어요. 지지하는 증거는 '좋은 학점으로 직장, 결혼, 돈을 많이 버는 예'가 주위에 있으신 것 같고, 지지하지 않는 증거는 '취업 시험을 잘 치면 내 미래에도 희망은 있다. 또는 결혼은 꼭 대학 성적으로 결정되는 것은 아니다. 또는 대학에서의 좋은 추억도 미래에 나에게는 중요한 의미이다'인 것 같네요. 이 두 생각의 양면을 보시고 어떤 생각이 드나요?

내담자 흠… 글쎄요…. 제가 너무 학점에 대한 압박감을 많이 가졌나 싶기도 하고…. 학점 때문에 너무 많은 것이 결정된다고 생각했다 싶기도 하긴 하네요.

상담자 그렇다면 새로운 균형적 관점인 '학점이 중요한 부분이지만, 미래의 모든 것이 결정되는 것은 아니다/다른 기회도 있다'라고 적어도 될까요?

내담자 네….

상담자 지금 말씀하신 것을 정리해 보면 '학점도 중요하지만, 그것 때문에 우울로 빠지기보다 대학 시절 좋은 추억을 쌓는 것도 중요한 부분이다'도 될 수 있을 것 같네요.

내담자 제가 너무 완벽해지려고 해서 그런 것 같기도 하고요.

상담자 그런 '학점에 대한 완벽을 내려놓고 조금은 가벼운 마음으로 시험을 치자'도 될 수 있을까요?

내담자 그럴 수 있을 것 같아요.

상담자 만약 앞으로 비슷한 상황에서 새로운 혹은 균형적인 생각을 한다면 기분이 어떻게 바뀔까요? 답답함, 절망감, 원망, 무기력을 각각 60, 90, 80, 80이라고 말씀하셨는데 다시 평가한다면 어떨까요?

내담자 답답함 50, 절망감 60, 원망 50, 무기력 50 정도가 되지 않을까 싶네요.

상황	월요일 1시, 철학 시험을 치러가지 않았음, 혼자, 집에서, 저녁도 먹지 않고, 잠자고, 인터넷 함
기분	답답함(60) 절망감(90) 원망(80) 무기력(80)
자동적 사고	내가 왜 이러는지 모르겠다, 학교를 그만두어야 하나, 내가 너무 바보 같다, 이런 내가 너무 싫다, 나는 왜 잘하는 게 없지, 시험을 잘못 칠 바에야 아예 안 치는 게 낫다, 시험을 잘 치지 않으면 나는 실패자다, 시험을 못 치면 미래에 희망이 없다.
지지하는 증거	학사경고자로 졸업한 선배들을 보면 성공해서 사는 사람이 없다, 형은 명문대 들어가서 좋은 학점으로 졸업해서 지금 대기업에 입사했다, 부모님이 내 성적 때문에 걱정이 많으시고 나를 한심하게 본다.
지지하지 않는 증거	취업 시험을 잘 치면 미래 희망은 있다, 결혼은 꼭 대학 성적으로 결정되는 것은 아니다, 대학에서의 좋은 추억도 미래에 나에게는 중요한 의미를 가진다.
새로운/ 균형적 관점	학점이 중요한 부분이지만 미래의 모든 것이 결정되는 것은 아니다, 다른 기회도 있다, 학점도 중요하지만 그것 때문에 우울로 빠지기보다 대학 시절 좋은 추억을 쌓는 것도 중요한 부분이다, 학점에 대한 완벽을 내려놓고 조금은 가벼운 마음으로 시험을 치자.
기분 재평가	답답함(50) 절망감(60) 원망(50) 무기력(50)

상담자가 내담자와 작성한 사고기록지

5장

외로움과 분노
누가 그렇게 만드는가

분노는 다른 사람에게도

피해를 주지만

분노를 드러낸 당사자에게는

더 큰 피해를 준다.

_레프 톨스토이 Lev Tolstoi,
러시아의 작가이자 사상가

현대인은 짧은 기간에 급격한 발전과 변화가 거듭되는 시기를 살고 있다. 변화의 속도와 그 양상 역시 놀랄 만큼 다양해서 오히려 현재의 모든 것이 미래에 어떤 모습으로 변할지 예측할 수 없는 불확실성은 점차 커져만 간다. 우리는 과거 그 어느 시대보다도 물질적으로는 풍요롭게 살고 있지만, 정신적으로는 오히려 더 빈곤해지고 있고, 자아 상실이라는 말이 더 이상 이상하게 들리지 않을 정도이다. 군중 속에서 고독감과 소외감을 느끼고, 세대 간의 갈등과 빈부 격차로 인한 짜증과 분노가 치솟고 있다. 고독사는 어느새 우리 주변에서 흔히 일어나는 현상으로 자리 잡았고, 불특정 다수를 향한 무차별적 분노 폭발도 심심찮게 목격할 수 있다. 현대인이 겪고 있는 외로움과 분노의 심리를 이해하고 이를 대처할 방법에 대해서 알아보자.

외 로 움
사랑받지 못한다는 느낌

외로움loneliness은 현대인이 공통으로 겪는 마음의 병이다. 실존심리학자인 로롤 메이Rollo May는 저서 『자아를 잃어버린 현대인』에서 현대인들이 산업문명의 중독으로 거대한 사회 구조의 노예가 되었고, 그 안에서 인간 상실과 자아 상실은 물론 외로움과 공허감으로 고통받고 있다고 진단한 바 있다.[1] 소외감과 스스로 불행하다고 느끼는 감정이 오래 지속되면 때로는 우울증으로 이어지고 심지어는 자살에까지 이르게 된다.[2]

이런 현상을 극명하게 보여 주는 것이 연말이나 명절 후 미디어를 통해 소개되는 고독사이다. 다른 사람들은 가족들과 더불어 행복하게 사는 것 같은데, 유독 자신만 홀로 남겨진 것만 같아 외롭고 불행하게 느껴진다. 그 외로움을 참지 못하는 사람들이 마지막으로 자살을 선택하기도 한다. 타인으로부터 소외된 외로운 삶은 불행하고 고통스럽다. 그래서 인간은 누구나 외로움을 두려워한다. 인간이 죽음 다음으로 두려워하는 것이 외로움이라고 한다. 교도소에서 가장 무서운 형벌은 독방 수감이라고 알려져 있다. 타인과의 관계가 강제로 차단당하고 홀로 고립되는 이 형벌은 죄수들이 가장 참기 어려워하는 형벌이다. 그만큼 외로움이 인간에게 주는 고통은 평소 우리가 상상하는 것 그 이상일 수 있다.

타인으로부터 차단되고 격리된 상태에서 오는 외로움이 왜 고통스러울까? 외로움을 견디기 힘든 이유는 인간이 근본적으로 타인과의 관계 속에서 살아가야 하는 사회적 존재이기 때문이다. 그러므로 사회적 존재가 비사회적 삶을 살아가야 할 때 느끼는 고통은 상상을 초월할 정도로 엄청난 것이다. 평소 대인관계에 무관심한 채로 살다 보면 어느 날 외로움이라는 불행의 덫에 빠질 수 있으므로, 건강한 인간관계를 맺고 지속할 수 있도록 노력하자.

외로움은 다른 사람과 단절되어 고립된 상태에 대한 정서적 반응이다. 즉, 사회적 접촉이 부족하거나 어려울 때, 정서적 경험을 공유할 사람이 부족할 때, 또는 다른 사람과 소망하는 상호작용과 실질적인 상호작용에서 차이가 생길 때 일어나는 불유쾌하고 고통스런 주관적 정서가 외로움이다.

외로움은 사회적 외로움과 정서적 외로움으로 나눌 수 있다.[3] 사회적 외로움은 나를 응원하고 지지해 주는 사회적 연결망의 부재나 붕괴 시에 나타나는 정서적 상태로서, 지루함을 느끼거나 거부당한 느낌을 받게 된다. 이에 비해 정서적 외로움은 친밀하고 가까운 정서적 애착이 존재하지 않을 때 생겨나는 쓸쓸함이나 불안한 정서이다.

우리는 살면서 여러 가지 감정적 변화를 겪는다. 모든 일이 만족스럽다가도 엄습하는 외로움을 느낄 때도 있다. 혼자 있어도 외로움 때문에 힘들어하지 않는 사람들도 있고, 평소에는 아무렇지도 않다가 느닷없는 외로움에 힘들어하는 사람들도 있듯이, 외로움은 반드시 혼자 있다고 해서 느껴지는 정서가 아니다. 그렇다면 과연 외로움의 원인은 무엇일까?

1. 외로움의 발생 원인

외로움은 자신과 타인과의 관계를 부정적으로 평가할 때 정서적으로 나타나는 감정 상태이다. 특히 타인과의 관계가 자신의 기대에 미치지 못하여 자신이 그들과 의미 있는 관계 속에 있지 않고 혼자 단절되어 있다는 생각이 외로움으로 이어진다. 외로움을 느끼는 사람들은 '나는 혼자다' '나를 이해해 줄 사람은 아무도 없다' '진정으로 믿을 만한 사람이 아무도 없다' '내가 어려움에 처해 있을 때 나를 도와줄 사람이 아무도 없다'는 생각을 하게 된다. 이런 생각과 감정이 지속되면 다른 사람들은 다들 행복하게 살아가는데 나만 불행한 채로 덩그러니 남겨져 삭막한 광야에 홀로 서 있는 듯한 고립감에 휩싸이게 된다.

외로움은 경미한 수준에서는 불안감과 유사하지만 외로움이 심하고 장기화되면 우울증으로 발전하게 된다. 많은 연구자에 따르면, 인간은 삶의 네 가지 영역에서 동반자가 필요한데, 그러한 동반자 관계가 결여되면 외로움을 느끼게 된다고 분석한다.4

(1) 가족적 동반자familial partner

부모, 형제자매, 그리고 가까운 친척 내에서 이루어지는 관계를 말한다. 가정은 인생이라는 등반에 있어서 베이스캠프와 같은 역할을 하는 곳이다. 사회생활에 지쳐 피곤해진 몸과 마음을 편안하게 쉬고 힘을 비축하는 곳이다. 그렇기에 서로를 이해하고 위로하며 지원해 줄 수 있는 가족적 동반자는 우리 삶에 있어서 가장 중요하고 필수적인 동반자라고 할 수 있다. 가족이 없거나 가족 구성원 간의 관계가 소원하고 화목하지 않을 경우에는 다른 인간관계가 원만하다 해도 고독을 느낄 수밖에 없다.

(2) 낭만적 동반자romantic partner

사랑을 나눌 수 있는 연인이나 애인이 여기에 해당한다. 인간은 누구나 낭만적 사랑에 대한 욕구와 성적인 욕구를 지니고 있다. 낭만적 동반자는 이러한 인간관계 욕구를 충족할 수 있는 애정 상대로서 연인 관계나 부부 관계를 맺는다.

(3) 사회적 동반자social partner

교우 관계를 통해 우정을 느낄 수 있는 친구를 말한다. 이러한 관계에 있는 동반자는 혈연 관계나 직업적 이해 관계가 아니라 개인적 친근감과 신뢰에 바탕을 두고 긍정적인 정서적 교류를 한다. 서로 친구라고 생각하는 이런 관계의 동반자는 상호 호감과 공통의 관심사에서 출발하여 서로의 개인적 정보를 공개하고 서로를 잘 이해하게 됨으로써 친밀감을 쌓게 된다. 즐거움을 공유하기도 하지만 어려운 일이 있을 때는 서로 돕는 인생의 중요한 동반자이다.

고향 친구나 동문처럼 같은 고향에서 자랐거나 같은 학교를 다니면서 맺은 지연이나 학연은 일차적 관계에 해당하고, 성격, 가치관, 신념, 취미, 관심사와 같은 개인적 기호와 공통성에 근거한 관계는 이차적 교우 관계라고 한다.

(4) 업무상 동반자working partner

인간은 공통적으로 추구하는 목표를 실현하기 위한 목표 지향적인 공동체에 속하게 되며, 이러한 목표 지향적 활동을 협력적으로 수행한다. 이때 함께 일하는 동반자가 바로 작업적 동반자이다. 공동의 목표를 위해 직업적 활동을 함께하는 직장 동료, 같은 분야를 공부하는 학우, 가치나 이념의 실현을 위해 함께 활동하는 동지가 여기에 해당한다. 작업적 동반자는 사교적 동반자와 중복될 수 있지만 함께 일하는 직장 동료가 항상 좋은 친구가 될 수 없듯이, 작업적 동반자와 사교적 동반자는 여러 가지 점에서 구분된다. 작업적 동반자의 관계는 업무 중심적 인간관계인 반면, 사교적 동반자와의 관계는 애정 중심적 인간관계라고 볼 수 있다. 또한 작업적 동반자는 추구하는 목표가 달성되면 관계가 해체되지만, 사교적 동반자는 서로의 개인적 친밀감이 유지되는 한 관계가 지속된다.

위의 네 영역 중 어느 한 영역의 동반자가 결여되거나 불만족스런 관계를 갖게 되면 외로움을 경험하게 된다. 특히 어느 한 영역의 동반자와의 관계가 개선될 여지가 없다고 생각하면 더욱 심한 외로움을 느낄 수밖에 없다. 아울러 타인에 대한 의존적 욕구나 애착에 관한 욕구가 강한 사람들은 타인과의 관계에 대해서 높은 기대감을 갖기 때문에 그 기대감이 무너지면 더 쉽게 외로움을 느끼는 경향이 있다.

2. 외로운 사람들의 특징과 유형

외로움을 경험하는 사람들을 조사해 보면 이들의 인지적 특징에서 공통점이 발견된다. 바로 낮은 자존감이다. 외로운 사람들은 자신을 부정적으로 바라보고, 자기거부적인 태도를 보인다. 스스로를 매력이 없는 사람으로 바라보고, 사회적으로도 무능하다고 여긴다. 또한 외로운 사람들은 타인에 대한 신뢰도가 낮고, 세상에 대해 염세적이고, 냉소적이다. 그러므로 외로운 사람들이 체감하는 세상으로부터의 보상은 낮을 수밖에 없고 현실도 그러하다.

외로운 사람들이 지닌 행동적 특징 역시 일정한 공통점이 있는데, 이들은 수줍은 성격에 내성적이며 자기주장이 강하지 않고 사교성도 떨어진다. 사회적인 위험을 감수하려는 의지가 크지 않고 사회적 기술 또한 부족하다. 이런 특징을 가진 사람들이 큰 외로움을 느끼면 혼자 울거나, 오랜 시간 잠을 자거나, 안정제를 사용하는 등 대부분 수동적이고 회피적인 방법을 사용한다. 인터넷 중독처럼 중독 행동에 더 쉽게 빠질 수 있다는 것도 이들이 가진 특징 중 하나다.[5]

외로운 사람들은 다음과 같은 네 가지 유형으로 분류할 수 있다.

(1) 대인관계 기피형

다른 사람들과 함께 있는 것을 불편해하고 귀찮게 여긴다. 그리하여 대인관계를 기피하고 혼자 있기를 좋아한다. 이런 성향의 사람들은 사회적 관계가 무익하고 무의미하다고 보기 때문에 타인의 간섭 없이 혼자만의 세계 속에서 생각하고 일하기를 좋아한다. 그러나 이런 경향이 지나치게 강하면 타인과 교류하며 서로의 생각을 비교하고 점검할 기회를 놓치기 때문에 자폐적이고 독단적인 사람이 될 가능성이 크다. 더불어 타인의 생각과 감정을 이해하고 공감하는 능력이 상대적으로 낮아진다.

(2) 대인관계 미숙형

다른 사람들과 교류하고 싶지만, 사람을 사귀는 기술이 서툴러 친한 관계를 형성하지 못한다. 이런 유형의 사람은 다른 사람과 함께 있을 때 무슨 말을 해야 할지 당황해 하고, 말과 행동이 부적절하거나 공격적이어서 호감을 주지 못하기도 한다. 또한, 다른 사람에게 거부당하는 것을 지나치게 두려워하여 먼저 말을 건네거나 다가가지 못한다.

(3) 대인관계 피상형

겉으로는 대인관계가 원만해 보이고 주변에 알고 지내는 사람도 많으나 절친한 친구가 없다. 이런 유형에 속한 사람은 자신의 속마음과 감정을 잘 털어놓지 않고 피상적인 대화로 그치고 마는 경우가 흔하다. 그래서 아는 사람은 많지만, 진정으로 고민과 어려움을 상의할 사람이 없다.

(4) 대인관계 중독형

다른 사람과의 관계에 지나치게 집착하고 의존적이어서 혼자 있으면 불안하고, 허전해 하며, 늘 누군가와 함께 있으려고 애쓴다. 이러한 유형의 사람은 흔히 목숨을 걸 수 있는 친구나 모든 것을 공유할 수 있는 친구를 갈구하고, 타인에 대해 지나친 기대를 품기 때문에 현실 속의 대인관계에서 쉽게 실망하고 외로움을 느끼게 된다.

3. 외로움을 극복하는 방법

외로움을 많이 느낀다면 외로움에 대해서 잘못된 인식을 가졌을 확률이 높다. 외로움에서 벗어나려면 먼저 외로움에 대해 가지고 있는 잘못된 인식부터 바꾸어야 한다. 외로움은 어떻게 인식하느냐에 따라 더욱 심해질 수도 있고, 오히려 가벼워질 수도 있다. 일반적으로 우리는 '외로움은 나약하고 미숙하다는 증거'라고 생각한다. 그리하여 '외로운 건 내 탓이다'라고 오해하기 쉽다. 이렇게 오해하는 이유는 외로움은 자신의 성격적 결함에서 비롯되었다고 생각하기 때문이다. 연구 결과에 의하면, 성격상의 결함과 외로움을 원인과 결과로 오인하는 사람들은 대체로 다음과 같은 특징을 보인다.

- 사회적인 위험을 감수해야 할 경우, 자신의 의견을 내세워야 할 경우, 사회적 접촉을 위해 전화를 해야 할 경우, 다른 사람에게 자신을 소개해야 할 경우, 혹은 집단 활동에 참여하거나 여럿이 함께 여가를 즐겨야 할 시간을 어려워한다.
- 자신을 표현하는 데 서툴고, 타인에 대해 배타적이며, 사회적 접촉에 냉소적이다. 그러므로 사회적 관계에 불신감을 가지고 접근한다.
- 부정적인 관점에서 자신과 타인을 평가하기를 좋아하며, 다른 사람들이 자신을 부정하기를 은근히 기대하는 면도 있다.

쉽게 외로움을 타는 사람들은 긴장, 불안, 분노, 몰이해의 감정을 곧잘 호소한다. 그들은 스스로에 대해 아주 비판적이고, 과도하게 민감하거나, 때로는 자기 동정심에 젖기도 하다가, 갑작스럽게 모든 상황의 원인을 다른 사람에게 돌리고 비판하기도 한다. 이런 상태에 이르면 현재 경험하고 있는 외로움이 더 악화되는 상황을 맞이하게 된다. 보통 사회생활에서 용기를 잃게 되면 새로운 일에 대한 욕구와 동기를 상실하게 되는데, 어떤 사람들은 용기를 잃게 된 상황을 극복하려고 하기보다 오히려 대외 활동을 줄이고 스스로 고립시킨다.

반대의 상황도 있다. 갑자기 새로운 인간관계를 형성하거나 다른 사회적 모임이나 활동에 깊이 관여하기 시작한다. 이런 성향의 사람은 새로운 관계를 만들고 활동하는 과정에서 크게 실망하기도 하고, 자신의 실제 일과 너무 동떨어진 활동에 몰두하는 바람에 본업에 큰 영향을 받기도 한다. 자신이 외로움을 겪고 있다고 판단되면 다음과 같은 방법을 실천해 보라.

첫째, 외로움에 대한 잘못된 인식을 바꾸어야 한다. 많은 사람이 외로움을 바람직하지 못한 것으로 보거나, 자기 성격상의 결함 때문에 겪는 일이라고 생각한다. 그러므로 이런 편견부터 버려야 한다. 외로움은 누구나 경험하는 것이고, 또 극복할 수 있다는 것부터 인식하라.

둘째, 자신의 대인 관계 방식을 들여다보아야 한다. 대인 관계에 너무 소극적인 것은 아닌지, 타인의 행동에 너무 민감해서 쉽게 상처를 받는 것은 아닌지, 학업과 일에 쫓겨 대인 관계를 소홀히 한 것은 아닌지 살펴보고, 만약 그렇다면 대인 관계를 맺는 방식부터 바꾸어야 한다. 친목회, 동문회 등 각종 모임에 적극적으로 참여하고, 다른 사람이 자신에게 접근해 오기를 기다리기보다는 먼저 다가가며, 다른 사람과 접촉할 기회를 다양하게 갖도록 노력해 보라.

셋째, 타인에 대한 비현실적인 기대를 버려야 한다. 타인이 항상 자신을 인정해 주고, 자신에게 친절과 관심을 보일 수는 없으며, 각종 모임에서 항상 자신이 주인공이 될 수도 없는 노릇이다. 친밀한 인간관계를 만들기 위해서는 시간이 필요하다. 한두 번의 만남을 통해 타인을 쉽게 단정하고 평가하기보다는 마음을 열고 노력하다 보면 점차 우정과 신뢰가 쌓이게 된다.

넷째, 대인 관계 기술을 향상시켜야 한다. 자신의 생각과 감정을 분명하고 부드럽게 표현하고 서로의 고민과 약점을 공개하고 나누다 보면 친밀한 관계가 된다. 타인을 부정적이고 비판적인 눈으로 보는 태도를 버리고, 장점과 배울 점을 발견하고, 이를 표현해 주면 관계가 돈독해진다. 때로는 대인 관계가 좋은 사람들의 말과 행동을 유심히 관찰하고 따라 하는 것도 도움이 될 것이다.

다섯째, 혼자 있는 것에 익숙해지도록 한다. 일반적으로 대인 관계가 중요한 것은 틀림없다. 하지만 더러 혼자 있고 싶을 때도 있고, 혼자서 생산적이고 창조적인 작업에 몰두해야 할 때도 있다. 그러므로 혼자 있는 경우를 두려워하거나 불안해할 필요는 없다. 혼자 있는 시간은 자기성찰과 창조적인 작업을 위해 꼭 필요한 귀중한 시간이 되기도 한다. 성숙한 인간은 고독 속에 혼자 있을 줄도 알고, 타인과 따뜻한 정을 나눌 줄도 아는 사람이다. 그러므로 '홀로 있기'와 '함께 있기'가 조화롭게 균형을 이룬다면 우리의 삶은 더욱 충실해지고 성숙해질 것이다.

분 노
화를 먹고 자라는 감정

분노anger는 인간이 가진 기본적인 정서 중 하나로서 일상생활 속에서 흔히 겪는 감정이다. 분노 감정 표출은 운전 중 흔히 발생하는 시비에서 볼 수 있듯이 우리 주변에서 쉽게 목격할 수 있다. 분노의 어원은 중세 영어로 고민거리, 불행의 원인, 괴로움을 뜻하는 단어에서 유래되었다. 동의어로는 화, 격노, 노여움, 분함과 같은 말들이 있다.

분노 정서는 세 가지 차원에서 살펴볼 수 있다. 첫째, 인지적 측면에서 분노는 신체적 불만과 좌절, 자존심 상실, 상대의 공격적 행동과 같은 사건에 대해서 인지적으로 분노의 표적으로 삼는다. 둘째, 생리적 차원에서 분노는 혈압 상승과 심장 박동수의 증가를 수반한다. 셋째, 분노는 언어와 행동의 차원에서 그 정서를 드러낸다. 낮은 정도의 짜증과 신경질에서부터 극단적인 격노에 이르기까지 여러 수준의 불쾌한 감정을 보인다. 이처럼 분노는 사람이나 사물을 향해 적대적이고 부정적인 감정을 겪는 정서 경험이다.6

분노는 인지적 차원에서 세상에 대해서 부정적이고 냉소적인 태도를 보이고, 자신의 공격 행동을 동기화시킨다. 그 결과, 행동적인 측면에서 분노는 타인을 해치거나 물적 대상을 파괴하려는 의도를 실천으로 옮기게 한다. 이런 점에서 분노는 정서, 인지, 행동의 차원이 결합한 내·외적 주관적 경험이라 할 수 있다.

분노 감정의 강도는 상대방으로부터 공격 행동을 당해서 겪게 된 손상에 비례하며, 상대의 공격 행동이 의도적이고 악의적이었을 때 더욱 강한 분노로 표출된다. 분노는 공격과 복수의 행동을 유발하는 경우가 대부분이다. 분노 감정을 표출하는 심리 이면에는 자신이 입은 피해와 똑같은 정도의 피해를 상대에게 입히겠다는 원칙이 존재한다. 흔히 '눈에는 눈, 이에는 이'라고 알고 있는 개념이다. 이를 탈리오 법칙lex talionis이라고 한다.

분노 감정을 느끼면 상대방에 대해 공격적인 충동이 일어나고, 이 충동은 구체적 행동으로 발전한다. 동물의 경우 분노하게 되면 이빨을 드러내고 발톱을 세우는 등 공격을 위한 준비 행동을 보인다. 사람의 경우 분노를 느끼면 자율신경계가 활성화되고 눈매가 사나워지며 이를 깨물거나 주먹을 불끈 쥐기도 한다. 이 모든 행동이 분노 충동에 의한 공격 행위와 관련되어 있다.

1. 분노의 두 얼굴

분노를 느끼는 경우는 다양하다. 누군가 반말을 할 때, 상대가 자신의 말에 대답하지 않을 때, 내 능력에 도전해 올 때, 상대가 나를 존중해 주지 않을 때, 누군가 부탁하지도 않은 충고를 해올 때, 남이 자신의 가치를 인정해 주지 않을 때 등등, 수많은 상황에서 자신도 모르게 분노가 치솟고 화가 난다. 그뿐만 아니라 누군가 자신의 신체적인 상해를 유발할 수 있는 가해 행위나 자신의 소유물을 파괴하고 손상하는 물리적 훼손 행동을 할 때, 누군가 비난, 무시, 모욕, 비하, 경멸, 푸대접으로 나의 인격을 손상할 때, 그리고 내 목표 달성을 누군가가 방해하고 좌절시킬 때도 분노를 참지 못한다.

이러한 분노 감정은 아주 불쾌하고 공격적인 감정으로서, 흥분과 긴장 상태를 초래한다. 그리하여 상대방에게 소리 지르거나 때리고 싶은 충동을 느낀다. 내가 당한 불쾌감을 상대방도 똑같이 느끼도록 보복하고 싶어진다.

분노 감정이 일어날 때마다 직접적으로 표현하고 상대방을 공격하게 되면 사회생활과 대인관계가 불가능해질 것이다. 그렇다고 분노 감정을 표현하지 않고 안으로 억누르기만 하면 가슴이 답답해지고 불쾌했던 느낌이 좀처럼 사라지지 않아서 마음이 답답할 것이다.

분노가 부정적인 것만은 아니다. 분노 감정은 우리의 삶을 방해하고 공격하는 상대에 대해서 갖게 되는 지극히 자연스럽고 정당한 감정이다. 이러한 감정을 폭력적인 방식으로 표출하지 않고 지혜롭게 잘 승화시킬 수만 있다면 어떤 일이든 강력하게 추진하는 삶의 에너지가 되기도 한다. 그러나 잘 다스리지 못하면 분노와 공격 감정은 자기 자신과 타인을 해치는 위험한 에너지가 된다.

분노의 표현 양상은 분노표출, 분노억제, 분노조절의 세 가지 유형으로 구분된다.7 분노표출은 화가 났을 때 겉으로 드러나는 화난 표정, 욕설, 말다툼, 과격한 공격 행동 등이다. 분노억제는 분노를 겉으로 드러내지 않고, 오히려 말수가 적어지고, 상대를 기피한다. 속으로만 상대방을 비난하는 경우가 이에 해당한다. 분노조절은 화가 난 상태를 스스로 알아차리고 다양한 방법을 이용해서 분노를 가라앉히고 상대방을 이해하려고 노력하는 것이다. 그런데 지나치게 분노를 표출하거나 또는 억제하게 되면 정신건강에 영향을 미쳐 우울감과 절망감이 들 수 있고, 급기야 자살의 위험성도 높아진다.

이 중에서 분노억제 경향성이 높은 사람은 낮은 사람에 비해 더 많은 분노 정서를 경험하고, 특히 문제가 해결되지 않았을 때 회복하는 시간이 더 길게 필요하다. 분노를 적절한 언어나 행동으로 표현하지 못하는 사람은 같은 상황에서 더 큰 분노를 경험하고 더 오랫동안 고통받게 된다. 따라서 분노가 자신이나 타인에게 역기능적으로 작용하지 않고 기능적인 방식으로 해소할 수 있도록 조절해야 한다. 분노가 합리적인 상황에서 적절한 태도로 표현될 때 개인의 심리적 건강이 유지되고 파괴적 행동을 방지함은 물론, 오히려 필요한 삶의 에너지로 전환되기 때문이다.

2. 분노를 잘 느끼는 사람들의 심리적 특성

미국의 심리학자 찰스 스필버거Charles D. Spielberger는 분노의 강도 및 분노를 경험하는 사람의 성향을 평가하기 위해 분노를 상태분노state-anger와 특성분노trait-anger로 구분하였다.8

상태분노는 작은 짜증에서 강도 높은 격분에 이르는 다양한 감정을 아우르는 심리생물학적인 상태를 의미하며, 이 상태는 자율신경계의 활성화를 수반한다. 좌절, 모욕, 부당성, 언어적 혹은 신체적으로 공격받는 정도와 경험에 따라 상태분노는 달라질 수 있다. 상태분노는 분노를 야기하는 상황에서 일시적으로 경험하는 정서 상태로서 시간에 따라 강도가 변하는 특징이 있다.

특성분노는 개인이 얼마나 자주, 어느 정도의 분노를 경험하는가를 반영하는 분노경향성을 의미하며, 상태분노를 일으킬 수 있는 개인의 성격적 특성이기도 하다. 특성분노가 높은 사람은 낮은 사람에 비해 더 많은 상황에서 더 자주, 더 강하게 상태분노가 상승하는 것을 경험한다. 즉 특성분노가 높은 사람은 특성분노가 낮은 사람에 비해 같은 상황에서 더 쉽게 화를 내고 부정적 판단과 타인에 대한 비난을 쉽게 한다. 그래서 특성분노가 높게 나타나는 사람은 분노의 감정을 적절하지 못한 방식으로 표현할 가능성도 크다.

앨버트 엘리스는 특성분노가 높은 사람, 즉 분노의 감정을 잘 느끼는 사람들의 심리적 특성과 그 유발 과정에 대해서 다음과 같이 분석하였다.[2]

첫째, 삶에 있어서 옳고 그름을 중요시하며 옳고 그름에 대해 이분법적이고 절대적인 정의를 내린다. 사람들은 옳고 그름, 또는 선하고 악함에 대해 나름대로 기준을 가지고 있다. 예를 들어, 다른 사람을 돕고 진실을 말하는 것은 옳고, 다른 사람을 해치고 거짓말을 하는 것은 나쁜 일이라고 생각하는 것처럼 선악에 대한 관습적

정의를 내면화하고 있다. 또한 개인적인 관점에서 '나를 관대하게 대하는 타인의 행동은 옳은 것이며, 나를 무시하고 공격하는 타인의 행동은 옳지 못하다'는 선악에 대한 개인적 정의를 가진다. 분노를 잘 느끼는 사람들을 분석해 보면, 옳고 그름, 선악의 기준에 대해 선명한 흑백논리와 절대적인 관점을 가지고 있다는 것을 알 수 있다.

둘째, 선악의 정의에 기초하여 행위적 당위를 타인에게 요구한다. 옳은 일만 실천하고, 악한 일을 해서는 안 된다는 당위성을 다른 사람들에게 강요하는 것이다. 예를 들어, '당신은 나를 친절하게 대해야 하며, 나를 무시하거나 공격해서는 안 된다'고 상대방에게 암묵적으로 요구한다. 분노를 잘 느끼는 사람은 이처럼 당위적 법칙이나 요구를 타인에게 엄격히 부과하는 경향이 있으며, 만약 상대방이 그러한 요구를 지키지 못하면 분노를 느낀다.

셋째, 상대방이 자신이 요구하는 당위적 요구를 충족시키지 못하면 비판적이고 과장된 평가를 한다. '이런 일은 도저히 인간으로서 할 수 없는 일이다' '당신은 사람도 아니다' '당신은 짐승 만도 못하다' '당신은 결코 그렇게 행동해서는 안 된다' '당신이 이런 일을 하다니 도저히 참을 수 없다' 등의 판단을 내리고 단죄한다.

넷째, 자신의 당위적 요구를 충족시키지 못하는 상대에 대해서 구체적 행동으로 응징하려고 한다. '그런 행동을 한 당신은 마땅히 비난과 처벌을 받아야 한다'면서 자신이 내릴 처벌에 당위성을 부여하고 복수의 행동을 실천하는 것이다.

3. 분노에 대한 CBT의 접근

분노 경험은 정서적, 생리적, 인지적 요인으로 구성되어 있다. CBT에서는 그중에서도 인지적 요인이 분노 경험에서 핵심적인 요인이라고 규명하고 연구해 왔다. 대표적인 인지행동치료학자 벡은 분노가 사건 자체에 의해서 유발되는 것이 아니라 개인이 사건에 주관적으로 부여하는 해석이나 의미 부여에 의해서 유발된다고 주장한다.9 이때 특정 상황에서 부여하는 의미는 그 개인이 가지고 있는 신념체계에 의해서 결정된다.

앞서 1장에서 살펴보았듯이 이러한 신념체계는 특정 상황에서 자동으로 활성화되어 여러 가지 분노 사고를 일으키는데, 이를 '자동적 사고'라고 부른다. 분노 사고는 자동적 사고와 같이 전前의식적이어서 분노가 유발될 당시에는 자각하지 못한다. 이처럼 자동적 사고는 심사숙고하거나 논리적으로 따져본 생각이 아니기 때문에 인지적 오류나 왜곡에 취약할 수 있다. 분노가 과잉일반화와 같은 인지 오류를 일으키는 이유가 여기에 있다. 일반적으로 분노 발생을 설명하는 이론에는 세 가지가 있다.

첫째, 분노란 외적인 자극에 의해 생물학적 본능에 의해서 발생하는 것으로, 분노를 경험할 때마다 심장박동이 증가하고 식은땀, 두통, 어지러움, 입술이나 손 혹은 몸의 떨림, 얼굴이 붉어지는 등의 다양한 생리적 및 신체적 반응이 나타난다. 그러므로 분노의 감정을 적절히 방출해야 개인의 심리적 건강이 유지되고 파괴적 행동이 방지될 수 있다는 결론이 나온다.

둘째, 인간은 불쾌한 외적인 자극에 대해 심리적 좌절을 경험하면 그런 불안 경험은 인지적 요인과 상호작용을 하게 된다. 자신이 바라던 인지적 기대가 충족되지 않았기 때문에 분노가 표출된다는 입장이다. 즉, 분노는 특정한 인지적 왜곡과 연합된 감정 상태이며, 인지적 기대와 강도에 따라 분노의 양도 달라진다.

인지적 요인을 분노 발생의 주요 원인으로 보는 이 입장은 '반드시 ○○ 해야 한다'는 당위적 요구가 분노와 연관되어 있다고 가정한다. 또한 분노는 인지적 요인에 의한 일차적인 반응 후에 나타나는 이차적 결과라고 정의한다. 즉 사건에 대한 해석이나 의미 부여가 결정적으로 분노 발생에 관여하고 있다고 보는 것이다.

셋째, 분노란 분노표현 혹은 분노억제를 통해 사회적으로 학습한 결과라는 입장이다. 학습한 사회적 학습의 결과로 나타나는 행동이라는 입장이다.

이 중에서 분노에 대한 CBT의 관점은 두 번째 입장이다. 레너드 버코위츠Leonard Berkowitz는 분노가 개인의 인지적 성격과 관련이 있다고 주장하면서, 자신의 개인적 영역이 침해되었다고 판단할 때 또는 개인적 목표가 좌절되었을 때 발생한다고 보았다.10 그런데 개인의 영역이나 목표는 개인의 인지 체계, 즉 도식schema에 의해 결정되는 것이므로 분노의 상태, 강도, 경험을 결정하는 것은 바로 인간의 인지도식이라고 본다. 버코위츠는 분노의 개념을 다음 그림과 같은 인지-신연합적cognitive-neoassociationistic 개념 모델로 제시했다.

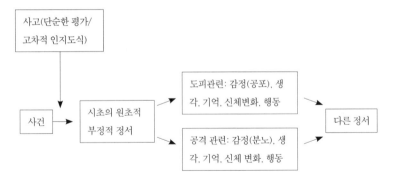

분노 발생에 대한 버코위츠의 모델

벡의 분노 발생 모델을 도식화하면 아래 그림과 같다.9

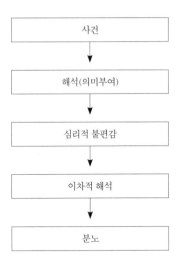

분노 발생에 대한 벡의 모델

벡의 모델에서 보듯이 분노 발생 과정에 두 차례의 해석 과정이 포함되어 있다. 사건이 발생하면 가장 먼저 사건에 대해 의미 부여를 한다. 즉 첫 번째 활동인 해석이 이루어진다. 벡에 따르면, 대인관계에서 분노를 경험하면 곧 상실감, 자기비하, 자기폄하로 그 의미를 해석한다고 한다. 만약 타인이 자신을 우습게 본다고 생각하면 심리적 불편감을 경험하게 되는데, 이때 경험하는 불편은 정서적인 것일 수도 있고 신체적 불편일 수도 있다. 그다음으로 이루어지는 것은 '그렇게 해서는 안 된다'는 당위적 요구에 부합하지 않는다는 이차적 해석과 분노 발생이다.

분노 유발과정의 여러 단계에 걸쳐 작동하는 기제가 있는데 그것이 바로 자동적 사고이다. 이 자동적 사고는 심리적 공격 충동과 신체적 불편함을 느끼기 직전에 일어난다. 앞에서 살펴본 것처럼 자동적 사고는 개인의 역기능적인 신념체계에 의해서 활성화된다.

엘리스는 일반적인 역기능적인 신념체계를 비합리적 신념이라고 정의했다. 이런 비합리적 신념은 외부 자극을 선택적으로 지각하고 해석하며 저장하는 기능을 한다. 또한, 비합리적 신념은 자기 자신이나 타닌 혹은 세상에 대해 절대적이고 완벽주의적인 기대를 하므로 융통성이 전혀 없는 비현실적인 신념이다. 그리하여 이 신념에 위반된다고 인지하면 극단적으로 과도한 정서 반응이 일어나게 된다. 이와 같은 비합리적 신념의 수준이 높을수록 분노 수준도 높아지는 경향이 있다.[11]

분노 유발에 핵심적인 비합리적 요소를 구체적으로 살펴보면 다음과 같은 것들이 있다. 먼저, 당위적 요구가 충족되지 않았을 때 그 결과를 과장해서 해석한다. 이를 파국화(예: 이것은 친구에 대한 배신 행위이다)라고 부른다. 두 번째로는 당위적 요구가 조금이라도 좌절되는 상황을 인내할 수 없다(예: 이런 건 도저히 참을 수 없다). 마지막으로 당위적 요구를 충족시키지 못한 자신과 타인을 비난하고 책망한다(예: 그런 배신 행위를 한 인간은 몹쓸 인간이다).9,12

이러한 분노 발생을 치료하고 적절하게 조절할 수 있도록 조력하는 방법에는 여러 가지가 있으나, 그중에서도 CBT의 접근방식이 실제 상담과 심리치료에서 가장 많이 활용되고 있다. 분노 조절을 다루는 CBT의 치료기법은 인지적 재구성, 이완훈련, 기술훈련 등 세 가지로 구분된다.

첫째, 인지적 재구성은 비합리적이거나 왜곡된 사고 양상을 확인하고, 논박을 통해 이를 유연한 신념 체계와 왜곡되지 않은 사고 양상으로 새롭게 구조화하도록 돕는 방법이다. 벡은 특히 부적응적인 자동적 사고의 기저에 핵심적인 인지 오류를 확인하고 수정하는 과정을 중요시한다.

둘째, 이완훈련은 분노를 경험할 때마다 다양한 신체적, 생리적 증상을 동반하기 때문에 생리적 흥분이나 긴장 상태를 낮추기 위해 사용된다. 점진적 근육이완 훈련, 심상이완법, 호흡법, 체계적 둔감법 등 다양한 이완훈련법을 활용한다.

셋째, 대인 관계를 형성하고 유지할 때 분노라는 심리적 어려움을 일으키는 원인은 사회적 기술이 부족하기 때문이라고 진단하고,

사회적 관계에 사용될 수 있는 기술을 익히도록 한다. 보다 효율적이고 자신 있게 자기주장을 피력하는 방법, 대인 관계를 맺는 데 필요한 사회적 기술을 습득하는 데 초점을 맞춘다. 구체적으로 살펴보면, 자기주장 훈련을 통해 감정, 욕구, 바람을 상황에 적절하게 표현하는 능력을 키운 다음, 사회적 기술 훈련을 통해 대인관계 상황에서 사회적으로 수용 가능한 적절한 언어사용 및 행동을 교육시킨다.

4. 분노를 잘 극복하는 방법

일단 분노가 폭발하게 되면 아무런 신체적 피해가 없더라도 폭력적인 성향을 발전시키게 되고 그 결과 상황에 효율적으로 대처하는 능력이 저하된다. 그러므로 분노가 폭발하여 나중에 후회할 일을 저지르지 않으려면 누군가 일방적으로 승자나 패자가 되지 않고 모두가 만족할 수 있는 결과를 이끌어 내도록 노력해야 한다. 분노와 공격 감정은 불쾌감을 주기 때문에 대부분의 사람이 이를 억압하거나 부인하고, 또 어떤 경우에는 이 감정으로부터 도망치려고 한다. 그러나 분노의 감정을 억압하고 시간이 지나면 자연히 사라지기를 기다리는 일은 오히려 더 부정적인 결과를 초래하기도 한다. 억압된 감정이 자신도 모르는 사이에 분노와 공격 감정을 심각한 증오로 발전시킬 수 있기 때문이다. 그 결과 분노의 원인을 규명하기가 어려워서 치료가 힘든 상황이 발생한다.

분노는 누구에게나 일어날 수 있는 감정 상태이다. 그러나 분노가 가져다주는 부정적 결과는 분노 표출을 지나치게 억제하거나,

과격하게 표출하는 과정에서 발생한다. 그 결과, 자신 뿐만 아니라 다른 사람들도 불행하게 만든다. 즉 분노는 불안과 우울 증세를 가져다주고, 신체적인 근육긴장과 자율신경계의 각성 때문에 몸에 이상 현상을 동반한다. 개인적 불행은 여기서 그치지 않고 사회적인 공격성, 폭력, 비행의 결과를 가져와 타인까지도 불행하게 만들 수 있다.

일시적이고 일반적인 분노는 누구나 경험하는 것이고, 그 상처도 그리 오래가지 않는다. 그러나 만성적이고 지속적인 분노는 건강을 위협할 정도의 질병으로 이어지기도 한다. 단적으로 고혈압, 심장마비의 원인이 될 수 있으며 수명을 단축시키기도 한다. 우리가 흔히 말하는 '화병火病, hwabyung'이 여기에 속한다. 미국에서조차 이 병명이 통용될 만큼 화병은 보편적인 분노 질환으로서, 한국에서도 화병 클리닉이 증가하는 추세다. 화병은 한의학의 울화병鬱火病에서 비롯됐으며, 막힘과 분노의 감정을 겪는다는 뜻이다. 미국 정신질환의 진단 및 통계 편람DSM-5에도 수록된 화병은 다른 나라에는 없는 한국만의 독특한 한恨 문화에서 형성된 정신질환으로 소개되어 있다. 화병은 지나치게 분노 감정을 억제할 때 나타난다고 본다.

구체적 증상으로는 심리적 분노, 억울하고 분한 감정, 피해 의식, 열감(몸에 열이 나는 느낌), 치밀어 오름, 구갈(입과 목이 마르면서 물이 많이 당기는 증상), 좌불안석 상태, 눈물, 한숨, 하소연, 비관, 더운 환경이나 갇힌 공간에 대한 거부감 등의 증상이 나타난다.13 화병에 수반되어 나타나는 정서 경험으로 가장 대표적인 것이 분노이고, 이로 인해 불안, 초조, 우울감이 나타난다. 화병은 여성(특히 주부), 40대 이상 중장년층, 사회적 약자들에게 많이 나타나는데, 스트레스와 억울하고 분한 감정을 밖으로 표출하지 못하고 오랫동안 억압한 데서 비롯되는 사례가 많다. 이런 사람들은 소위 '참는 화병'의 전형적 모습을 가지고 있는데, 화나는 일이 있어도 참고 겉으로는 표현하지 않는 성향이 있다.

최근 몇 년 사이에는 화병의 경향이 바뀌어, 참는 화병에서 분노표출형 화병의 증상을 보이는 환자들이 점차 많아지고 있다. 물론 화를 내지 못하고 어쩔 수 없이 참고 있다가 병으로 발전시키는 경우가 대부분이긴 하지만, 분노가 여러 가지 행동으로 표출되는 경우가 점차 많아지고 있다. 이런 유형에 속한 사람들은 자신의 감정을 여과 없이 드러내며 폭언이나 폭력 행동을 보인다.

분노표출형 성격을 가진 사람의 경우는 더 심한 양상을 보인다. 표출형 화병인 사람은 작은 일에도 쉽게 화를 내며, 주변 사람들이 자신은 쉽게 화를 내는 사람으로 생각한다고 불평한다. 다음 사례를 살펴보자. "다른 사람들이 제 마음을 이해해 주지 않으면 화가 나요. 화가 나서 물건을 집어 던지고 속으로 '왜 이것도 이해 못 하지?' 이런 생각도 듭니다. 너무 쉽게 화를 냅니다. 그러고는 또 후회하죠. 참아야 하는데 참는 게 어렵습니다." 이런 호소에서 엿볼 수 있듯이 환자는 신체 증상보다는 화를 내는 정서적 측면 때문에 고통받는다.

순간을 참지 못하고 강하게 화를 표출하는 병을 가리켜 이전의 화병과 구분해 '급성 화병' 혹은 '격분 증후 화병'으로 부른다. 이런 화병은 즉각적인 분노 표출이 잦고 폭발적으로 고함을 지르거나 욕을 하며 물건을 던지는 행동을 보인다. 요즘 뉴스에 종종 등장하는 '묻지 마 폭력'이나 '홧김 방화'들이 대부분 급작스럽게 진행되는 분노 양상과 무관치 않으며, 이런 급성 화병이 10~30대 젊은 층에서 증가하고 있는 추세여서 염려스럽다. 이러한 급성 화병 혹은 격분 증후 화병은 서양 정신의학에서 말하는 '간헐적 폭발 장애'(일명 분노조절장애)와 비슷하다.

분노 행동이 일어난 후에는 안정을 찾기 때문에 습관적으로 분노를 터뜨리는 경우도 적지 많다. 이른바 가진 자들의 '학습된 분노'가 여기에 해당한다. 몇 년 전 사회적 공분을 일으킨 대한항공 총수 가족의 갑질이 여기에 해당한다. 그 중에서 음성 파일과 동영상으로 드러난 '물컵 갑질'은 사회 상류층이 보이는 학습된 분노의 대표적인 예이다. 즉, 분노를 표출하면 불가능한 일이 없다는 것을 일찍이 경험한 사람들은 문제 해결을 위해 분노를 습관적으로 터뜨리게 된다. 또 그들은 분노를 통해 쾌감을 느끼고 분노를 해소한 후에는 언제 그랬냐는 듯 다시 일상적 상태로 돌아온다. 이들이 보여주는 행태는 반복적인 분노의 학습 패턴이다.

총기 사건처럼 분노폭발 성향이 다소 심각하게 나타나는 미국 사회에서는 오래전부터 분노조절관리anger management 연구를 활발히 진행해 왔다. 남의 나라 일처럼 여겨지던 일이 어느새 우리 사회에서도 점차 증가하고 있다는 각성이 일고 있다. 분노표출형 화병이 사회에 미치는 영향이 심각하므로 우리 사회도 분노 관리 및 화병 관리에 더 많은 사회적 관심을 쏟아야 한다.

앞서 엘리스가 제시한 세 가지 분노 유발 원인에 대해서 살펴보았다. 그 원인에 기반해서 불필요한 분노 감정을 조절하는 방법을 살펴보면 다음과 같다.

첫째, 선악에 대해 유연한 기준을 지녀야 한다. 선악의 정의와 기준은 사람과 상황에 따라 달라질 수 있는 것이며 절대적인 선악의 기준은 없기 때문이다. 둘째, 타인에게 과도한 당위적 의무를 엄격하게 부과하지 말고, 타인의 행동에 대해서 보다 현실적인 기대감을 갖도록 노력해야 한다. 셋째, 설령 타인이 내가 기대하는 당위적 요구에 어긋나는 행동을 하더라도 가능하면 현실적인 평가를 하도록 노력해야 한다. 실질적으로 내게 돌아온 피해와 손해에 대해서 과장된 평가를 해서는 안 된다. 넷째, 처벌보다는 예방에 초점을 둔 대응을 해야 한다. 상대방을 처벌하는 것보다는 내가 원치 않는 행동을 상대방이 더 이상 하지 않도록 하는 것이 중요하다.

이런 점을 염두에 두고 실제 상담 및 심리치료 전문가들이 권하는 구체적인 방법을 제시하면 다음과 같다. 자신이 분노를 조절하는 게 어렵다고 느껴지면 아래 방법들을 실천해 보길 추천한다.

첫째, 분노의 감정이 올라오기 시작하면 일단 그 현장에서 벗어난다. 분노가 일어나서 정점에 도달하는 데는 약 15초가 걸리고 그중 3초 동안 분노와 짜증의 증폭 혹은 억제가 결정된다고 한다.

불과 3초 안에 분노는 기름에 불을 붙인 것처럼 확 타오를 수도 있고, 더 이상 불이 붙지 않고 꺼질 수도 있다. 그러므로 그 짧은 시간에 화가 불붙지 않게 하려면, 일단 현장에서 벗어나는 것이 상책이다. 이처럼 분노를 유발한 상황이나 장소를 즉시 피하는 것만으로도 효과는 즉각적으로 나타난다. 분노 상황을 떠난 다음에는 앞으로도 자신의 분노를 효과적으로 조절할 수 있는 적절한 방법을 찾기 위해 노력하고 훈련해야 한다.

둘째, 자신의 분노 감정을 자각하고 바라본다. 즉, 분노 감정이 마음속에서 어떻게 일어나는지 판단 없이 바라본다. 분노를 사악하고 미숙한 감정이라고 생각하며 외면하거나 무시할 필요는 없다. 오히려 자신의 분노 감정을 솔직하게 자각하고 관찰하다 보면 점차 분노 감정이 누그러지는 것을 느낄 수 있다.

셋째, 자신이 왜 분노하는지 차분하게 생각해 본다. 어떤 상황에서 어떤 일이 왜 그토록 자신을 화나게 했는지, 타인의 말과 행동이 왜 자신을 분노하게 했는지, 그리고 그것이 무엇을 의미하기에 화가 나는지를 곰곰이 생각해 본다.

넷째, 스스로 분노하는 이유가 무엇인지 물어본다. 타인의 무시와 비난에 지나치게 예민한 것은 아닌지, 그 의미와 의도를 오해하거나 과장한 것은 아닌지, 자신이 상대방에게 거슬리는 행동을 하지 않았는지, 타인이 항상 나를 인정하고 친절하게 대해야 한다는 지나친 기대를 가지고 있는 것은 아닌지, 타인의 행동이 자신을 비난하는 것이 분명하다고 해도 그런 비난이 실제 내 자신의 인격적 가치를 손상시키는 것인지, 타인의 평가나 행동에 의해서 나의 인간적 가치가 좌우되는지, 자신이 타인을 비난할 수 있듯이 타인도 자신을 비난할 수 있는 것은 아닌지, 도대체 이토록 화를 내야 할 이유가 무엇인지 등 위의 모든 질문을 스스로 던져야 한다.

다섯째, 분노 감정을 억누르기보다는 적절히 표현하고 승화시킨다. 승화는 상대방에게 향해진 분노 감정을 직접 발산하기보다는 사회적으로 용인된 건설적인 방법으로 발산하는 것이다. 스포츠나 취미생활을 통해 발산하거나 예술적인 창작 활동에 매진함으로써 분노 감정을 건설적이고 생산적으로 발산시킬 수 있다. 이런 방법은 분노 감정을 해소하는 바람직하고 성숙한 방법이라고 할 수 있다.

여섯째, 나를 분노하게 한 상대방을 용서한다. 용서는 개인의 종교적 또는 철학적 가치관에 근거하여 상대방에 대한 분노 감정과 공격 충동을 스스로 해소하는 것이다. 흔히 분노는 공격 행동을 낳고, 공격 행동은 상대방의 분노를 유발하여 다시금 공격 행동을 받게 되는 복수의 순환 과정으로 발전한다. 이러한 상호 공격 행위는 모두에게 피해를 줄 수 있다. 이러한 분노 감정과 공격 충동의 파괴성을 깊이 인식하고 상대방과의 대결적 관계를 협력적 또는 비대결적 관계로 전환시켜, 서로의 성장과 발전을 위해 미래지향적으로 대처하는 것이 용서라는 행위이다. 분노 감정을 처리하는 방법 중에서 가장 어렵고 또 성숙한 방법이 바로 용서이다.

분노를 승화시키지 못하고 원색적으로 표출할수록 그것은 상대방에게 상처와 복수심을 유발하고 자신에게도 독약이 될 수 있음을 명심하라. 잦은 분노 표출로 인간관계에 곤란을 겪거나 쉽게 열이 오르는 증상이 반복되는 단계에 있다고 판단되면, 서둘러 전문가의 상담과 치료를 받는 게 바람직하다.

그림 | 존 레버리
「The Southern Sea」

6장

스트레스와 트라우마
간과해서는 안 될 상처

스트레스와 불행은

외부에서 생겨나는 게 아니라,

자신의 잘못된 태도에서 생겨난다.

_브라이언 트레이시 Brian Tracy,
미국의 동기유발 전문가이자 자기계발 작가

먼저 스트레스stress와 트라우마를 구분해 보자. 스트레스는 우리가 적응해야 할 외부 상황의 요구와 이 요구에 맞추려는 능력 사이에 불균형이 있음을 지각할 때 일어나는 생리적, 심리적, 행동적 반응이다. 반면, 트라우마는 자신 혹은 타인에게 정신적, 신체적 충격과 두려움을 줄 만한 사고, 폭행, 질병 등을 목격하고 나서 일어날 수 있는 심리적(정신적) 충격을 말한다. 누구나 살아가면서 스트레스를 받기 마련이고, 심리적 충격의 트라우마를 겪을 수도 있다. 그러나 스트레스와 트라우마는 치료되거나 해결되지 않으면 살면서 큰 어려움을 겪게 되므로 대처하고 해결하려고 노력하는 것이 중요하다. 우리는 문제 해결 과정에서 성장과 회복력이 강화되는 등 새로운 기회를 발견하기도 한다. 스위스 정신과의사이자 작가인 엘리자베스 퀴블러 로스Elizabeth Kubler Ross는 "사람들은 스테인드글라스와 같다. 햇빛이 밝을 때는 반짝이며 빛나지만, 어둠이 찾아왔을 때는 내면의 빛이 있어야 그 진정한 아름다움을 드러낸다."고 하였다. 이 장에서는 CBT의 관점에서 스트레스와 트라우마 극복을 위한 방안에 대해 살펴보기로 한다.

약 도 되 고 독 도 되 는 스 트 레 스

누구나 살면서 희로애락의 감정을 경험한다. 그런데 다른 사람들에 비해 유독 불쾌하고 불행한 감정을 힘들어하는 사람들이 있다. 최근 5년 동안 경험했던 불유쾌하고 힘든 일을 생각해 보고 다음 표를 작성해 보자. 자신이 어떤 유형의 사람인지 단서를 얻을 수 있고 해결의 실마리도 찾을 수 있을 것이다.

시기	힘든 일(사건)	기분(정서)

최근 5년 사이에 경험한 힘든 일과 그에 따른 기분

심리적 혹은 신체적으로 감당하기 어려운 상황에 처했을 때 느끼는 불안감, 위협의 느낌이 스트레스이다. 그리고 이런 스트레스는 우리 삶의 모든 영역에 존재하기 때문에 그 어느 누구도 스트레스를 피해갈 방도는 없다. 조금 과장해서 말한다면 스트레스는 삶의 동반자이다. 보통 짜증 나는 상황이나 하기 싫은 일, 또는 뭔가 답답한 상황에 처했을 때 스트레스 받는다고 표현한다. 대부분 학생은 공부로 인해 스트레스를 많이 받고, 사회인이 되면 업무 때문에 스트레스를 받는다.

스트레스를 받으면 두통과 같은 증상이 나타난다. 이런 증상은 일상적이고 경미한 경우라고 할 수 있다. 그러나 스트레스가 심해지면서 두려움, 분노, 불안 등 부정적인 정서들이 악화되면 스트레스가 누적되어 심리적 탈진상태에 빠지기도 한다. 이렇게 심각한 스트레스를 유발하는 요인들은 여러 가지가 있지만, 일반적으로 심각한 스트레스를 주는 사건으로는 다음과 같은 것들을 꼽을 수 있다.

□ 배우자, 연인, 부모, 형제, 혹은 친한 친구의 죽음
□ 이혼, 가족 해체
□ 인간관계 상실, 불만스러운 인간관계
□ 원치 않은 임신/유산, 자녀양육 문제
□ 무주택/주택 문제
□ 채무/재정 문제
□ 비고용/실직
□ 자신 혹은 가족의 심각한 질병
□ 욕구나 욕망의 미성취
□ 과다한 업무량, 직무만족감의 결여

위의 증상 중 몇 가지가 자신의 경우에 해당하는지 확인해 보라. 위에 열거된 스트레스 사건을 하나 이상 경험했다면, 신체적, 정신적 건강에 문제가 있는 것이고 사회적으로 대처하기 힘들다는 것을 느꼈을 가능성이 크다. 스트레스 사건을 많이 경험하면 할수록 기분이 가라앉고 좌절감이 커진다. 스트레스의 주요 증상 내지는 스트레스에 수반되는 변화는 다음과 같다.

생리적인 면	심박수의 증가, 혈압의 상승, 소화기 계통의 변화(위장장애), 근육 긴장도의 증가, 불면증 등
심리적인 면	의기소침, 성급함, 우울, 분노와 적개심, 정서 불안과 초조, 긴장, 낮은 자긍심, 욕구좌절, 죄의식, 절망감과 무력감 등
인식적인 면	주의집중 곤란, 문제 해결과 의사 결정 곤란, 기억력과 창의성 저하, 사고의 왜곡, 정신 기능의 저하 등
행동적 반응	과음, 과식 혹은 식욕 부진, 약속 불이행 혹은 약속 시간에 늦음, 대인 접촉 기피, 발 동동 구르기, 이갈이, 충동적 행동, 긴장성 경련, 과잉 반응, 신체 부위(머리, 귀, 코) 쥐어뜯기 등

회 복 탄 력 성

긍정은 언제나 비관보다 유능하다

실제 스트레스 상황을 다루는 일은 간단치 않다. 왜냐하면 여러 가지 요소들이 복합적으로 인간의 스트레스 반응에 영향을 주기 때문이다. 물리학적으로 외부적 힘에 의해 움직인 물체가 다시 제자리로 돌아오는 힘을 회복탄력성resilience이라고 부른다. 이 개념을 심리학적으로 사용하면 시련이나 고난을 이겨내는 긍정적인 힘을 의미한다. 그러므로 회복탄력성이 강하다는 것은 다른 사람들에 비해 스트레스 요인 사건에 대해 잘 대응한다는 말이다.

스트레스 요인은 생물학적 취약성이나 양육 혹은 역사적 사건처럼 우리가 통제할 수 없는 외부적인 것들이 대부분이지만, 스트레스에 성공적으로 대처하는 능력 역시 후천적으로 학습이 가능하다. 스트레스에 대한 우리의 회복력과 관리 능력은 고정된 것이 아니라, 시간에 걸쳐 얼마든지 변화한다.

평생 일관되게 회복력과 관리 능력을 유지하는 사람은 흔치 않다. 예전에는 회복력이 좋았다가도 어느 날 패배감을 느낄 만큼 회복력을 잃는 경우도 많으니 이 또한 지속적인 관리가 필요하다. 양동이에 담을 수 있는 물의 양에 한계가 있듯이 인간의 정신이 감당할 만한 스트레스의 양이 정해져 있다고 해도 틀린 말이 아니다. 모두가 스트레스를 담는 데 제한된 용량을 가지고 있다고 생각하면 조금 마음이 편할 것이다.

누구나 일상생활에서 스트레스를 겪는다. 사실 약간의 스트레스는 동기를 부여하고 삶에 활력을 불어넣기도 한다. 그러나 마음에 담는 스트레스의 용량이 커지면 넘치게 되고 수습하기 어려워진다. 이런 사태는 어느 날 갑작스럽게 올 수 있다. 평소에 사소해 보이는 것이 어느 순간 더 이상 감당할 수 없는 것으로 느껴지는 때가 있다. 그때 인간은 스트레스 때문에 무너지는 절망감을 느낀다. 자신이 감당할 수 있는 한계를 넘어섰기 때문이다.

그렇다면 우리는 크고 작은 사건에 어떤 식으로 영향을 받는 것일까? 여기에는 여러 가지 요인들이 작동한다. 그 요인에 대해서 살펴보기 전에 먼저 다음과 같은 질문에 스스로 대답해 보자. 당신은 스트레스가 많은 삶의 사건에 대처하기 위해 어떤 준비를 해 왔는가? 스트레스에 취약하거나 혹은 더 효과적인 특별한 방법을 알고 있는가? 물론 부정적인 스트레스 경험은 좋은 약이 될 수도 있지만, 그런 스트레스에 성공적으로 대처하지 못한다고 해서 자신을 나약한 사람으로 탓할 필요는 없다. 왜냐하면 모든 일에는 그럴만한 이유가 있기 때문이다.

스트레스에 대처하는 개인의 역량에 영향을 미치는 주요 요인에는 다음과 같은 것들이 있다. 사건에 대한 의미부여, 자신의 강점과 능력에 대한 평가, 역사적 요인 및 성격적 특성들이 있다. 자신이 겪는 사건에 어떤 의미를 부여하는가에 따라서 스트레스에 반응하고 대처하는 능력에 차이가 생길 수 있다.

예를 들어 만약 어떤 문제가 생겼을 때 그 문제의 원인이 자신의 잘못된 행동이라고 믿는다면, 자신의 실수를 이해할 때와 용서하지 못할 때 나타나는 스트레스 반응은 크게 달라질 것이다. 실수를 용서할 수 있다고 생각한다면 그 실수로부터 무언가 배우고 앞으로 긍정적인 변화를 만들어갈 수 있다는 태도를 갖게 될 것이다. 반대로 자기 자신에게 무언가 문제가 있거나 결함이 있다고 판단한다면 그 실수의 경험으로부터 아무것도 배우지 못한 채 무력감에 빠지고 말 것이다. 전자의 관점에서는 여전히 자기 자신에 대해 좋은 감정을 느낄 수 있지만, 후자의 관점에서는 자기 자신에 대해 좋은 감정을 가질 수 없게 된다.

그렇다면 전자의 태도와 같이 자신이 스트레스 상황에 대처할 수 있는 능력과 감정을 가지고 있으면서 상황을 통제할 수 있다고 믿는 사람들은 심리적으로 어떤 강점이 있을까? 간단히 말해서 이런 사람들은 접근관련전략approach-related strategies이라고 부를 만한 여러 가지 전략을 사용한다고 말할 수 있다. 즉 아무리 끔찍한 상황이라도 긍정적 결과를 얻을 수 있는 문제 해결 중심, 어려운 경험으로부터의 학습, 사회적 지지(위로와 격려, 조언 등) 확보를 위해 노력한다는 점이다.

반대로 자신은 스트레스 상황을 감당하기 힘들다고 생각하는 사람들은 회피관련전략avoidance-related strategies을 사용할 가능성이 크다. 즉, 스트레스를 해소하려고 노력하는 대신 더 큰 스트레스를 피하기 위해서 현재 상황을 회피하는 것이다. 물론 이런 전략으로는 스트레스 상황을 해결할 수가 없다. 임시방편이기 때문이다. 사회적 접촉의 회피, 해야 할 일에 대한 과소평가, 도망가기 위해 약물이나 알코올 복용, 아무 문제가 없는 체하기(문제를 부인하기), 사라질 것이라는 헛된 희망, 관심을 다른 곳으로 돌리기 등이 이러한 회피전략에 속한다.

이처럼 사람마다 서로 다른 스트레스 전략을 사용하는 이유는 양육, 교육, 초기 삶의 경험과 같은 역사적 요인들이 영향을 미치기 때문이다. 요인이 다르기에 스트레스에 대처하는 방식들도 다양해진다. 남들 앞에서 자신의 감정을 숨기지 못하는 것은 나약함의 증거라고 배운 사람은 스트레스 상황에 닥쳤을 때 자신이 느끼는 감정을 받아들이기 힘들어한다. 예를 들어, 친구나 가족을 잃었을 때, 격정적인 슬픔을 느끼는 것은 당연한 일인데도 불구하고, 그런 감정을 느끼는 자신을 질책하거나 혹은 그런 감정을 어떻게 표현해야 할지 몰라서 당황하게 된다. 반대로 자신의 감정을 표현하는 일에 대해 긍정적인 피드백을 받고 자란 사람은 극단적 스트레스 상황에서도 자신의 감정을 상대적으로 더 수월하게 관리할 수 있다.

사회성과 낙관성의 차이는 개인의 스트레스 대응 방법에도 큰 차이를 만든다. 사회성과 낙관성이 저조한 사람은 높은 사람보다 스트레스에 취약할 수밖에 없다. 똑같이 어려운 상황에서도 그 일의 긍정적인 측면에 주의를 기울이는 사람과 부정적인 측면만 바라보는 사람이 겪는 스트레스의 강도와 대처 결과는 확연히 다를 수밖에 없을 것이다.

새옹지마塞翁之馬라는 옛 고사에서 볼 수 있듯이, 자신에게 닥친 어려움을 어떤 각도에서 바라보느냐에 따라 스트레스에 대한 반응과 대처뿐만 아니라 삶의 방향까지 바꿀 수 있다. 낙관적인 사람은 쉴 새 없이 자신을 향해 '파이팅'을 외친다. 위기가 찾아오고 마음이 흔들려도 '괜찮다'라고 스스로를 다독인다. 원하는 바를 이루지 못해도 '최선을 다했으니 그걸로 충분하다'고 말한다. 가족, 친구, 연인이 말하지 않아도 자신을 위로할 줄 안다.

반복하자면 비관적인 성격보다 낙관적인 성격이 스트레스에 대처하는 데 훨씬 더 유능하다. 비슷한 예로, 스트레스 사건 이후 사후 관리와 대처에 큰 영향을 미치는 것이 사회적 연대와 지지이기 때문에 사회성이 뛰어나거나 친밀한 관계를 잘 형성하는 성격의 소유자는 그렇지 못한 사람보다 문제 해결에 더 뛰어난 적응력을 가질 수밖에 없다. 이 외에도 연령, 사회경제적 지위, 인생 단계 등 많은 요인이 스트레스 대처방식에 영향을 미친다. 요인에 따라 우리가 쉽게 통제 가능한 것도 있고 그렇지 못한 것도 있을 것이다. 그래서 CBT에서는 스트레스 사건 하나하나가 아니라, 사건에 의미를 부여하는 생각의 태도를 규명하고 미래에 나타날 태도와 행동을 예측하고 개선시키는 데 집중하라고 조언한다.

스트레스를 극복하는 방법

7가지 대처법

스트레스를 주는 상황에 대처하고, 어렵고 힘든 시기에 어떤 방식으로 자신을 돌보고 개선시켜야 하는지 CBT에서 제시하는 황금률을 배워 보자.[1]

1. 기본적 욕구를 돌보라

스트레스를 받게 되면 활동성이 떨어지고 식욕도 떨어져서 평소의 일상을 유지하기 어려워진다. 스트레스 상황에서는 입맛도 없고 잠자리도 편하지 않다. 그러므로 이럴 때는 가능한 자신의 기본적 욕구를 충실하게 돌보는 것이 중요하다. 평소처럼 일상적인 식사가 어렵다면 조금씩 자주 먹도록 노력해 본다. 정서적 어려움은 에너지를 쉽게 고갈시키기 때문에 신체는 에너지를 만들기 위해 음식을 필요로 하게 마련이다. 하지만 정서적 심리가 음식을 거부하게 만드는 경우가 있다. 이런 경우에는 마음이 아닌 내 몸의 요구를 들어야만 한다.

수면도 마찬가지이다. 몸이 필요로 하는 것은 수면이지만, 심리가 자꾸 방해한다. 이때에도 몸의 요구에 더 귀를 기울여 자신을 보살펴야 한다. 이 모든 것이 생존에 필요한 에너지와 관련되어 있으므로, 만약 수면이 힘들다면 단기간 수면제의 도움으로 일상을 회복하는 것이 무엇보다 중요하다.

2. 바쁘게 지내라

스트레스를 받으면 손가락 하나 움직이기 싫을 때가 있다. 정말 아무것도 하고 싶지 않다고 느낀다. 그러나 이럴 때는 어렵더라도 평소처럼 움직여야 한다. 평소대로 반려동물을 데리고 산책을 나가고, 늘 가던 커피숍에서 커피를 마시고, 혹은 집안일을 하다 보면 어느새 일상의 상당 부분이 회복되고 스트레스도 상당 부분 해소된다. 그림, 글쓰기, 독서, 스포츠, 요리 등 좋아하는 취미생활이 있다면 스트레스 때문에 힘들다고 중단하지 말고 꾸준히 할 것을 추천한다.

일상이 중요한 이유는 누구에게나 일상적인 활동이 친숙하고 또 이런 활동은 큰 무리 없이 자동으로 이루어지기 때문이다. 이러한 친숙함은 삶이 여전히 계속 진행 중이고 자신의 통제 속에 있다는 것을 상기시켜줌으로써 스트레스를 완화한다. 때때로 삶을 계속해 나가기 위해서라도 그런 활동을 해야만 한다. 물론 스트레스 때문에 생기는 불안, 고통, 짜증, 분노는 평소대로 살아가는 데 방해가 되기도 하지만, 일상에서 이탈하면 스트레스와 부정적 정서에서 회복하는 속도가 훨씬 더 느려진다.

3. 운동하라

신체적 운동은 우울한 기분이나 스트레스를 관리하는 데 중요하다. 운동을 하면 스트레스 호르몬을 억제하고 행복감을 느끼게 해 주는 엔도르핀 호르몬 수치가 올라간다. 그만큼 운동이 스트레스 해소에 중요한 이유가 여기에 있다. 가볍게 동네 한 바퀴만 걸어도 기분이 좋아진다는 사실은 누구나 경험해 보아서 알 수 있다. 움직이지 않으면 오히려 스트레스 문제에 집중하게 된다. 그러니 의욕이 없어도 일단 5분 만이라도 걸어 보자. 그러다 점차 시간을 늘려서 하루에 30분 동안 심박수가 분당 120~180회가 될 정도의 운동량을 늘려 보자. 한 번에 30분이라는 시간을 낼 수 없다면 스케줄 사이마다 자투리 시간을 이용해 움직여 보자. 하루에 20~30분씩만 걸어도 충분한 운동이 된다.

활발하게 걷는 활동은 스트레스 해소에만 좋은 것이 아니라 수명 연장에도 도움이 된다. 이외에도 산책, 조깅, 수영, 테니스, 하이킹, 자전거 타기는 신체의 산소 소비량을 증대시키는 훌륭한 유산소 운동이고, 요가나 태극권은 체력과 탄력성을 동시에 키울 수 있는 운동으로 이 역시 스트레스 해소에 효과적이다.

4. 슬픈 감정을 숨기지 말고 표현하라

집이든 직장이든 스트레스를 피할 수 있는 곳은 없다. 어찌 보면 일상의 많은 시간을 사람들 사이에서 갈등하고 스트레스를 겪으며 보낸다고 말해도 과장이 아닐 것이다. 실망, 분노, 좌절감을 느낀다고 해서 이런 감정을 모두 겉으로 표현하고 살지는 못한다. 혹여 이런 감정을 드러내는 것이 사회적으로 부적절한 것은 아닌지, 자신의 나약함을 드러내는 것은 아닌지 또 다른 걱정이 앞선다. 그러나 이런 태도는 스트레스 해결에 도움이 되지 않는다. 오히려 그 반대로 행동해야 도움이 된다. 슬픔을 느낀다면 느끼는 대로 표현하는 것이 마음을 치유해 주는 유일한 방법일 때도 있다.

정서적 경험과 표현하는 방법은 사람들마다 다양하다. 여기에 옳고 그름의 판단은 있을 수 없다. 중요한 것은 자신이 겪는 고통과 싸우려고 해서는 안 된다는 것이다. 왜냐하면 고통은 더 큰 고통으로 우리를 공격할 수 있기 때문이다. 수영을 못하는 사람이 물에 빠지면 필사적으로 팔을 휘저으며 빠져나오려고 한다. 온 힘을 다해서 허우적댈수록 몸은 계속 가라앉고 힘만 빠질 뿐이다. 이럴 때 나를 살릴 수 있는 유일한 방법은 몸에 힘을 빼는 것이다. 힘을 빼면 몸이 물 위로 뜨게 되어 있다. 그러므로 당황하지 말고 편안하게 자리에 누운 듯이 있으면 숨도 쉴 수 있고 몸도 가라앉지 않는다.

고통스러운 감정도 이와 마찬가지다. 고통 속에서 필사적으로 탈출하기 위해 애쓰지 말고 잠시 그곳에 머물면서 인내하라. 고통의 정서와 싸우려고 하면 할수록 고통은 힘이 더 세져 우리를 압도할 것이다. 지금 느끼는 고통스러운 정서는 지극히 정상적이고 자연적이라는 사실을 스스로 상기해야 한다. 시간이 지나면 고통도 사라지고 치유될 것이라는 점을 잊지 말자. 물론 고통스러운 사건이 잊히거나 완전히 없어지지는 않겠지만, 시간이 지나면 고통의 정서가 희미해지고 일상과 삶의 기능이 점차 회복되어 가는 것은 분명하다.

일반적으로 스트레스 상황에 대응하는 방식에는 소극적, 공격적, 적극적 방식이 있다. 만약 누군가로부터 마음에 상처를 입고 화가 나는데도 불구하고 겉으로 표현하지 않고 안으로만 삭인다면 그것은 소극적 방법이다. 화를 참지 않고 감정적으로 대응하면 공격적 방법을 사용하고 있는 셈이다. 그런데 이 두 가지 방법 모두 바람직하지 않은 결과를 초래하기가 쉽다. 계속 참고 지내는 소극적인 방법을 사용하면 스트레스가 심화되어 자신의 건강을 해칠 수 있다. 반대로 감정을 참을 수 없어 상대에게 거친 언행과 행동을 보인다면 더 큰 문제로 이어질 수 있다. 이처럼 공격적인 방식으로는 나와 상대가 모두 공감하는 해결책을 찾기가 어려워진다.

가장 바람직한 스트레스 대응 방법은 지나치게 소극적이지도 않고 공격적이지도 않으면서 자기 의사를 표현하는 것이다. 화난 감정을 억제하지 않고 표출하되 중립적인 언어를 사용하는 것인데, 이 표현법을 상담에서는 적극적 혹은 주장적assertive 방법이라고 말한다. 이 중립적인 자기표현 기법은 얼핏 보면 별거 아닌 듯하지만, 인간관계의 갈등 상황을 만날 때마다 사용해 보면 스트레스 해소에 큰 도움이 된다는 것을 알게 될 것이다.

자기표현 기법의 핵심은 기분이 상했을 때 자기감정을 억누르지 않고, 공격적으로 반격하지 않으면서도 중립적으로 자기 입장을 피력하는 것이다. 한국 사람은 갈등 상황이 생기면 주변에서 흔히 '네가 참아라'라는 말을 듣는다. 화가 나도 참아야 한다는 전통적인 교육을 받아 온 셈이다. 이렇게 화를 참는 대신에 감정을 겉으로 표현하도록 가르치는 것을 자기표현 기법이라고 한다. 억누른 감정은 언제라도 공격적인 태도로 나타날 수 있다. 그러므로 끓어서 넘치기 전에 미리 배출구를 만들어 놓는 셈이다. 심리치료에서는 내담자로 하여금 스트레스 상황에서 무조건 참지 말고 자기 감정 상태를 상대에게 중립적으로 표현하는 나-전달법I-Message을 사용하라고 조언한다.

나-전달법은 너-전달법You-Message과 비교하면 이해하기 쉽다. "당신은 왜 그 모양이에요. 그래서 되겠어요?" 또는 "너무하시는 것 아닙니까? 과장님은 모든 일에 실수가 없습니까?" 위의 표현에서 문장의 주어는 당신 또는 과장님이다. 즉, 말하는 자신인 '나'가 아니라 상대방인 '너'인데, 이러한 표현을 너-전달법이라고 한다. 너-전달법은 상대방을 변화시키기보다는 상대방이 공격받는다는 느낌을 받게 되어 오히려 반감을 사거나 저항을 불러일으킬 수 있다. 감정이 고조된 상황에서 사용하는 말을 가만히 들여다보면 대부분 너-전달법이라는 것을 알 수 있다.

이와 반대로 '나'를 주어로 하여 상대방에게 나의 감정이나 생각을 솔직하게 표현하는 방법이 나-전달법이다. 이것은 스트레스를 주거나 화가 나는 상황을 '객관적 행위나 사실' 중심으로 서술하고, 그것으로 인하여 '내게 힘든 점이 있다'는 방식으로 자신의 입장을 표현하는 것이다. 즉, 상대방의 행동 때문에 '내 입장'이 곤란하다고 표현하는 것이 핵심이다. 예를 들면 "당신이 그 일을 마감 날짜까지 처리하지 못해서 내 입장이 난처합니다."라고 표현하는 것이다. 이러한 표현 방법은 상대방을 공격하거나 감정을 건드리지 않으면서도 내 입장을 표현하는 것이기에 소극적이지도 않고 공격적이지도 않은 중립적인 방법이라고 할 수 있다.

요컨대, 나-전달법은 "네가 약속 시간에 매번 늦게 나오니(문제 행동), 나는 계속 지루하게 기다리게 되어서(결과) 참 속상해(감정). 앞으로는 약속 시간을 잘 지켜 주면 좋겠어(바람)."와 같이 자신에게 문제가 되는 상대방의 행동이나 태도를 설명하고, 상대방의 행동이 나에게 미친 구체적인 결과와 상대방의 행동이나 태도로 인해 느끼는 나의 감정을 표현한 다음, 상대방에게 변화되었으면 하는 바람을 표현하는 것이다.[2]

이러한 나-전달법 이외에 마셜 로젠버그Marshall Rosenberg가 제시한 비폭력 대화법NVC, nonviolent communication도 스트레스 대응에 좋은 방법이다.[3] 비폭력 대화법의 과정은 다음과 같다.

먼저 상대의 행동이나 말을 마치 영상을 보는 것처럼 관찰한 다음, 그때 느끼는 내 안의 감정 상태를 확인한다. 다음엔 그 느낌 속에 존재하는 욕구(필요)를 확인해 상대방에게 내 욕구(필요)를 인지시키고, 내 욕구를 충족시키기 위해 상대가 내게 해 주었으면 하는 것을 부탁한다. 이 과정을 도식으로 표시하면 관찰observing → 느낌feeling → 욕구needs → 부탁requesting의 순서로 이루어진다.

예를 들어, 늘 약속에 늦는 친구에게 다음과 같은 도식으로 자신의 의견을 전달해 보자. "네가 약속 시간에 세 번째 늦은 걸 보니

(관찰), 나는 기분이 상하고 서운한 마음이 든다(느낌). 왜냐하면 나는 나를 존중해 준다는 느낌을 너에게서 받고 싶거든(욕구). 다음부터는 약속 시간을 좀 지켜 줄래?(부탁)" 이렇게 자신의 불만을 밖으로 표현하면 완벽한 만족감을 얻을 수는 없을지라도 스트레스는 충분히 해소될 수 있다.

실제 하버드 대학교의 연구결과를 보면, 다른 사람에게 불만이나 갈등이 있을 때, 그 내용을 표출하기만 하면 불만의 원인 자체는 해결되지 않아도 불만의 90%가 해소된다고 한다. 그러므로 스트레스 감정을 억누르거나, 감정적인 태도로 즉시 공격적으로 대응해 왔던 사람이라면 나-전달법을 숙지하고 조금씩 실천해 보길 추천한다.

5. 왜곡된 사고를 조심하라

어렵고 힘든 시기를 겪다 보면 불가피하게 부정적인 사고를 하게 된다. 물론 그렇게 생각하는 이유가 분명할지라도 꼭 부정적인 사고만을 할 이유는 없다. 상황이 어려울 때일수록 상황을 바라보는 우리의 사고방식에 왜곡이 일어날 수 있다. 만약 지금 스트레스를 받고 있다면 당신 마음속에 부정적이고 자동으로 드는 생각들을 살펴보라. 당신이 가진 부정적인 태도로 예측하는 미래는 과연 얼마나 정확할까? 내가 가진 태도는 과연 얼마만큼 내게 도움이 될까? 스스로에게 질문하라.

40대의 윤◇◇씨는 남편이 몇 차례 바람을 피운 사실을 알고 이혼을 결심했다. 아무리 이혼을 결심했어도 남편의 외도 때문에 받은 마음의 상처는 크고 고통스러웠다. 그녀의 마음속에는 여러 가지 생각이 복잡하게 얽혀 혼돈스럽다. '남편은 나를 더 이상 사랑하지 않아.' '남편은 나보다 애인에게 더 매력을 느끼는 거야.' '남편은 나와 함께 있는 것보다 애인하고 있는 걸 더 좋아해.' 물론 이런 생각들이 사실에 가까울 수도 있고, 윤◇◇씨를 더 고통스럽게 할 수도 있다. 그런데 이런 생각들은 여기에서 멈추는 게 아니라, 부정적 강도가 더해져서 불필요한 고통을 만들어 낼 수가 있다. '어느 누구도 나를 사랑하지 않을 거야.' '누구도 다시는 내게서 매력을 느끼지 못할 거야.' '남자는 젊은 여자만 좋아해.' '내 인생은 이제 끝이야. 다시는 행복하지 못 할 거야.'와 같은 생각들이 꼬리에 꼬리를 물고 이어진다.

이러한 왜곡된 사고의 고리를 끊고 스트레스가 더 이상 확장되지 않도록 하기 위해서는 논리적 반박 거리를 찾아야 한다.

- ✸ (왜곡된 사고) 어느 누구도 나를 사랑하거나, 내게 매력을 느끼지 못할 것이다.
- 💬 (논리적 반박) 누구든 미래를 예측할 수 없다.
- ✸ (왜곡된 사고) 모든 남자는 결과적으로 젊은 여성을 택할 것이다.
- 💬 (논리적 반박) 사람에 따라 다르므로 모든 사람이 그런 것은 아니다.

✹ (왜곡된 사고) 나는 앞으로 결코 행복하지 못할 것이다.

💬 (논리적 반박) 고통스런 감정은 당시에는 힘들지만 영원히 지속
되지 않는다.

왜곡된 사고들은 그녀의 처음 생각들(남편은 나를 더 이상 사랑하지 않는다, 남편은 나보다 그녀에게 더 매력을 느낀다, 남편은 나와 함께 있기보다는 그녀와 함께 있기를 원한다) 만큼이나 사실처럼 여겨질 수 있지만, 객관적으로 보면 이런 사고는 실제를 왜곡하고 있다는 것을 금방 알 수 있다.

지금 엄청난 스트레스를 받고 있다면 이 상황에서 당신이 가장 먼저 해야 할 일이 무엇인지 자기 자신에게 질문해 보라. 앞서 살펴본 인지오류(인지왜곡), 균형 잡힌 사고의 예시를 통해 배운 것을 실제 상황에 적용하고 있는가? 지금 나는 이 상황에서 균형 잡힌 사고를 하고 있는가? 지금 자신이 가진 생각이 왜곡된 사고라면 균형 잡힌 사고로 전환하거나 논리적 반박logical counter-arguments을 시도할 때이다. 논리적 반박을 시도할 때는 스스로 이렇게 물어 보라. '내가 가진 생각을 지지하는 증거가 있는가?' '대안적인 해석을 무시하지는 않았는가?' '그렇게도 끔찍한 일인가?' '나의 생각과 행동이 내게 도움이 되는가?'

부정적이거나 왜곡된 사고를 논박할 수 있는 가장 확실한 방법은 그 사고가 사실과 전혀 다르다는 것을 밝힐 수 있는 반대 증거를 찾는 일이다. 만일 시험 성적이 나빠서 내 인생도 실패할 거라고 생

각한다면, 먼저 그 증거부터 찾아보라. 과연 인생에 성공한 사람들은 모두 일등이었을까? 외식 때 피자, 치킨, 맥주를 많이 먹어서 다이어트에 실패했다고 생각한다면 그 음식이 가진 칼로리를 계산해 보면 된다. 평소 집에서 해 먹던 음식이 더 칼로리가 높다는 의외의 사실을 발견할지도 모른다. 이렇듯 미리 가정하고 결론을 내리기 이전에 자신의 가정을 반박할 증거를 찾는 것이 무엇보다 중요하다.

그런데 확실히 논박했는데도 불구하고 변화가 없다면 어떻게 해야 할까? 부정적이거나 왜곡된 사고를 갖게 한 원인이 하나가 아니라 여러 개일 때는 긍정적 변화가 미미할 수도 있다. '시험 성적이 나쁜 걸 보니 나는 머리가 나쁜 사람이다.'라고 생각한다고 가정하자. 시험 성적이 나쁜 원인은 머리가 나빠서가 아니라, 여러 가지 다른 요인이 있을 수도 있다. 시험 공부를 충분히 하지 않아서일 수도 있고, 시험 문제가 유난히 어려웠을 수도 있다. 교수의 평가가 공정하지 못했을 수도 있고 그날 유난히 컨디션이 좋지 않아서 제대로 시험을 치르지 못했기 때문일 수도 있다. 자신의 왜곡된 신념을 반박하려면 그런 신념이 생기게 한 모든 가능성을 샅샅이 조사해야 한다. 여러 가지 원인 중에 가장 치명적인 원인에 고집하지 말고, 자신에게 덜 파괴적인 원인에서 대안을 찾는 것도 현명한 방법이다.

세상일이 늘 그렇듯이 찾아낸 증거가 항상 자신에게 유리하지 않을 수는 있다. 때론 부정적이거나 왜곡된 사고가 사실로 판명되어 도리어 불리한 결과를 가져다주기도 한다. 그럴 때는 그 불행의 덫에서 빨리 탈출하는 것이 최선이다. 자신에 대한 부정적이거나 왜곡된 사고가 사실일지라도 스스로 자책하지 말고, 그 왜곡된 사고가 무얼 의미하는지를 따져 보자.

당신은 최악의 시나리오를 얼마나 자주 쓰는가? 성적이 나쁘면 나중에 직장을 구할 수 없다고 생각하는가? 저녁에 피자랑 치킨을 먹었다고 해서 다이어트가 완전히 실패한 것일까? 이쯤에서 다시 부정적이거나 왜곡된 사고를 논박할 증거를 찾아보자. 그렇게 해서 얻은 설명이나 새로운 생각 중에서 당신의 동기를 지속시키고, 목표 달성에 도움을 주며, 기분까지 좋게 하는 것이 어떤 것인지 생각해 보라. 그리고 스트레스에 대한 대안과 낙관적인 설명이 자신에게 어떻게 활력을 주는지 살피고 그 결과를 음미해 보라.

부정적 사고를 긍정적 사고로, 왜곡된 사고를 균형 잡힌 사고로 전환하기 위해서는 최상, 최악, 혹은 가장 빈번하게 발생할 수 있는 상황을 개선하기 위한 방법에 초점을 둔 실천 계획을 세워야 한다. 계획을 세우면 무력감을 피할 수 있고, 자기주도성을 갖게 된다. 때로는 부정적이거나 왜곡된 사고를 통해 내린 결론이 정확한 진상 파악보다 실질적인 도움이 되는 경우도 더러 있다. 다이어트에 실패한 사람이 "난 못 말리는 먹보야."라고 말하면, 그 순간부터 다이어트의 노예에서 완전히 해방되는 것과 같은 이치이다.

세상이 불공평하다고 절망하는 사람들이 있다. 이 말이 어느 정도 사실일지라도, 이런 태도가 지나치면 세상 모든 일이 불공평하다는 왜곡된 사고를 확대하게 된다. 따라서 세상은 공평할 수도 있다는 신념을 키우기 위해서는 그런 신념이 가능한 세상을 만들려면 어떻게 해야 하는지 거꾸로 생각해 보는 것이다. 그리고 그런 세상을 만들기 위한 방법을 찾고 노력하다 보면, 지금 당장은 세상이 만족할 만큼 공평하지 않다고 하더라도 앞으로는 변할 것이라는 긍정적인 믿음이 생길 것이다.

상황이 아무리 끔찍하고 고통스럽더라도 현재 자신이 가지고 있는 부정적인 예상이 사실이 되는 것은 아니다. 그러므로 현재 상황에 비추어 서둘러 미래의 결론을 내리려는 성급한 마음을 붙들어야 한다. 이 상황을 극복할 수 없다고 말하지 말라. 자신을 고통 속에 빠트리지도 말아야 한다.

예를 들어 보자. 도시의 밤하늘에서는 별을 보기가 힘들다. 그러나 별이 없다고 생각하는 사람은 없다. 단지 건물, 가로등, 자동차로 인해 발생하는 빛 오염이 별빛을 가려서 별을 보지 못할 뿐이다. 별을 볼 수 없을 뿐이지, 별들은 여전히 저 하늘에 존재한다. 도시를 벗어나 한적한 시골에 들어서자마자 밤하늘에 반짝이는 수많은 별을 볼 수 있다. 그렇게 별들은 한결같이 저 하늘에 있어 왔다. 단지 볼 수 없었을 뿐이다. 마음이 고통에 잠식당하고 있을 때도 그러하다. 좋은 것들은 우리 안에 여전히 존재하고 있다. 보이지 않을 뿐이다. 고통스러운 감정이 수그러들면 그때 우리 안의 별은 빛을 내기 시작한다. 그러니 마음속 별의 존재를 기억하며 자신을 위로하자.

6. 자기비난을 줄여라

자기비난self-criticism은 실수나 실패를 극복하고 발전하는 데 동력이 되기도 한다. 적절한 자기비난은 책임감과 행동을 요구하기 때문이다. 그런데 문제가 되는 비난은 위로가 없는 비난이다. 이런 비난은 스스로 선택한 비난이라기보다 끝없이 몰아붙이는 외부의 힘에 의해 만들어진 싸늘한 비난일 경우가 많다.

스트레스가 높을수록 위로가 없는 자기비난이 증가한다. 가슴 속 깊은 곳에서 자신의 불완전성을 꾸짖고, 타고난 약점을 비난하며, 무능함을 반복적으로 되새김질하며 자신을 힐난한다. 작은 실수에도 "나는 안 돼! 나는 바보 같아!"라고 자신에게 날 선 악담을 퍼붓는다. 조그만 실패에도 "나는 뭘 해도 안 돼. 해 봤자 소용없어."라며 자포자기한다. 스트레스를 받을 때마다 비난의 목소리가 먼저 떠올라 금방 우울해지고, 쉽게 슬럼프에 빠지거나, 행동을 개선할 해결책을 찾지 못한다. 그 결과 스트레스 상황은 더욱 악화되고 고독, 우울, 분노, 죄책감, 수치심, 무기력, 절망에 빠지고 극단적인 경우 자살로 이어지기도 한다.

스트레스를 받을 때마다 자책하고 우울감에 빠져 버린다면 자기비난의 목소리에 휘둘리고 있는 건 아닌지 의심해 보아야 한다. 자기 자신과 어떤 대화를 나누고 있는지 살펴보라. 자기 대화가 부정적인 내용으로 가득 차 있다면 '인간은 그런 상황에서는 누구나 그럴 수 있어.'라고 보편성을 인정하라. 그리고 자신을 위로하라. '그래도 나는 지금까지 꽤 열심히 잘해 왔어. 지금의 실수는 아주 작은 흠집에 불과해. 앞으로 더 잘하면 되지.'라는 말로 바꾸어 보자. 실수해서 일을 망쳤더라도 나를 따뜻하게 안아줄 수 있어야 앞으로 계속 나아갈 힘이 생긴다.

이처럼 스스로 비난하는 자신을 안타까워하면서도 동시에 '파이팅'을 외치며 자신과의 대화로 이어갈 수 있도록 하는 것이 자기위로이다. 이러한 자기위로가 없이 자기비난만 하는 것은 우울감이나 수치심, 죄책감을 유발한다. 또한, 자신의 가치를 믿고 존중하는 마음도 사라지게 만든다. 그러므로 만족한 삶과 발전을 위해서는 인생이라는 저울에서 자기비난과 자기위로의 추가 늘 균형을 맞추도록 노력해야 한다.

자기위로는 스트레스 상황에서 부정적 정서를 조절하고 심리적 소진burn out을 예방한다. 자기 비난 때문에 생기는 심리적 고통은 물론 비난에서 오는 고통까지 상쇄시키는 역할도 한다. 인간은 쉽게 자기 비난의 함정에 빠지기 쉽고 이런 경향은 나쁜 습관으로 굳어져 시간이 지나면 벗어나기가 힘들다. 이런 습관에서 벗어나는 데 도움이 되는 것이 바로 자기 위로이다. 자기위로는 자기비난의 위력을 약화시킨다.

그런데 자기위로를 할 수 있으려면 위로를 받아 본 경험이 있어야 한다. 누군가가 내 등을 두드려줬던 경험이 있는 사람이 자신을 위로할 줄 안다. 서로를 위해 할 수 있는 일이 여기에 있다. 누군가 스트레스 상황에 있는 것을 보면 그들을 위로하고 격려해 주자. 나 또한 그런 상황에 있을 때 누군가의 위로를 받게 되면 어려움을 극복하는 데 큰 도움이 될 것이다. 만약 타인으로부터 위로를 받아 본 경험이 부족하다면, 그래서 자기비난만 하고 있다면, 자기자신을 인정하는 연습을 해보자. 자기비난의 생각과 감점이 드는 순간 자신에게 이렇게 말하라. '아, 그렇구나. 그런 생각이 드는구나. 그런 감정이 드는구나. 괜찮아!' 누구보다 자신을 먼저 인정하고 수용하며 스스로 친절하게 대하는 일은 스트레스 해소의 기본임을 명심하자.

7. 다른 사람의 도움과 지지를 구하라

우리는 어려움에 처하면 본능적으로 외부의 도움을 구한다. 물에 빠지면 자기도 모르게 "살려주세요!"라고 소리 지른다. 이렇게 외부적 위험 앞에서 본능적으로 도움을 청하는 이유는 우리 몸속에서 분비되는 옥시토신이라는 호르몬 때문이다. 옥시토신은 타인과 연결되고 소통하게 만드는 역할을 하며 동시에 스트레스를 이겨내는 데 긍정적인 도움을 준다. 그런데 이렇게 타인의 도움을 얻어 어려움을 이겨 내고자 하는 본능을 거스르려는 사람도 있다. 타인의 도움을 요청하는 일은 곧 자신이 나약한 존재라는 것을 드러내 보이는 거라고 믿기 때문이다.

대부분의 사람은 누군가 도움을 요청하면 이를 즐겁게 받아들인다. 누군가에게 자신이 유용한 사람이고 필요한 사람이라는 것을 느끼게 해주기 때문이다. 남을 돕게 되면, 내 삶의 활력도 넘쳐난다. 그러니 스트레스를 받거나 마음이 괴로울 때 주위 사람에게 도움을 구하는 일을 주저하지 말라.

평소 나를 잘 이해해 주는 사람에게 먼저 도움이 청하는 것이 가장 바람직하다. 자신의 감정과 욕구에 대해 타인과 소통할 용기만 있으면 얼마든지 가능한 일이다. 결과적으로 필요한 도움을 얻지 못하더라도 동요할 필요는 없다. 간혹 욱하는 마음에 우발적 범죄를 저지르는 사람들을 보면 억울한 일을 당했는데도 도움을 호소할 곳이 없거나, 도움을 청했는데도 필요한 도움을 받지 못한 경우가 많다는 것을 알 수 있다. 간절한 도움을 받지 못했을 때 오는 스트레스는 감당하기 힘들 정도로 극단적인 경우까지 치달을 수 있다. 따라서 도움이 필요한 경우, 용기 내어 부탁해야 하지만, 승낙과 거절의 두 가지 경우에 대해서 마음의 준비를 하는 것도 지혜로운 방법이다. 필요한 도움을 받지 못하더라도 상대방이 보여 준 위로와 공감의 표시에 감사하는 마음을 표현하자.

삶은 변화와 위기의 연속이다. 그리고 혼자 힘만으로는 예기치 못한 변화와 위기를 극복하기에 부족하다. 그래서 가족, 친구, 지인들의 사회적 지지가 절대적으로 필요하다. 사회적 지지는 개인이 경험하는 스트레스 상황과 문제가 가져올 부정적인 효과로부터 개인을 보호하는 완충재 역할을 한다. 또한 스트레스와 직접적인 관계가 없어도 개인의 긍정적인 정서를 증가시키고 안정감을 주며, 주변 환경에 대한 통제감을 높여주어 전체적으로 삶의 적응도를 높인다.4

8. 부정적 사건을 적어 보라

스트레스를 받는 일이나 힘들게 느껴지는 일이 있으면 글로 적어 보라. 구체적인 글로 적다 보면 부정적 생각이 줄어드는 경향이 있다. 심지어 글로 써보면 오랜 스트레스 경험 후에 나타날 수 있는 신체적 질환을 사전에 방지하는 효과도 있다고 한다.

먼저 스트레스를 주는 부정적 사건을 일기처럼 써보자. '어제 남친(혹은 여친)과 말다툼을 했다'처럼 부정적 사건의 내용과 상황을 적는다. 그리고 그 사건을 겪으면서 느낀 감정과 부정적인 사고에 대해 적는다. 그런 다음 '어제 왜 그랬지? 내가 무슨 생각을 하고 있었던 거지?' '내가 무슨 선입견을 가지고 있었나?' '내 머릿속에 어떤 생각들이 있었던 거지?'와 같은 질문을 던져 보는 것이 작성에 도움이 된다. 그런 다음 가장 부정적인 결론을 적어 본다. '이제 우리 사이는 끝난 거 같아. 내가 망친 거 같아. 남친(여친)은 날 더 이상 사랑하지 않을 거야.'라고 적는다. 이런 태도에 들어있는 부정적 단어들을 적고 그런 생각이 들게 하는 원인을 적는다. 예를 들어 두려움, 외로움, 상처받은 경험 등을 적은 다음, 과거 애인과 말다툼으로 헤어졌던 경험 때문에 불안해했다면 그 아래 밑줄을 긋는다. 그것이 바로 핵심 생각이다. 끝으로 자신이 쓴 내용을 보고 어떤 비합리적인 생각을 했는지, 인지 오류(과잉일반화, 파국화, 흑백논리사고 등)가 없었는지 평가해 본다.

트 라 우 마

과 거 는 나 를 해 칠 수 없 다

트라우마를 가리키는 영어 단어인 trauma는 '상처'라는 의미의 그리스어 traumat에서 유래한 말이다. 본래 외상外傷을 뜻하지만, 심리학과 정신의학에서는 심리적(정신적)인 외상을 의미한다. 전쟁, 자연재해, 대형사고와 같은 대규모 참사에서부터 타인에게 당한 폭력이나 괴롭힘, 강간 등 신체적, 성적, 정서적 학대 모두가 트라우마를 일으킬 수 있다.

트라우마는 갑작스럽게 일어나는 경우가 많은데, 경험하는 사람에게 심한 고통을 주며 일반적인 스트레스 대응 능력을 압도할 만큼 파괴적이다. 그뿐만 아니라 트라우마는 선명한 시각적 이미지와 더불어 급습하기 때문에 오래도록 기억에 남게 되고, 트라우마 당시와 비슷한 상황, 분위기, 이미지가 반복되면 사건 당시에 느꼈던 공포스러운 감정을 똑같이 경험하게 된다.

1. 외상후 스트레스장애

트라우마는 외상후 스트레스장애와 같은 정신장애를 유발하기도 한다. 외상후 스트레스장애는 사건 발생 1개월, 혹은 1년 후 발병하기도 하는데 주요 증상은 다음과 같다.

- 위협적이었던 경험이 반복적으로 떠오르거나 악몽을 꾼다. 외상을 떠올리게 하는 단서에 대해 극심한 반응을 보이는 침습 증상을 보인다. 침습 증상이란 외상적 사건을 생활 속에서 재경험하는 것으로, 당시처럼 생생한 고통을 느끼고 그 사건 속에 있는 것처럼 행동하며 땀을 흘리거나 심장 박동이 빨라지는 등의 신체 생리적 반응까지 포함하는 증상이다.
- 외상을 상기시키는 것을 지속적으로 회피한다. 트라우마를 가진 사람은 불쾌한 기억과 감정을 차단하기 위해서 외상과 연관된 생각, 느낌, 대화를 피하고, 외상을 떠올리는 활동이나 장소를 기피하며 이와 관련된 사람들과 마주치려 하지 않는다.
- 자기 자신에 대해서 지속적으로 부정적 인식, 공포, 분노, 죄책감 등을 갖는다. 외상에서 중요한 부분을 기억하지 못하거나, 자신이나 타인 혹은 주변에 대해 지속적으로 부정적인 믿음을 가지고 외상의 원인이나 결과를 왜곡해서 인식한다. 이렇게 지속적으로 자기 비난에 빠지기 때문에 다른 일상적 활동에 대한 관심이 줄어든다. 그 결과 대인관계가 소원해지고 사회적인 관계에서 찾을 수 있는 행복감, 만족감, 사랑하는 느낌과 같은 긍정적 감정을 느끼는 기회가 적어진다.
- 지나친 각성과 지속적인 과민 상태에 빠진다. 항상 위험 상황에

있는 것처럼 느끼고 조마조마해 한다. 늘 주변을 경계하고 숙면을 취하기 어렵다. 신경이 날카로워져서 화를 잘 내고, 집중력이 떨어지며 조그만 일에도 잘 놀라는 반응을 보인다.

이외에도 심한 외상을 겪은 사람들은 해리현상dissociation(무의식적 방어기제의 하나로 한 개인에게 있어 모종의 일련의 심리적 또는 행동적 과정을 개인의 정신활동에서 격리시키는 것)이나 공황발작을 경험하기도 한다. 환청 같은 지각 이상을 호소하는 사례도 많다. 연관 증상으로는 공격적 성향, 충동조절의 어려움, 우울증, 집중력 감소 및 기억력 저하 등의 문제가 나타날 수 있다. 괴로운 기억을 둔화시키기 위해 알코올이나 다른 약물을 남용하기도 한다.

외상 이후 많은 사람이 스트레스 반응을 겪게 되는데, 이러한 반응은 며칠 또는 몇 주까지 지속되지만 시간이 지남에 따라 천천히 개선되는 경우도 많다. 외상적 사건 이후 일반적으로 나타나는 반응과 신체 및 감정 반응은 다음과 같다.

일반적 반응	신체 및 감정 반응
· 미래에 대해 희망이 없다. · 외톨이라는 생각이 들거나 타인에 대한 관심이 없어진다. · 집중을 하거나 결정을 내리기 어렵다. · 갑작스러운 소리에 예민하고 쉽게 놀란다. · 주변을 경계하며 과민하게 반응한다. · 악몽을 꾸거나, 과거의 괴로운 기억이 현실처럼 떠오른다(플래시백). · 직장이나 학교생활에 어려움을 느낀다.	· 속이 불편하고 입맛도 없어서 밥을 잘 먹지 못한다. · 밤에 잠을 잘 자지 못해 늘 피로하다. · 심장이 뛰거나, 숨이 차고, 초조하다. · 땀이 난다. · 과거의 사고를 생각하면 두통이 온다. · 운동, 식사, 부부 관계, 건강 관리가 힘들다. · 과도한 담배, 술, 약물, 음식 섭취 · 기존의 신체질환이 악화된다. · 과민하거나, 희망이 없다고 느끼거나, 공포나 슬픔 등을 느낀다. · 멍하거나 놀란 가슴이고, 애정이나 기쁨을 느낄 수 없다. · 사건과 관계있는 사람, 장소, 사물을 회피한다. · 예민하고, 분노를 표현한다. · 자신을 비난하거나, 타인과 세상에 대해 부정적인 생각을 한다. · 쉽게 화를 내거나 잘 흥분한다. · 다른 사람을 믿지 못하고 갈등을 일으키며 때론 과도한 간섭을 한다. · 고립되어 있거나 버려졌다고 느낀다. · 친밀감을 느낄 수 없고 외톨이라고 느낀다.

2. 플래시백이 나타나는 이유

'비추다'라는 뜻의 영어 단어 flash와 '과거'를 뜻하는 back의 합성어인 플래시백flashback은 외상후 스트레스장애로 인해 발생하는 증상 중 하나로, 예기치 못한 과거의 충격적 장면을 눈앞에서 생생하게 보는 경험을 말한다. 다시 말해, 과거의 심리적 외상과 관련된 상황에 접했을 때 그 기억에 강렬하게 몰입되어 당시의 감각과 심리 상태가 그대로 재현되는 증세를 가리킨다. 심각한 경우에는 환자가 환각과 현실을 구별하지 못하고 무심코 주변의 인물을 공격하기도 한다. 특히 전쟁 트라우마를 겪은 환자들에게서 이런 증세를 흔히 찾아볼 수 있다. 전쟁 당시 느꼈던 압박감이 그대로 재현되면서 공격적인 태도가 표출되는 것이다.

심리학자들은 인간의 뇌가 외상 경험을 재경험하는 이유에 대해 뇌가 사건을 처리하고 그 사건을 기억으로 저장하는 방식과 관련 있다고 보고 있다. 기억을 옷장에 비유해 보면 이렇다. 베개 덮개, 홑이불, 겨울이불 등이 순서대로 정리되어 있다. 베개 덮개가 필요하면 옷장 문을 열고 베개 덮개만 꺼내면 된다. 베개 덮개를 꺼내려다가 홑이불이 딸려 나오는 경우도 있을 수 있는데, 그땐 홑이불을 잘 개어 다시 제자리에 넣으면 된다. 그런데 옷장에 불규칙한 모양의 깃털을 넣은 누비이불을 넣어야 한다고 상상해 보자. 울퉁불퉁한 형태에 안에 있는 깃털까지 삐죽거리며 밖으로 삐져나온다. 게다가 두껍기까지 하다. 아무리 옷장 안에 욱여넣으려고 해도 문이 잘 닫히지 않는다.

인간의 기억도 마찬가지이다. 뇌는 언제라도 기억의 문을 열고 특정한 기억을 꺼내 확인하거나 사용할 수가 있다. 그런데 뇌의 정보처리 시스템에 들어가지 못하는 독특한 유형의 경험이 있다. 바로 외상 경험이다. 충격적인 외상 기억은 다른 기억과 모양이 달라서 어떻게 처리해야 할지 난감한 상태인 셈이다. 이 기억을 끼워 넣을 만한 템플릿이 뇌의 기억회로 안에 없는 것이다. 뇌는 이 특정한 기억을 처리하기 위해(포장하기 위해) 그 기억을 다시 꺼내서 재경험하는 과정을 거치게 된다. 그러면서 그 기억은 과거의 경험이 아니라, 지금 새롭게 경험하는 일처럼 재현된다. 이러한 플래시백 현상이 나타나면 인간은 당연히 불안 반응을 보인다. 플래시백은 트라우마를 가진 사람에게는 무섭고 끔찍한 경험이지만, 뇌과학의 측면에서 보면 뇌가 스스로 치유하기 위한 노력이라는 점에서 조금이나마 치유의 희망을 볼 수 있다.

3. 트라우마에 대처하는 방법

사람들은 스트레스를 받거나 외상적 사건을 겪으면 긴장을 이완시키고 수면을 위해 여러 가지 약물에 의존하려 한다. 그런데 외상적 경험과 스트레스성 감정은 그 자체로 지극히 자연스러운 반응이므로 자기 자신을 미친 사람처럼 취급할 필요는 없다. 트라우마를 극복하기 위해서는 아이러니하게도 내 안에서 일어나고 있는 모든 소용돌이치는 감정을 있는 그대로 수용해야 한다. 그리고 냉정하게 외상 이후 달라진 자신의 행동양식을 살펴보아야 한다.

지나치게 조심하거나 경계하는 태도, 안전한 지역에서 살고 있음에도 불구하고 어두워지면 집 밖으로 나오려고 하지 않는 태도, 예전에 비해 지나치게 경계하고 민감하게 보이는 증상이 있다면 자신이 회피하고 있는 일들을 목록으로 만들어 보길 권한다. 그리고 목록에 적힌 일들에 대해 하나씩 정면 대응해 보는 것이다. 물론 처음에는 가장 쉬운 것부터 시작해야 할 것이다. 혼자서 감당하기 힘들다면 주변 친구나 가족에게 도움을 요청하고, 어느 정도 시간이 지나면 외상 경험 이전처럼 행동해 보라. 처음엔 두려울 수 있지만, 반복해서 실천하다 보면 서서히 두려움이 사라지고 자신감도 회복하게 될 것이다.

스트레스와 트라우마 경험을 다른 사람과 공유하거나 원인을 재평가하고 극복 방법을 모색하는 것도 중요하다. 악천후 상태에서 운전하다 교통사고를 낸 적이 있다면 사고에 대한 트라우마를 경험할 수 있다. 그러나 그 트라우마의 감옥에 갇히지 말고 원인을 찾는 노력을 해야 한다. 자신의 운전 미숙이 원인일 수 있음을 자각하고 더 안전한 운전 기술을 배우고 실행하다 보면 점차 트라우마에서 해방될 수 있다.

집에 도둑이 들었던 경험 때문에 집에 혼자 있는 것이 두려운 사람이 있다고 하자. 그런데 집에 보안시스템만 잘 되어 있었더라면 도둑을 예방할 수 있었을 거라는 합리적인 추론을 하게 되면 새로 방범 카메라를 설치하거나 보안 서비스를 신청하여 트라우마에서 바로 해방될 수 있을 것이다. 더 이상 비합리적인 두려움에 갇혀 있을 이유가 없어졌기 때문이다.

트라우마의 경험을 뇌가 정보로서 저장하는 방식은 평소와 달라서 감각이 뒤죽박죽된다. 트라우마 경험이란 순식간에 일어나는 경험이기에, 경험을 통해 들어오는 감각의 조각들이 서로 뒤엉킬 수 있기 때문이다. 그 결과 한두 가지 감각적 자극이 과거의 트라우마를 상기시킬 수 있고 플래시백을 초래하기도 한다. 만약 이런 경우가 일어난다면, 당신은 지금 이 순간에 존재하고 있고 과거의 경험은 지나간 것이라는 것을 자신에게 확신시켜야 한다. 트라우마는 과거의 일이다. 현재와 혼동하지 않아야 한다. 그 순간과 지금을 분리해야 한다.

과거와 현재를 구분하는 방법으로는 현재 당신이 서 있는 공간이 과거 트라우마를 겪을 때의 장소와는 다른 곳이라는 것을 자신에게 친절하고 단호하게 알려주는 것이다. 시간이 다르다는 것도 상기해 보라. 이렇게 시공간의 차이를 스스로 각인시키는 방법은 플래시백이 진행될 때도 시도할 수 있다. 플래시백은 트라우마를 경험한 사람들에게는 매우 정상적인 일이라는 사실도 말해야 한다. 정신적 충격을 받은 과거의 경험은 이제 치유를 위해 현재 상기하는 기억이라는 것을 스스로 확신하라. 이 기술은 어떤 트라우마에도 적용할 수 있으며, 특히 잦은 플래시백을 경험하고 있을 경우 큰 도움이 된다.

희망적인 소식은 또 있다. 트라우마와 플래시백으로 고통스러운 상황은 뇌가 스스로 치유하는 과정이라는 것이다. 뇌는 활동과 정신적 경험에 반응하여 자신의 구조와 기능을 알아서 바꿀 수 있는 속성, 즉 신경가소성neuroplasticity을 갖고 있다. 인간의 뇌는 스스로 치유하는 힘을 갖고 있다. 뇌의 자기치유를 신뢰하면 치료나 회복이 불가능하다고 믿었던 일들이 개선되는 결과를 얻을 것이다.

정신분석학자이자 정신과 의사인 노먼 도이지Norman Doidge는 자신의 저서인 『스스로 치유하는 뇌』에서 뇌가 가진 자가회복력의 구체적인 사례들을 소개하고 있다. 어느 통증 전문가는 통증을 애써 무시하거나 외면하는 방법을 통해 통증을 인지하는 뇌의 신경

회로를 약화시키고 통증 증상을 완전히 없애는 데 성공했다. 30대 중반의 파킨슨병 환자는 의식적인 빠른 걷기를 통해 신경계의 퇴화를 저지하는 데 성공했으며, 어느 다발성 경화증 환자는 뇌에 직접적인 자극을 주는 치료법을 통해 일상을 회복하기도 했다.

어느 물리치료사는 뇌의 상당 부분이 미성숙한 상태로 태어나서 인지 문제 및 신체적 마비 증상을 가진 여자 아이에게 지속적인 마사지를 해 줌으로써 제한적 뇌 활동을 활성화시키는 데 성공하기도 했다. 이외에도 소리를 통해서 난독증을 극복한 소년, 과도하게 자극받았던 뇌가 명상을 통해서 정상적인 회로 활동으로 돌아오게 한 물리치료사 등 신경가소성을 통해 인간의 뇌 활동을 극적으로 개선한 사례들이 수없이 존재한다.

위의 사례들은 극적으로 개선된 경우지만, 이런 변화가 어느 날 갑자기 생겨난 것은 아니다. 신체적, 정신적 회복은 늘 현재 진행형이며 완치라는 것은 가능하지 않으며, 트라우마의 완전한 망각 또한 가능하지 않다. 다만 시간을 두고 점진적 개선은 가능하므로 희망을 놓지 말자.

4. 전화위복의 기회로 삼아라

자신 혹은 누군가 트라우마 증세와 플래시백 현상을 겪는다고 해서 미친 사람 취급을 해서는 안 된다. 그 사람은 미친 것이 아니다. 그것은 자연스러운 반응이고, 또 개선되어야 하는 것일 뿐이다. 심리적 외상을 극복하기 위해서 노력하는 과정은 전화위복의 계기가 되기도 한다. 실제 심리적 충격이나 스트레스를 주는 삶의 사건을 잘 극복한 사람들은 한결같이 자신의 과거 경험으로부터 중요한 교훈을 얻었다고 증언한다. 트라우마를 극복하고 나서 자존감이 높아지는 것은 물론, 여기서 그치지 않고 이들은 세상을 더 좋은 곳으로 만들기 위해 노력하고 삶에 새로운 가치를 부여한다. 이런 과정을 외상후 성장post-traumatic growth 혹은 이점 발견하기benefit finding라고 부른다. 말하자면 외상후 성장이란 역경이나 시련을 겪고 나서 세상과 관계하는 방식을 긍정적으로 변화시키는 심리적 변화를 가리킨다.

트라우마와 같은 극적인 심리적 스트레스를 스스로 인정하고 받아들이긴 힘들 것이다. 그러나 이러한 역경은 삶에 있어서 나를 성장시키고 학습시키는 데 최적의 역할을 하는 것도 사실이다. "나를 파괴하지 못한 것은 나를 더 강하게 단련해 준다." 프리드리히 니체Friedrich W. Nietzache가 한 말이다. 고난과 역경을 어떻게 받아들이느냐에 따라 이후의 삶이 달라질 수 있다. 힘들어도 웃고 인내심과 용기를 잃지 않고 헤쳐나간다면 그 과정에서 내 안에 숨어 있던 잠재력을 얼마든지 발휘할 수가 있다.

누구나 정도의 차이는 있을지언정 스트레스와 트라우마를 피할 수는 없다. 그렇다면 가장 필요한 것은 스트레스와 트라우마로 인한 고통과 위기를 기회와 성장의 디딤돌로 삼는 전화위복轉禍爲福의 지혜일 것이다.

7장

나쁜 습관
행복이라고 믿었던 것의 배신

동기는 시작하게 하는 힘이고,

습관은 계속 앞으로 나가게 하는 힘이다.

_짐 론 Jim Rohn,
미국의 사업가이자 작가

새해가 되면 누구나 한 해 동안의 계획을 세운다. 물론 작심삼일作心三日이라는 말처럼 계획을 계획대로 실천하는 일은 쉽지 않다. 그렇다면 왜 작심삼일처럼 되는 것일까? 계획에 문제가 있어서가 아니라, 내가 지속적으로 실천하는 습관을 만들지 못해서이다.

습관習慣, habit이라는 한자어는 어린 새가 날갯짓을 연습하듯 매일 반복하여 머릿속에 훤하도록 익숙해진다는 뜻이다. 매일 반복하는 일들은 습관에서 나온다. 여기에는 좋은 습관과 나쁜 습관 모두 포함된다. 성공한 사람들은 좋은 습관을 가지고 있고, 실패한 사람들은 나쁜 습관을 가지고 있다. 잭 핫지Jack D. Hodge는 그의 저서 『습관의 힘』에서 성공한 사람과 보통 사람의 차이는 지능이나 재능, 능력이 아니라 습관의 차이에 있다고 간파했다.[1]

우리가 매일같이 수행하는 행동의 대부분이 습관이라면, 삶을 효과적으로 변화시킬 수 있는 유일한 방법은 습관을 바꾸는 일이다. 나쁜 습관이 쉽게 고쳐지지 않는 이유는 그런 행동이 자동으로 이루어지기 때문이다. 즉, 나쁜 습관이 내 발목을 붙잡고 있어서 다른 시도를 하기가 어려운 것이다. 나쁜 습관을 잠시 고쳤다 하더라도 되돌아가는 것은 시간 문제이다. 좋은 습관을 갖는 데 도움이 될 만한 CBT의 방법을 살펴보자.

좋은 습관의 중요성
좋은 나를 만드는 힘

히말라야에 사는 한 고산족이 양을 팔기 위해 시장에 나왔다. 양을 사려는 사람이 나타나자 주인은 양 몇 마리를 데리고 산으로 올라갔다. 주인이 풀밭에 양을 풀어놓자 양들은 이리저리 돌아다니며 풀을 뜯어먹기 시작했다. 두 사람은 한참 동안 그 모습을 지켜본 뒤에 흥정을 마친다. 그 모습을 지켜보던 어떤 외국인이 이상한 듯 고개를 갸웃거렸다. 양의 가격 또한 이해할 수 없었다. 한눈에 보아도 비쩍 마른 양이 통통하게 살찐 양보다 더 비싼 가격에 팔렸기 때문이다.

참다못한 외국인은 양을 팔러 온 사람에게 그 이유를 물었다. 그러자 그 주인은 양을 사고팔 때는 무게나 겉모습이 아니라 평소 버릇을 보고 가격을 정한다고 했다. 즉, 언덕 아래에서 위로 올라가면서 풀을 뜯어 먹는 양은 위에서 아래로 내려오며 풀을 뜯어 먹는 양보다 가격이 훨씬 높다고 했다. 외국인이 무슨 말인지 못 알아듣자, 주인은 다시 이렇게 설명했다. '가파른 히말라야 지대에서 위에서 아래로 내려오며 풀을 뜯어 먹는 것은 편한 습성이다. 그런데 이렇게 편한 습성에 길들여지면, 아래쪽에 풀이 없을 때 다시 위로 올라갈 줄을 모르기 때문에 굶어 죽는다'고 한다. 사람도 마찬가지이다. 어떤 습관을 가졌느냐가 그 사람의 가치를 결정할 만큼 습관은 인생에서 아주 중요한 것이다.

습관은 '제2의 천성'이라고 말한다. 또는 습관은 우리의 운명을 만든다고도 한다. 영국의 저술가인 새뮤얼 스마일스Samuel Smiles는 일찍이 자신의 저서『자조론』에서 "생각을 심으면 행동을 낳고, 행동을 심으면 습관을 낳고, 습관을 심으면 성격을 낳으며, 성격을 심으면 운명을 낳는다."고 했다.[2] 그러므로 그 사람의 습관을 보면 그 사람의 과거와 현재, 그리고 미래를 가늠할 수 있다고 해도 과장이 아니다.

습관은 우리가 의식적으로 생각하지 않으면서도 오래도록 지속하는 그 무엇이다. 그래서 습관은 거의 자동조종장치처럼 작동한다. 계단을 오르는 일, 신발 끈을 묶는 일, 양치하는 일은 우리가 의식적으로 생각하고 수행하는 일이 아니다. 한번 익히면 다음부터는 쉽게 할 수 있는 일들이다. 물론 운전하는 일은 조금 더 복잡하지만 일단 기술을 익히고 익숙해지면 매 순간 의식하지 않으면서도 운전할 수 있게 된다. 이처럼 습관은 매번 반복하는 행동들을 새롭게 배울 필요가 없어서 시간을 절약할 수 있을 뿐만 아니라 일상의 효율성을 높인다.

이런 장점은 동전의 양면처럼 단점도 가지고 있다. 한번 잘못 길들인 식습관이나 생활 습관은 의식하지 않아도 저절로 실행되기 때문에 고치기 쉽지 않다는 것이다. 어려서 손톱을 깨물거나 머리를 만지는 행동이 습관이 되면 어른이 되어서도 고치기가 쉽지 않은 것과 같은 이치이다.

행동뿐만 아니라, 대인 관계 역시 습관적인 사고방식과 태도로 만들어진다. 당신이 주변 사람을 대하는 태도에 대해서 잠시 생각해 보라. 누군가와 대화할 때 비판적인 태도가 먼저 튀어나오는가? 가사 일을 분담하지 않아서 배우자와 자주 다투고 있는가? 회사에 자주 지각하는가? 주변 정리를 못해서 주변 사람들로부터 잔소리를 자주 듣는 편인가? 이러한 행동 패턴들은 습관의 결과물일 수 있다. 그러므로 바람직하지 못한 행동 패턴을 바꾸기 위해서는 습관을 바꾸어야 하고 습관을 바꾸려면 꾸준히 노력해야 한다. 다음 표를 참고로 하여 내가 가진 나쁜 습관이 무엇인지 생각해 보고 어떻게 해야 바꿀 수 있을지 고민해 보자.

지금까지 몸에 배었으나 앞으로 바꾸고 싶은 나쁜 습관	나쁜 습관을 개선하기 위해 노력해야 할 점
.	.
.	.
.	.
.	.
.	.

중독

나를 망치는 가장 나쁜 습관

중독성 물질남용은 우리의 뇌가 작동하는 방식과 뇌신경의 구조를 변화시킨다. 일단 뇌가 약물을 만나 한 번 쾌락을 맛보고 나면 관심이 온통 약물에 집중된다. 이때 평소보다 수천 배에 해당하는 신경 변화의 파장이 일어나는데, 이러한 비정상적인 교란이 끊임없이 약물에 몰두하도록 뇌 활동을 왜곡시킨다. 이런 변화가 뇌신경에 더 많이, 더 오래 노출될수록 변화에 대한 감각이 무뎌져서 똑같은 쾌락을 얻는 데 필요한 물질의 양이 늘어나게 된다. 이런 과정에서 인간의 판단 능력과 의사결정 능력은 심각한 손상을 입게 되고 급기야 일상은 무너지고 중독이 내 삶을 지배하기에 이른다.

니코틴, 알코올 및 약물과 같은 중독성 물질의 남용이 중독으로 이어지지 않도록 하기 위해서는 초기 결단이 중요하지만, 그 시기를 놓치게 되면 반드시 외부적인 도움을 받아야만 한다. 구체적으로, 흡연에서 벗어나고자 한다면 초기에는 다른 경로를 통해 니코틴 부족 현상을 보완하면서 중독에서 벗어나는 노력을 병행할 수 있다. 처음부터 완전한 금연이 어렵다면 껌이나 패치를 이용해서 니코틴 부족을 어느 정도 보완해 주는 것도 금연에 도움이 된다고 경험자들은 말한다. 이렇게 점진적으로 니코틴 섭취를 줄이면서 전문가와 개선 상황을 계속해서 모니터할 필요가 있다. 실제 니코틴 중독의 효과는 일반적으로 오래 지속되지 않기에 초기 금단 현상을 극복하면 금연이 얼마든지 가능하다고 한다.

초기 단계에서부터 중단하기가 힘든 중독성 약물도 있다. 이런 중독에서 벗어나려면 중독과 습관을 동시에 깨야 하는데, 혼자만의 노력으로는 부족하다. CBT에서는 특정 물질에 반응하는 중독 현상을 극복할 때 가장 먼저 이와 관련된 인지적 습관과 행동적 습관에 집중해서 그 고리를 끊는 데 중점을 둔다. 반드시 전문가의 도움을 얻어야 중독에서 벗어나는 데 효과적인 결과를 얻을 수 있다.

나 쁜 습 관 을 바 꾸 는 방 법

　　세계적으로 가장 큰 약물 문제 중 하나는 알코올 남용이다. 알코올을 과다하게 또는 습관적으로 마시게 되면 알코올 의존 현상이 생겨난다. 알코올 남용을 하는 사람은 한꺼번에 많은 양의 술을 마시기 때문에 오랜 시간 동안 술을 마시지 않을 경우에는 심한 불안감을 느낀다. 그러다 일단 마시기 시작하면 멈추지 못하고 급기야 알코올의 영향으로 난폭한 행동을 하기도 한다. 무엇보다도 폭음은 자신의 건강을 크게 위협하기에 위험하다. 많은 사람들이 알코올 남용이 많은 문제를 일으킨다는 것을 잘 알지만, 정작 자기 자신이 알코올 남용자일 경우에는 그 사실을 좀처럼 인정하지 않는다. 당신은 평소 권장되는 표준량보다 더 많이 마시고 있는가? 표준량보다 더 자주 마시고 있는가? 음주 후 자신의 행동이 공격적이거나 비합리적이지 않은가? 이런 부분을 염두에 두고 다음 질문에 솔직하게 '예' 혹은 '아니오'로 대답해 보자.

1. 술을 끊기가 대단히 어려운가?

2. 음주를 멈추면 어떤 특정한 신체적 반응들이 나타나는가?

3. 주변 사람들이 당신의 음주에 대해 크게 걱정하고 있는가?

4. 스트레스를 받으면 항상 술을 마시는가?

5. 음주를 할 수 없을 것 같은 모임에는 참석하지 않는가?

6. 술을 마시면서, 술이 깨고 나면 후회할 거라는 생각을 하는가?

7. 그냥 한잔으로 끝나는 것이 어려운가?

8. 혼자 술 마시는 것을 좋아하는가?

9. 어떤 상황을 극복하기 위해서 술이 필요하다고 느낀 적이 있는가?

10. 당신의 음주에 대해 적극적으로 제지하는 사람이 있는가?

11. 숙취를 없애기 위해 다음날 또 술을 마시는 편인가?

　　위의 질문 중 어느 하나라도 '예'라고 대답했다면, 당신은 알코올 문제를 갖고 있을 가능성이 높은 편이다. 만약 스스로 음주와 관련된 문제를 가지고 있다고 생각한다면 다음 단계를 실천해 보고, 그래도 해결되지 않으면 의사나 관련 전문가의 도움을 받기를 권한다.3

1. 변화를 위한 결심: 1단계

　　일반적으로 알코올 중독자들은 자신의 알코올 중독 가능성에 대해 제대로 인식하지 못한다. 대부분은 자신이 알코올 중독자임을 부정하고, 얼마든지 스스로 통제할 수 있다고 주장한다. 그러나 겉으로는 자신의 문제를 부인하지만, 속으로는 어느 정도 문제를 인식하고 있고 또 개선해야 한다고 느끼는 사람들이 많다. 이런 경우는 변화 의지를 가지고 있는 사례라고 할 수 있다. 알코올 의존을 치료하기 위해서는 무엇보다도 이러한 자발적 변화의 의지가 중요하므로 중독자가 가진 개선의 의지를 끌어내고 동기를 강화해 주어야만 한다.

알코올 중독자가 중독에서 탈출하도록 도울 방법으로는 제임스 프로체스카James O. Prochaska와 카를로 디클레멘트Carlo C. Di-clemente가 제시한 변화 단계 모델이 있다. 이 모델은 중독자가 가진 개선 의지와 동기 부여와 관련되어 있다. 이 변화 단계 모델은 범이론 모델transtheoretical model이라 불리기도 하는데, 보다 유익한 행동으로의 변화 과정을 기술하는 이론이다. 즉, 이 모델은 바람직하지 않은 행동에서 바람직한 것으로 이동할 때 사람들이 겪는 단계를 설명한다. 원래는 금연을 돕기 위한 맥락에서 개발되었지만, 실질적으로 모든 행동 교정에 쓰이고 있다.

이 이론에서는 행동이 바뀌는 과정을 5단계로 설명한다.4 이 모델에 의하면, 자신의 행동을 수정하고 변화하는 과정이 숙고 → 준비 → 실행 → 유지 → 재발 및 재순환의 고리로 연결되어 있는데, 이 단계별 변화를 거치면서 개선의 지속성이 확대되는 상태로 발전한다고 한다. 변화의 단계는 다음 그림과 같이 도식화할 수 있다.

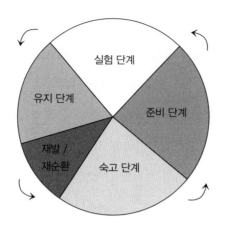

변화의 단계

숙고 단계는 중독자가 변화의 중요성을 자각하고 있어서 변화를 계획하는 단계이다. 비록 아직 행동은 없더라도 자신의 문제를 인지하고 고치려는 의지를 가지고 있는 단계이다. 그다음 준비 단계는 실제 변화를 희망하고 도움을 구하는 단계로서 금주하려는 마음을 갖는다. 실행 단계에서는 변화를 실행하고, 실제 행동을 조정하기 시작한다. 유지 단계는 달라진 행동 변화를 계속해서 유지하는 단계다. 그리고 재발 및 재순환 단계는 잘 유지하다가도 어느 순간 다시 이전 상태로 되돌아갔다가 다시 숙고 단계로 되돌아가는 사이클을 이룬다. 다시 처음 숙고 단계로 되돌아가는 재순환 단계가 암시하듯이 알코올 중독은 단번에 바꿀 수 있는 습관이 아니다. 늘 경계하고 실행하지 않으면 언제라도 예전 방식으로 되돌아가기 쉽다. 무엇보다도 동기부여가 중요한 단계라고 할 수 있다.

(1) 습관 바꾸기의 이점과 대가 저울질하기

습관을 바꾸고자 하는 자신의 동기가 과연 성공으로 마무리될지 진지하게 생각해 보라. 습관을 바꿀 경우 그 이점(장점)이 무엇이고, 치러야 할 대가(불이익)가 무엇인지 다음 표에 따라 작성해 보자.

	이점(장점)	대가(불이익)
바꿀 때	☺	
바꾸지 않을 때		☺

표를 작성해 보면 왜 습관을 바꾸어야 하는지 이유를 알 수 있게 된다. 습관을 바꾸었을 때와 바꾸지 않았을 때의 이점과 대가는 서로 정반대일 경우가 일반적이다. 스마일(☺) 칸에는 습관을 바꾸는 데 동기 부여가 될 만한 내용들을 포함할 것이다. 만약 습관을 바꾸었을 때 생길 만한 매력적인 이점이 많고, 반대로 바꾸지 않았을 때 치러야 할 대가가 무척 크다면, 습관을 바꿀 가능성은 높아진다. 이때 혹시 고려하지 못한 요인들이 없는지 주위 사람들에게 물어 보아야 좋다.

물론 습관을 바꾸고자 하는 동기는 바꾸었을 때의 이점 요인과 바꾸지 않았을 때의 대가 요인의 차이에 의해서 생기는 것은 아니다. 개개인마다 가중치를 두는 요인이 다르기 때문이다. 습관을 바꾸지 않았을 때 치러야 할 대가 요인이 단 하나일지라도 감당하기 매우 어려운 것이라면 습관을 바꾸기가 어려울 것이다. 따라서 각각 확인된 이점과 대가 요인의 가중치를 고려하여 습관을 바꿀 것인지 안 바꿀 것인지 저울질해 보아야 한다. 이때 습관을 바꿀 방법이 있는지, 습관을 바꾸는 데 도움이 되는 요인의 가중치를 높이기 위해 필요한 정보가 무엇인지를 생각해 보는 것이 좋다. 다음 사례를 보자.

〈사례〉

손○○씨는 하루에 담배 한 갑을 피우는 31세의 기혼 여성이다. 손○○씨에게는 어린 자녀가 두 명 있다. 그녀가 흡연을 즐기는 이유는 생활 속 스트레스를 해소하는 데 도움이 된다고 믿기 때문이다. 그녀의 친구들 또한 흡연자가 많아서 같이 어울려서 흡연하는 경우가 많다. 물론 손○○씨는 흡연이 건강에 나쁘다는 것을 잘 알고 있다. 최근에는 흡연력 있는 가족이 폐암 진단을 받은 터라 요즘 들어 담배를 끊고 싶다는 욕구가 강하게 든다. 이런 노력은 과거에도 시도해 보았지만, 번번이 실패하고 말았다.

손○○씨가 작성한 습관을 바꿀 때의 이점과 대가를 정리해 보면 아래와 같다.

	이점(장점)	대가(불이익)
바꿀 때	☺ · 건강 개선 · 숨 가쁜 증상 완화 – 운동을 시작할 수 있음 · 담배 연기를 마시지 않아도 됨 · 담뱃값 절약 · 자녀들과 남편이 끊기를 간절히 바람	· 흡연 욕구를 다스려야 함 · 친구들과 즐기던 담배의 사회적 기능 상실 · 흡연을 통한 스트레스 해소 기회 상실 · 금연으로 인한 스트레스 증가
바꾸지 않을 때	· 끊기 위한 노력을 할 필요가 없음 · 흡연 친구들과 함께 여유로운 시간을 보냄	☺ · 자녀의 건강에 영향을 미침 · 자녀가 흡연할 가능성이 높고 흡연이 좋다고 생각할 수도 있음(모방학습) · 흡연으로 인한 남편과의 불화 · 건강 악화

　　손○○씨는 표를 작성한 후 습관을 바꿀 때(담배를 끊을 때)의 이점과 바꾸지 않을 때(담배를 계속 피울 때)의 대가를 보고 담배를 끊어야겠다는 강한 동기를 갖게 되었다. 무엇보다도 중요한 것은 자녀들에게 미칠 영향이었다. 그녀는 부모의 흡연이 자녀의 건강에 부정적 영향을 미치고, 이후 자녀가 흡연할 가능성이 커진다는 정보를 접하면서 담배를 끊어야겠다는 강한 동기를 갖게 되었다.

　　한편, 그녀는 습관을 바꾸지 않을 때의 이점과 바꿀 때의 대가를 보고 담배를 끊는 것이 망설여지기도 했다. 특히 스트레스를 해소하는 데 담배가 도움이 되었기에 금연하면 스트레스를 받을 것이라는 걱정이 크다. 이러한 손○○씨에게 동기를 부여하기 위해 실제 그녀가 가지고 있는 염려가 과연 사실인지 아닌지 조사했다. 그 결과 손○○씨가 금연하게 하려면 흡연 외에 다른 방법으로도 일상의 스트레스를 해소할 수 있다는 믿음을 주어야 한다는 결론에 도달하였다.

손○○씨는 요가를 시작하였고, 요가를 통해서도 스트레스가 충분히 해소된다는 것을 깨닫게 된다. 그리하여 금연을 실천하면서 요가를 규칙적으로 하기 시작했고, 가사와 육아에서 오는 스트레스를 줄이기 위해서 남편에게 가사 분담을 요청하였다. 금연과 더불어 잃어버리게 될 사회적 모임에 대한 걱정 역시 깨끗이 해소되었다. 친구들과 흡연하지 않으면서도 모두가 즐길 방법에 대해 이야기하게 되었고, 그중 일부는 함께 금연을 시도하기로 결심한 것이다.

(2) 변화에 관한 자신의 생각 검토하기

CBT에서는 사고의 중요성과 사고가 정서와 행동에 미치는 영향을 강조한다. 물론 중독을 해결하는 여러 가지 행동 기법들은 CBT에만 국한되지는 않는다. 그러나 이 모든 기법에 공통적인 요소가 존재하는데, 그것은 새로운 습관을 만들어야 할 때 사람들이 보이는 부정적인 태도이다. 자신이 과연 중독을 끊어낼 수 있을지, 스스로의 능력과 개선의 여지에 대해 의심하고 부정하는 것이다. 그리고 더러는 이런 부정적인 사고를 하고 있다는 것을 인식하지 못하는 사람들도 있다. 그러므로 자신이 가지고 있을지도 모를 부정적 사고를 먼저 규명하고 새로운 습관을 위한 행동을 계획하는 것이 좋다. 두 번째 사례를 보자.

〈사례〉

윤ㅁㅁ씨는 절박하게 다이어트에 매달린다. 몸매가 이쁘지 않
으니 자존감도 낮아지고, 평균 이상의 몸무게 때문에 건강도 그리
좋지 않은 거라는 생각이 자꾸 든다. 자존감이 낮아지면서 사회생
활과 인간관계도 부담스럽다. 남편과의 친밀한 관계도 부쩍 어렵
게만 느껴진다. 과체중이라 조금만 움직여도 숨이 가쁘고, 최근에
는 당뇨 증상까지 생겨났다. 이제 윤ㅁㅁ씨의 머릿속에는 오직 몸
무게를 줄여야 한다는 생각뿐이다. 체중 감량을 결심하고 나서 가
장 먼저 식단부터 바꾸었다. 과일과 야채 위주의 식단을 시작하고
일주일에 두 번 수영장에 갔다. 출발은 순조로웠다. 그러다 아이
들을 챙기느라 시간에 쫓기게 되면 음식을 시켜 먹거나 간단한 인
스턴트로 끼니를 때우기 일쑤였다. 체중 감량에 절대 좋을 리 없는
이런 습관을 바꿔야 한다는 것을 잘 알고 있기에, 반드시 식습관부
터 먼저 바꾸어야 한다고 생각했다. 음식에 대한 자신의 태도나 생
각을 되돌아보고 나니, 다음과 같은 패턴이 있음을 알게 되었다.

· 사고: 배가 고프다. 당장 치킨을 배달시키고 싶다.
· 사고: 안 된다. 그러면 살이 더 찔 게 분명하다. 어렸을 적 엄마가
　　　　늘 하던 말처럼 나는 뚱뚱하고 보기 흉한 게으름뱅이다.
· 정서: 죄책감, 슬픔, 수치심이 든다.
· 행동: 부정적 사고와 어렸을 적 기억이 떠나질 않는다.
· 사고: 내가 어렸을 때 엄마는 이런 음식을 먹으면 옆에서 잔소

리를 했다. 그건 공평하지 않다. 다른 사람은 자기가 좋아
하는 걸 먹을 수 있는데, 나만 그럴 수 없었다.

· 정서: 분노
· 행동: 치킨과 피자를 시켜서 먹는다.

　윤□□씨는 이러한 패턴이 죄책감, 수치심, 분노의 악순환이 되
어 자신이 원하지 않는 방식으로 행동하는 결과를 낳고, 그 행동 때
문에 기분이 더 나빠진다는 것을 깨달았다. 즉, 죄책감을 느끼면서
도 다시 그 죄책감에 도전하는 자기 비판적 사고를 인식하게 된 것
이다. 자신의 부정적 사고가 가져오는 악순환의 원인을 깨닫게 되자
그때부터 다른 방식으로 자신의 상황을 살펴보는 여유가 생겨나기
시작했다. 그러면서 윤□□씨는 그동안 나름대로 열심히 노력해왔
고, 남편은 자기 외모에 상관없이 늘 사랑해 주었으며, 아이들도 엄
마를 이해하고 응원한다는 것을 인식하게 되었다.

　윤□□씨는 여기서 멈추지 않고 긍정적 사고를 강화하기 위해
서 스스로 증거들을 모으기 시작했다. 여기서 자기 비판적 사고에
도전한다는 것은 건강에 안 좋은 음식을 폭식하게 만드는 과거의 경
험이 더 이상 현재의 선택에 영향을 미치지 못하도록 하는 것이었
다. 자신에게 더 친절하게 대하고, 타인 때문이 아니라 내가 원하기
때문에 다른 식단을 선택한다는 사실에 집중하게 되자, 새로운 식단
이 어렵게 느껴지지 않기 시작했다. 그 결과, 비로소 과거에서부터
되풀이되던 낡은 패턴에서 벗어날 수 있게 되었다.

윤□□의 사례에서 보듯이, 자신에게 바람직한 선택을 실제 행동에 옮기기 어려운 이유는 대체로 과거의 사고, 정서 그리고 행동의 패턴 때문이다. 그러므로 실천을 가로막는 사고와 정서 및 행동을 찾아내어 그것을 바꾸기 위해 노력해야 새로운 습관을 만들 수 있다.

부정적이고 자동적인 사고는 자신의 변화 능력에도 영향을 미칠 수 있다. 앞서 언급한 손○○씨의 금연 노력에서 보듯이, 처음에는 금연을 실천한다고 해도 스트레스를 해소할 다른 방법이 없을 거라고 부정적으로 생각했다. 이런 생각 때문에 금연 시도는 쉽지 않았다. 이때 유효한 전략은 자신이 가진 부정적 신념을 시험해 보는 것이다. 구체적으로는 흡연을 대신할 만한 다른 노력, 즉 요가 운동을 예비적으로 시도해 본 것이다. 그 결과 자신의 부정적 사고를 바꿀 수 있고 금연이라는 새로운 습관을 만드는 데 더 많은 노력을 기울일 수 있게 된 것이다.

2. 당신의 적을 알기: 2단계

습관은 자동이어서 매일 아무 생각 없이 일정한 행동을 하지만, 왜 꼭 그렇게 하는지 이유를 모를 때가 많다. 예를 들어, 불안하거나 스트레스를 받을 때 혹은 지루하거나 주의가 흐트러졌을 때 반사적으로 손톱을 물어뜯는 사람들이 있다. 이런 나쁜 습관을 고치려면 가장 먼저 자동으로 이루어지는 나쁜 습관에 대해서 질문을 던져야 한다.

(1) 자신의 습관을 이해하고 점검하기

습관을 바꾸기 위해서 스스로 다음과 같은 질문을 던져본다.

- 그런 행동을 언제 하는가?
- 그런 행동을 얼마나 자주 하는가?
- 그런 행동을 일으키는 원인이 무엇인가?

(2) 더 많이 알아차리기

습관이라는 자동조종장치는 때때로 아주 유용한 정신적 환경이다. 하지만 습관을 바꾸려 할 때는 이 자동적 발생이 걸림돌이 된다. 방법은 한가지 뿐이다. 자동장치처럼 작동하는 나 자신의 습관을 더 의식적으로 살피고 자각함으로써 수동장치로 바꾸는 것이다. 이를 위해서는 시간과 연습이 필요하다. 몇 가지 팁을 소개하자면 다음과 같다.

- 매일 스스로 자신의 습관을 조심하라고 상기시킨다.
- 자신에게 메모를 쓰고 그것을 정기적으로 볼 수 있는 곳에 둔다.
- 주위 사람들에게 자신을 상기시켜 달라고 부탁한다.
- 습관을 인식하는 데 도움이 되는 것들을 적어 둔다.

(3) 습관 일기 쓰기

자신도 모르게 습관적으로 하는 일들을 알아차리는 데 도움이 되는 것이 습관 일기이다. 매일 습관적으로 무언가를 할 때, 그 순간을 놓치지 말고 주목한다. 습관에 빠져들고 싶은 충동을 찾아내고, 실제로 언제 그런 일을 하는지 살펴본다. 그리고 그런 습관적 행동을 촉발시킨 요인, 즉 그 당시의 행동과 사고 혹은 감정은 무엇인지 확인한다.

이러한 정보는 습관이 어떻게 일어나는지 자각하는 데 유용하며, 습관을 바꾸기 위한 계획을 세울 때 특별히 신중해야 할 시간이나 상황을 파악하는 데 도움이 된다. 자신의 습관과 관련된 정보라고 생각되는 것은 남김없이 기록하라. 중요한 것은 습관에 빠진 자신을 발견할 때마다 습관 일기장에 적는 것이다. 우리가 알지도 못하는 사이에 일어나는 습관 자체를 기록하는 일이기에 연습과 규칙이 필요하다.

열 살인 민수는 아기 때부터 엄지손가락을 빨았다. 지금도 가끔씩 오른손 엄지손가락을 빤다. 그러다 보니 오른쪽 엄지손가락이 왼쪽 엄지손가락보다 작고 모양도 이상해졌다. 자주 빨 때는 살짝 아프기도 하다. 민수가 엄지손가락을 빠는 것을 본 친구들은 민수를 아기라고 놀려댄다. 민수는 이제 엄지손가락을 빠는 나쁜 습관을 고치고 싶다. 이런 민수에게 도움이 된 것은 습관 일기였다.

첫 주 동안 습관 일기를 썼더니 엄지손가락 빠는 습관에 몇 가지 패턴이 있음을 확인할 수 있었다. 지루하거나 쓸데없는 공상을 할 때, 화가 나거나 불안할 때, 기분이 안 좋을 때 자기도 모르게 입으로 손가락을 가져갔다. 대신 흥미로운 활동을 하거나 기분이 좋을 때는 손가락을 빨지 않는다는 것도 알아냈다. 이런 자기 모니터링을 통해서 민수는 나쁜 습관을 바꾸는 데 필요한 계획을 세울 수가 있었다. 이처럼 언제, 어떻게 자기도 모르게 나쁜 습관에 빠져드는지 확인할 수 있는 것이 습관 일기와 같은 자기 모니터링이다.

(4) 다른 사람의 관점 알아보기

자기도 모르게 키운 나쁜 습관을 더 잘 파악하기 위해서 주변 사람들의 견해를 물어보는 것도 도움이 된다. 주변 사람들이 알고 있는 나의 나쁜 습관은 무엇인지, 그리고 그들은 내 습관의 원인이 무엇이라고 생각하는지에 대해서 물어보라. 타인의 관점에서 더 잘 보일 수도 있기 때문이다. 또한 내가 모르는 습관을 지적해 줄 수도 있다. 그러므로 주변의 의견을 구하고 그들의 도움을 적극적으로 활용하라.

3. 습관을 바꾸기: 3단계

나쁜 습관을 바꾸기로 결심하고 그 습관을 바꾸는 데 방해가 되는 요소가 무엇인지 확인했다면, 이제는 실제로 습관을 바꾸어야 한다. 당신의 습관을 바꾸기 위해서는 실행 역시 체계적이고 지속적이어야 한다. 그러므로 실행 계획서를 만들어서 실천해 보자. 실행 계획을 세울 때 고려해야 할 요소는 다음과 같다.[3]

(1) 한 단계씩 실천한다

새해 첫날에 세우는 계획들은 대개 거창한 것들이 많다. 금연, 금주, 운동 등을 계획하지만 처음부터 무리하게 추진하다 보면 얼마 못 가서 포기하고 만다. 구체적인 실행을 위해서는 한 번에 한 가지 목표를 세우고 집중해야 한다. 아주 작은 습관도 고치려면 시간과 노력이 필요하다. 하나의 습관을 여러 부분으로 세분해서 작은 부분 하나씩 바꾸려고 노력해 보라. 바꾸고 싶은 습관을 정했다면 언제, 어떻게 실천할 것인지 충분히 생각하고 계획을 세워야 한다. 작은 것부터 시작하라.

(2) 현실적이어야 한다

인간은 누구나 건강하게 살고 싶어 한다. 인내심도 더 있었으면 한다. 또한 자기가 하는 일을 잘하고 싶어 한다. 그런데 이러한 목적을 이루는 데 방해가 되는 습관을 누구나 하나씩은 가지고 있다. 한 번에 한 가지 습관을 바꾸는 걸 목표해야 하지만, 그 목표는 현실적이고 성취 가능한 것이어야만 한다.

목표가 현실적이면 성공할 가능성이 크지만, 너무 완벽하고 거창한 목표를 설정하면 실패할 가능성이 크다. 당장 내일부터 금연하겠다고 결심하거나, 기름진 음식은 아예 먹지 않겠다고 선언하거나, 주말을 제외한 평일에는 매일 운동을 하겠다고 목표를 세우는 일은 오래지 않아 실패할 확률이 아주 높다. 어떤 목표이든 조금씩, 꾸준하게 실천해야 실현 가능성이 커진다는 것을 명심하자.

(3) 바꾸고자 하는 것이 무엇인지 명료히 하라

바꾸고자 하는 습관의 내용과 개선의 목표가 어디까지인지 분명히 하기 위해서 자가-모니터링을 통해 배운 것을 활용하라. 흡연, 손톱 깨물기, 물건 정리 안 하기와 같은 습관은 개선의 목표가 명확한 편이다. 그러나 잔소리 줄이기, 논쟁 피하기와 같은 습관들은 대인관계에서 나타나는 것이어서 그 원인과 특징을 선명하게 인지하지 못할 수가 있다. 그러므로 개선하고 싶은 내용은 매우 구체적이고 명확하게 만들어야 한다.

(4) 일정을 짜라

습관을 바꾸는 데 동기부여는 아주 중요하다. 내가 이 습관을 바꾸었을 때 기대되는 긍정적인 면을 부각하고 상상하다 보면 변화를 위한 노력에 활력이 생길 것이다. 언제 변화가 시작될지 시기를 정하고 예상해 보라. 주변 사람들에게 자신이 무엇을 계획하고 있는지를 알려라. 그러면 사람들의 기대에 부응하기 위해서 더욱더 노력하게 된다. 언제까지 목표를 이루겠다는 계획이 생기면 예상되는 목표 달성 시기를 생각만 해도 마음이 설렐 것이다.

(5) 코끼리는 절대 잊지 않는다는 것을 기억하라

미국 속담에 '코끼리는 절대 잊지 않는다Elephant never forget' 라는 말이 있다. 실제로 코끼리들은 영리한 동물이어서 수십 년 전에 만난 사람이나, 한 번 가본 길은 절대 잊지 않을 만큼 기억력이 뛰어나다고 한다. 그러나 당신은 코끼리가 아니다. 그러므로 자신이 실천하고 있는 일의 이유가 무엇인지 계속해서 기억할 필요가 있다. 그 방법을 찾아야 한다. 앞에서 언급한 변화의 이점과 대가를 기억하는가? 당신의 습관을 바꾸기 위해 노력해야 하는 이유와 목표를 모두 적어 화장실 문, 거울, 혹은 컴퓨터 모니터 등 눈에 잘 띄는 곳에 붙여 두어라. 그러면 하루에도 여러 번 그것을 상기하게 될 것이다.

(6) 위험한 시간대를 조심하라

습관 일기를 쓰다 보면 내가 습관적으로 하던 행동이 일어나는 특정한 시간대가 있다는 것을 알 수 있다. 앞서 민수가 지루하거나 공상에 잠길 때 주로 손가락을 빨기 시작한 것처럼 자신에게 위험한 시간대를 기억하고 나쁜 습관에서 자기 자신을 지켜야 한다. 왜냐하면 습관은 여건만 갖추어지면 자동으로 작동하는 기계와 같기 때문이다. 그 스위치를 꺼야 한다. 동기 요인을 찾아서 제거하고, 다른 활동을 할 만한 요인을 찾아야 한다. 민수는 지루해지거나 피곤해지면 얼른 왼손으로 오른손을 잡았다. 또는 손에 말랑한 공을 쥐고 있다가 엄지손가락을 빨고 싶은 욕구가 생기면 공을 주물렀다. 결과는 효과적이었다. 언제 습관이 촉발될지 예측할 수는 없지만, 그런 상황에서 우리 자신이 예전 습관으로 돌아가지 못하도록 나를 훈련시키는 것은 얼마든지 가능하다. 연습과 반복만이 습관을 바꿀 수 있다.

(7) 자신을 칭찬하라

습관 변화를 위한 계획표를 만들 때는 각각의 작은 단계를 성취할 때마다 자신을 칭찬할 수 있는 방법까지 구체적으로 표시한다. 좋아하는 음식, 작은 선물, TV나 영화 보기, 책 읽기, 사우나하기 등 스스로 대접받는다고 느끼는 일이라면 무엇이든 좋다. 욕심내서 자신을 채찍질하지 말고 작은 성취에도 자신을 자랑스러워해야 한다. 당신은 지금 바람직한 일을 하고 있으니 칭찬받아 마땅하다. 스스로 그렇게 말하고 대접하라.

(8) 부정적 사고를 조심하라

습관을 고치고자 하는 노력에 방해되는 것은 부정적인 사고이다. 미리부터 포기하고 멈추려고 하는 태도가 당신의 발목을 잡지 않도록 조심해야 한다. 이런 태도는 습관만큼이나 자동으로 생겨난다. '나는 결코 이것을 할 수 없을 거야. 이건 너무 어려워. 난 전에도 항상 실패했었어.'라고 스스로에게 말하는 것은 목표를 달성하는 데 전혀 도움이 되지 않는다.

당신의 마음속에 이러한 부정적 사고가 고개를 들기 시작하면 그냥 무시하고 흘려보내라. 대신 습관을 바꾸려고 노력하는 자기 자신의 모습을 그려보라. 변화된 내 모습을 상상하고 그 모습에 놀라게 될 가족과 주변 사람들의 반응을 상상해 보라.

성공할 거라고 믿지 않던 사람들이 변화된 당신의 모습을 보면 어떻게 반응할까? 아마 당신을 새롭게 평가할 것이다. 그런 미래의 모습을 그려보면서 자신에게 말하라.

"나는 이제 흡연자가 아니야.""나는 이제 날씬하고 건강한 사람이야."

나에게 미래 자신의 모습을 말해주면 실제 그렇게 될 확률이 높아진다. 이런 메모를 적어서 눈에 잘 띄는 곳에 붙여 놓고 볼 때마다 큰 소리로 읽어본다. 스스로 그렇다고 말하는 자, 성취할 것이다.

(9) 지지를 요청하라

습관을 바꾸고 변화하고 싶을 때 주변 사람의 도움을 요청하라. 나 혼자의 노력만으로는 힘들 수 있다. 나를 이해하는 가족과 친구들에게 당신의 목표를 말하고 당신에게 필요한 구체적인 도움을 요청하라. 더불어 하지 말아야 할 부분도 미리 알려준 다음, 당신의 노력에 어려움이 없게 하라. 잘할 때는 칭찬을, 힘들어할 때는 용기를 줄 수 있는 사람들은 당신의 변화에 든든한 지원군들이다.

(10) 일이 가능하도록 조정하라

나쁜 습관에 익숙한 내 몸의 활동을 보다 건강한 활동으로 대체하라. 무언가를 할퀴고, 잡아당기고, 어지럽힌다면 그런 일을 하려는 내 손에 공을 쥐여주던가, 책을 집어 들어라. 아니면 밖으로 나가서 걸어도 좋을 것이다. 인스턴트를 집어 들려고 하면 더 건강한 음식 재료로 고개를 돌리고, 주류 코너를 지나갈 때면 걸음을 빨리 해서 지나가는 식으로 구체적으로 일상의 동작에 변화를 주자. 아무

것도 하지 않고 다시 옛날의 습관으로 돌아가는 것보다 다른 행동으로 대체하는 것이 백배 더 이롭고 유익하다.

실 패 와   실 수 에   대 처 하 기
세상에 완벽한 사람은 없다

    오래된 나쁜 습관을 고치거나 새로운 습관을 만드는 것은 참 어려운 일이다. 그러므로 습관을 고치는 일은 실패나 실수가 뒤따를 수 있다는 점을 처음부터 인정하고 시작해야 한다. 그래야 실패나 실수를 하더라도 자기를 비판하거나 절망감에 빠지지 않을 수 있다. 그렇지 않으면 쉽게 포기하고 원점으로 돌아가게 된다. 실패나 실수를 하더라도 그 과정에서 분명 배우고 얻는 것이 있다. 다시 말하면 실패나 실수도 학습과 성취의 한 과정이라는 점이다.

    지금까지 성취한 것을 (비록 그 성취가 미미한 것이라 하더라도)기억하라. 그리고 다시 시작하라. 무엇이 실수였고, 무엇이 실패하게 만들었는지 살펴보고, 이에 대한 자신의 감정과 생각을 들여다보고 학습하라. 그런 다음 실수를 줄일 수 있는 새로운 계획을 수립하라. 실패를 통해 배운 지식을 바탕으로 더 성공 가능한 계획을 만들 수 있다. 실패나 실수는 그것으로부터 배우지 않으면 그냥 문제로 남지만, 무언가를 배우면 성공의 거름이 된다.

8장

악순환의 고리를 끊는 8가지 방법
오늘의 내가 만드는 내일의 나

지금 당신이 가는 길에

장애물이 하나도 없다면,

그 끝에는 아무것도 없을 것이다.

_프랭크 A. 클락크 Frank A. Clark,
미국의 정치가이자 변호사

지금까지의 여정을 통해 자신과 타인 그리고 세상을 바라보는 태도에 새로운 변화가 있다면 잠시나마 스스로를 축하하자. 물론 이제까지 우리가 지녀왔던 부정적 생각과 태도는 언제든지 세상 밖으로 고개를 내밀 수 있다. 한 번 이상 우울증을 앓았던 사람은 다시 우울증을 경험할 가능성이 크다. 우울증뿐만 아니라 다른 심리적인 문제들도 마찬가지다. 일시적으로 감정과 정서 상태가 호전되더라도 과거의 행동 방식은 하루아침에 개선되지 않을 것이다.

재발과 좌절은 흔한 일이다. 그러니 예측하고 자존감이 상하지 않도록 노력하자. 이미 당신은 새로운 관점의 가능성을 엿보았다. 그것은 축하할 만한 일이고 스스로 자랑스러워해도 좋을 일이다. 그 이후가 중요하다. 왜 과거의 행동으로 돌아가는지, 왜 그런 일이 생기는지, 이런 반복을 멈추기 위해서는 무엇을 해야 하는지 생각하는 것이 이제부터 당신이 할 일이다.

현대인이 집착하는 단어가 다이어트, 운동, 건강한 식단인 것처럼 많은 사람이 건강에 관심이 많다. 그런데 이런 육체적 건강에 비해 정신 건강에 대한 관심은 상대적으로 낮은 편이다. 정신적인 웰빙well-being은 정서적 문제가 생기기 전까지는 그 중요성을 깨닫기가 어렵다. 정신건강은 건강한 육체를 위한 다이어트만큼이나 중요하고 또 다이어트만큼이나 어렵다. 조금만 방심하면 예전의 방식으로 돌아가기 때문이다. 정말로 다이어트에 성공하고자 한다면 식단을 영구적으로 바꾸어야 하듯이 정신건강도 마찬가지다. 자신의 태도와 생각을 완전히 바꾸어야만 한다.

정신건강의 회복탄력성을 높이고 이것이 지속되도록 하는데 다음과 같은 유용한 아이디어들이 있다.[1] 자신의 상황에 맞도록 유용하게 적용해 보기 바란다.

꾸준함의 힘

좋은 습관 유지하기

성공한 사람을 보면 좋은 습관을 가지고 있다. 이보다 더 중요한 것은 그들은 그런 습관을 계속해서 지켜 나가려고 노력한다는 점이다. 좋은 습관이 우리를 성공으로 이끌도록 하려면 좋은 습관이 지속되도록 해야 한다. 처음에는 우리가 습관을 만들지만, 나중에는 습관이 저절로 우리를 만들기 때문이다. 흔히 말하길, 사람은 운명을 만들고, 습관은 사람을 만든다고 한다. 우리가 하는 모든 행동은 습관의 결과다. 인간은 반복해서 하는 행동을 닮아가기 때문이다.

좋은 습관도 있고, 나쁜 습관도 있다. 좋은 습관은 우리 안에 평안과 기쁨, 활력을 불어넣어 주지만, 나쁜 습관은 평안과 기쁨을 빼앗아간다. 미국 기독교 서적 베스트셀러 작가인 조이스 마이어Joyce Meyer는 그의 저서에서 '습관을 바꾸면 삶이 바뀐다'라고 하였다.[2]

당신에게도 '아, 이것만은 꼭 고치고 싶다!'고 하는 습관이 있을 것이다. 몇 분, 몇 시간의 '변화의 고통'을 피하려 수십 년을 불행, 실패, 죄책감에 시달릴 필요가 없다. 좋은 습관을 만들면 그만이다. 당신은 어떤 습관을 새롭게 만들고 싶은가?

좋은 습관을 만들고 유지하기 위해서는 무엇보다 꾸준함이 중요하다. 꾸준함을 유지하려면 재미있고 실천하기 쉬운 습관부터 시작해야 한다. 아무리 내게 좋은 습관이라도 만드는 과정이 지루하고 재미없다면 중도에 포기하기 쉽다. 주 단위로 활동 스케줄을 짠다고 할 때, 중간 중간에 재미나 성취감을 느낄 수 있는 활동을 추가시켜 보자. 이런 전략은 스트레스나 지루함에 덜 취약하다. 혹시라도 계획한 스케줄에서 이탈하더라도 다시 본 궤도로 돌아오는 회복탄력성이 좋아지기 때문이다. 이때 주의할 점은 한 번에 한가지 목표를 정해서 변화를 시도하는 것이다. 한 가지 목표가 성공할 때마다 스스로 축하하고, 실패하더라도 재빨리 실망감을 털어내고 다시 시작하면 된다. 계속해서 전진해야 한다. 누구나 좋은 습관을 기르고 나쁜 습관을 끊을 수 있다. 그러니 지금 결심하고 당장 시작하라.

전 화 위 복 의 태 도
나를 위로하는 능력 키우기

감정에는 기복이 있다. 기분 좋은 날이 있고, 우울한 날도 있다. 지극히 정상적인 일이다. 이유가 분명한 때도 있지만, 이유 없이 우울한 날도 많다. 과거 우울했던 경험과 정서적 불만 상태가 현재의 감정 변화를 심각하게 만들 수도 있다. 과거의 부정적 생각 때문이다. 과거 경험에서 발생하는 이런 태도는 소극적인 현실 회피로 발전한다. 그 결과 부정적인 생각은 강화되고, 그에 따른 행동을 촉발하며, 이 악순환이 계속된다.

우울한 기분이 든다고 해서 당황하지 말고 반성의 기회로 삼으면 된다. 우울한 기분은 더러는 성장을 위해 꼭 필요한 동력이 된다. 영화 「인사이드 아웃」은 인간에게는 우울감을 포함해 여러 가지 감정이 필요하다는 것을 보여준다. 우울감이 반드시 불필요한 감정인 것은 아니다. 오히려 미래의 행복을 위해 없어서는 안 될 감정이기도 하다.

자신이 우울하다는 감정을 잘 표현하지 못하는 사람들이 있다. 우울해하면 큰일이라도 나는 것처럼 생각하기 때문이다. 그러나 이런 태도는 건강하지 못한 태도다. 우울한 감정을 받아들이지 못하는 마음은 미래에 더 큰 심리적 역경을 당할 수 있으므로 그럴 때는 전화위복轉禍爲福의 태도를 기억하길 바란다.

치료보다 중요한 예방

초기 경고 징후 알아차리기

우울증을 비롯하여 정신적으로 힘든 시기에서 벗어나면 과거는 되돌아보고 싶어 하지 않는다. 이제부터는 좋은 일만 있을 거라고 기대하기 때문이다. 그런데 과거에 무슨 일이 있었는지 되돌아보고 배우지 않으면 같은 일이 재발할 수 있다는 사실을 잊지 말자. 부정적인 정서를 경험했을 때의 상황, 어떤 감정을 느끼게 되었는지, 무엇을 포기하고 무엇을 시작했는지, 주변 사람들은 어떤 반응을 보였는지에 대해서 다각도로 되돌아보아야만 한다.

혼자서는 다 복기할 수 없을 수도 있다. 그러니 주변 사람들에게 도움을 청하고 그들의 의견과 평가에 귀 기울여 보라. 앞으로 어떤 상황을 조심해야 하는지, 다시 우울증에 빠질 만한 초기 징후가 보이면 어떻게 해야 하는지에 대해서 대비하고 계획을 세워야만 한다. 문제는 커지기 전에 예방하는 게 중요하다. 자꾸 과거 속에 숨으려는 본능을 통제하고 미리 차단해야만 한다. 이때도 자신을 이해하는 지인들의 도움이 필요하다.

만약 당신 주변에 이러한 문제를 겪고 있는 사람이 있다면, 그들이 보이는 심리적 증상(짜증, 무기력, 약속 지키지 않음 등)을 비난하기 전에 그들의 이야기에 귀 기울여 보라. 세심한 배려로 그의 어려움을 충분히 들어주고 이해하고 공감하며 격려해 주어야 한다. 섣부른 충고는 금물이다. 상대방이 자신의 감정을 충분히 표현할 수 있도록 열린 마음을 보여주는 것이 중요하다. 증상이 심하다고 판단될 경우, 또 자살에 대해서 언급하거나 자살의 위험이 감지되면 즉시 심리상담사 혹은 전문의사의 상담과 치료를 받도록 인도해야 한다.

실 패 와 좌 절 에 서 배 우 기
노력은 그냥 사라지지 않는다

심리적 문제를 회복하는 여정은 길고도 험하다. 노력해도 실패와 좌절이 있을 수 있음을 인정하라. 아무리 힘들어도 이제까지 배우고 학습한 것을 되돌릴 수는 없다. '역경'을 거꾸로 읽으면 '경력'이 되듯이, 그 당시엔 힘들었더라도 그 역경을 헤쳐나가려고 노력한 경험이 앞으로 살아가는 데에 큰 경력이 될 수 있다.

성공은 어려움이나 실패가 없는 상태가 아니라 역경과 시련을 극복해 낸 상태를 말한다. 따라서 실패와 좌절을 학습의 기회로 삼는다면 성공의 밑거름이 될 것이다. 노력은 그냥 사라지지 않는다는 것을 믿어야만 한다. 그러니 섣불리 실패를 예단하지 말라. 실패가 저만치 있더라도 무엇이 잘못되었는지를 살피고 학습하라. 그것만이 유일한 성공의 방정식이기 때문이다.

한겨울을 견디고 피어나는 매화나 동백이 더 아름답게 느껴지는 이유는 시련을 겪고 꽃을 피웠기 때문일 것이다. 우리가 겪는 불면증, 불안, 우울증, 외로움, 분노, 스트레스, 트라우마, 나쁜 습관 등의 시련을 새로운 나로 단련시키는 계기로 삼기를 바란다.

마음챙김 명상
명상이 가져다주는 평온

앞서 4장에서 설명한 것처럼 마음챙김mindfulness과 같은 명상은 각종 스트레스와 불안, 우울증을 완화하는 데에 큰 도움이 된다. 명상은 본래 불교나 힌두교에서 마음을 다스리기 위한 수행 방법으로 시작되었으나 이제는 종교적 입장을 떠나서 누구나 쉽게 접근할수 있는 정신수련 방법이 되었다. 연구 결과에 따르면, 명상은 스트레스를 완화하고 만성통증과 공황장애를 비롯해 불안장애와 우울증 같은 심리적 장애를 치료하는 데에도 효과가 큰 것으로 나타났다.

명상은 수행 방법에 따라 크게 집중명상과 관찰명상이 있다.3 사마타samatha라 불리는 집중명상은 의식을 지속적으로 한곳에 집중하는 방법으로서 흔들리지 않는 평온한 마음 상태를 경험하고 계발하는 것을 목표로 한다. 만다라 명상이나 참선이 여기에 속한다.

위빠사나vipassana라 불리는 관찰명상은 지금, 이 순간, 이곳에서 일어나는 감각과 느낌에 마음을 열고 판단을 미룬 채 고요히 살피는 것이다. 즉, 관찰명상은 변화하는 의식과 현상에 집중하여 있

는 그대로 바라보고 살피는 방법으로서 흔히 마음챙김 명상이라고
도 부른다.

　마음챙김 명상의 주된 특징은 몸과 마음에서 일어나는 감각의
변화와 경험을 있는 그대로 관찰하는 것이다. 전적으로 수동적이고
수용적인 이 명상은 마음속에서 일어나는 일에 대해서 어떤 의미를
부여하거나 해석하고 판단하지 않는다. 마음챙김 명상의 궁극적 목
적은 생각은 단지 생각일 뿐, 그 생각이 나 자신도 아니고 그 어떤
실제도 아니라는 것을 깨닫는 데 있다. 주변에서 경험이 풍부한 전
문가의 도움을 받아 꾸준히 실천하기를 추천한다.

학습된 무기력
부정적 생각에 문제 제기하기

자기 자신, 타인 그리고 세상에 대한 부정적 신념(생각, 견해)이 어떻게 우울이나 불안과 같은 정신건강 문제를 발생시키는지에 대해서 살펴보았다. 다시 간략하게 정리해 보자면, 인간의 감정과 정신 건강에서 핵심은 부정적인 생각을 거두는 것이다. 그리고 이런 작업은 꾸준히 반복적으로 수행해야 한다. 단 한 번의 실천으로 부정적인 생각과 태도를 없앨 수는 없다. 부정적인 생각은 언제든지 되살아나 나의 자존감을 해치고 불행한 순간을 떠올리게 해 고통스럽게 한다. 그러므로 부정적 신념과 태도가 고개를 들기 전에 미리 대처하는 자세가 필요하다.

자신이 가진 장점과 좋은 점에 대해서 자주 생각하고 인정하고 칭찬할 때, 부정적인 생각이 들어설 자리는 좁아진다. 일반적으로 자기 자신과 타인 및 세상에 대한 긍정적 신념을 더 많이 형성하면 할수록 부정적 신념은 반대로 줄어들기 마련이다. 물론 부정적 생각이 나를 지배할 때가 있다. 나의 노력이 실패로 돌아갈 때도 있다. 인생에서 가장 어려운 일은 실패의 의미를 알아내는 것이기도 하다.

그러나 실패의 의미를 깨닫고 대처하는 법을 배우는 것은 인생의 방향을 돌리는 일과 같다.

많은 사람이 고통과 실패의 경험 때문에 미래에 대해 쉽게 좌절하고 부정적으로 예상한다. 열심히 노력해 봐야 부질없는 짓이라고 생각할 수도 있고, 자신은 아무에게도 도움이 못 되는 쓸모없는 사람이며, 무엇을 하든 항상 실패할 운명이라고 자신을 몰아붙이기도 한다. 심리학에서 이런 파괴적인 마음 자세를 '학습된 무기력learned helplessness'이라고 한다. 실패를 겪고 나면 노력은 쓸데없는 것이라고 치부하고 낙담한다. 실패의 경험에서 생긴 무기력이 미래를 지배하는 것이다.

미국 펜실베이니아대학교 심리학과 교수이자 긍정심리학의 창시자인 마틴 셀리그만Martin Seligman은 학습된 무기력 현상을 연구한 결과, 세 가지 사고 패턴을 규명했다.[4] 첫째, 지금까지 시도한 노력이 실패했기에 자신은 아무리 작은 일도 변화시킬 수 없다는 신념을 가진다. 둘째, 과거에 실패한 경험에 비추어 앞으로도 계속 실패하게 될 것이라고 믿는다. 이를 파급효과라고 부른다. 셋째, 실패는 나 자신이 모자라기 때문이라고 몰아붙이며 실패를 자기의 인격적 문제로까지 확대 해석한다. 이처럼 부정적인 신념이 우리 자신을 지배하도록 방치하면 할수록 좌절과 실패, 두려움과 외로움, 우울감, 우유부단, 시기, 질투 등의 감정도 더욱 증폭되어 사는 일이 고통스러워진다.

그렇다면 어떻게 해야 이런 부정적인 생각을 줄일 수 있을까?

부정적인 생각이나 긍정적인 생각이나 모두 나 자신이 하는 생각이다. 그러므로 생각의 방향, 즉 태도를 바꾸면 된다. 긍정적 생각과 태도를 만들기 위해서는 다음과 같은 세 가지 관점의 변화가 필요하다.

첫째, 세상일에는 무엇이든 그 이유와 목적이 있고 우리에게 유익한 것들이라고 믿는다. 그리하여 어떤 상황을 만나더라도 그 상황에서 가능한 것과 거기에서 얻을 수 있는 긍정적 결과에만 초점을 맞춘다. 모든 상황에 대해 부정적 결과가 생겨날 거라고 예단하는 것과 반대의 태도를 가지면 가능한 일이다.

둘째, 실패는 없고 단지 결과만 있을 뿐이라고 생각한다. 우리가 경험하는 세상일에는 실패가 아니라, 결과가 있을 뿐이다. 설령 그 결과가 자신이 원하는 것이 아니라면 생각과 행동을 바꾸어 새로운 결과를 만들어내면 그만이다.

셋째, 무슨 일이 일어나든 스스로 책임진다는 책임감을 키운다. 성공이든 실패든 내 인생은 내가 만드는 것이라고 믿지 않으면 우리는 상황과 환경의 지배를 받을 것이다. 그러므로 책임감이 생긴다는 것은 곧 내적인 성숙함과 탁월함으로 이어진다. 지구상의 위대한 지도자나 성공한 사람들을 보라. 그들은 하나같이 세상의 지배에서 벗어나 자기 스스로 새로운 세상을 만들어냈기 때문에 역사에 남게 된 것이다.

인 간 관 계
의미 있는 타인과 함께하기

    인간人間이라는 한자어가 가리키듯이 사람은 '사람과 사람 사이'에서 살아가는 사회적 존재들이다. 태어나면서부터 선택의 여지 없이 인간관계 속에 살도록 조건 지어진 존재들인 것이다. 사회적 존재이기에 서로 다른 성향인 사람들 속에서 살면서 여러 가지 갈등도 겪지만, 우정, 사랑, 감사의 관계를 맺기도 한다. 이것이 삶의 과정이다.

    바쁘게 돌아가는 현대 사회에서 저마다의 업무에 치여 자칫 사회관계의 중요성을 잊기도 한다. 그러나 다른 사람과의 상호작용과 유대관계가 우리의 정신건강과 심리적 안녕감을 증진하는 데 얼마나 중요한지 밝혀주는 연구 결과들을 보라. 배우자, 가족, 친구와 같은 '의미 있는 타인들significant others'과 맺는 정서적 친밀감이나 사회적 지지는 건강하고 행복한 삶에 없어서는 안 될 중요한 요소라는 것을 거듭 강조하고 있다.

    인간관계는 때로 양날의 칼과 같아서 원만한 인간관계는 행복의 근원이자 긍정적 정서의 원천이 되지만, 갈등의 인간관계는 불행

그 자체이며 부정적 정서의 원천이 된다. 극단적인 경우 우울증, 범죄, 자살로 이어지는 일도 흔하다. 따라서 인간관계는 사람의 행복과 불행에 심각한 영향을 미치는 매우 중요한 삶의 영역이며, 긍정적인 인간관계가 행복한 삶의 필수 요소라 할 수 있다.

이런 이유로, 필요할 때만 찾는 인간관계가 아니라 서로 의미있는 관계로 발전시키는 평소에 노력이 필요하다. 그러기 위해서는 우리는 서로 다른 존재라는 점을 인정해야 한다. 갈등 상황이 발생하면 가장 먼저 나와 상대방은 다른 존재임을 전제하고, 갈등의 원인이 무엇인지 파악하고, 서로의 입장과 해석의 차이를 살펴야 한다. 이런 태도를 지니면 자기 스스로를 돌아보게 되고, 일방적으로 상대의 양보를 요구하지 않게 되며, 함께 개선을 위해 노력할 수 있다. 다름을 인정하는 것이 좋은 사회적 관계의 출발이며 긍정적 관계의 초석이라는 것을 잊지 말자.

삶 의 균 형 맞 추 기
행복은 '빈도'임을 기억하기

로마의 시인 푸블리우스 오비디우스 나소Publius Ovidius Naso
는 "휴식을 취하라. 땅도 휴식을 취하면 더 풍성한 곡식을 맺는 법이
다."라고 하였다. 정신건강도 마찬가지이다. 정신도 휴식을 취해야
더 창의적인 결과를 기대할 수 있다. 그만큼 삶의 균형은 중요하다.

워라밸work and life balance(영문 표현의 첫 글자만을 딴 말)을 강
조하는 사회적 분위기는 이러한 자각의 결과라고 할 수 있다. 워라
밸에도 몇 가지 전략이 필요하다. 먼저 무엇이 삶에서 가장 중요한
지를 정하고 그 외 다른 일들과 적절한 시간 분배를 하는 것이다. 가
족, 친구, 여행, 취미생활, 운동, 명상, 휴가 등 삶의 균형을 이루기 위
한 일의 중요도와 우선순위를 정하고 시간을 분배해 보자. 불필요하
거나 의미 없는 활동은 줄여나가고 시간을 최대한 보람있게 활용하
면 행복은 저절로 찾아올 것이다.

직업의 특성과 상황에 따라 워라밸이 어려운 사람들이 있을 것
이다. 그럼에도 불구하고 행복한 삶을 위해서 변화를 추구할 수 있
는 가능성은 언제나 열려 있기 마련이고 지금 시작해도 결코 늦지

않다.

무언가 실패했다면 실패는 하나의 사건일 뿐, 나 자신이 실패한 것은 아니라고 다독이자. 지금 불행의 한 가운데에 있다면, '이 또한 지나가리라This too shall pass'라는 격언과 '모든 것이 괜찮아질 것이다All is well'라는 에스더 힉스Esther Hicks의 말을 상기하고 더 오래 달리기 위해 다시 신발 끈을 매는 심정으로 기운을 내자.

지각심리학 혹은 인지심리학에서 많이 사용되는 다음 두 개의
그림을 보고 어떤 그림인지 생각해 봅시다.

왼쪽 그림은 영국의 만화가 윌리엄 엘리 힐William Ely Hill이
1915년에 발표했던 그림으로, 어떤 사람들은 매부리코에 주걱턱을
가진 늙은 마녀라고 생각하지만, 다른 어떤 사람들은 갸름하고 귀티
나는 젊은 여자라고 생각합니다. 오른쪽 그림은 덴마크 심리학자 에
드거 루빈Edgar Rubin이 그린 그림으로 술잔이라고 보는 사람들이
있는가 하면, 마주 본 두 얼굴이라고 생각하는 사람들도 있습니다.
    왼쪽 그림을 늙은 마녀라고 생각했다면 두려움을 느끼고 그림

에서 눈길을 돌릴 수도 있습니다. 그러나 만약 아름다운 젊은 여자라고 생각했다면 행복감을 느끼고 그 여자를 만나고 싶어질지도 모르지요. 오른쪽 그림도 비슷합니다. 화가 난 두 사람이 마주 보고 있는 두 얼굴이라고 생각했다면 기분이 좋지 않을 것이고, 두 연인이 서로의 눈을 응시하고 있다고 생각했다면 흐뭇하고 사랑스러움을 느끼게 될 것입니다. 이처럼 감정과 행동은 사고방식에 큰 영향을 받습니다.

인지행동치료(CBT)는 인간의 사고와 정서와 행동은 상호작용을 하며, 특히 사고가 정서와 행동에 큰 영향을 미치기 때문에 생각을 바꾸면 기분과 행동이 달라질 수 있다고 봅니다. 따라서 문제가 되는 부적절한 정서와 행동을 바꾸려면 생각을 바꾸어야 한다고 주장합니다. CBT는 해결되지 못한 과거의 문제와 연결 짓는 정신분석학적 심리치료와 다릅니다. 현재의 문제를 해결하는 데 목적을 둔 과학적인 증거기반 접근방식을 취하며, 현재의 문제가 무엇이고 무엇이 문제를 발생시키며 어떻게 증상을 완화하는지 초점을 두고 있습니다.

지난 수십 년간 CBT는 다양한 인간의 문제행동과 부정적 정서에 대한 객관적인 치료 효과를 입증해 왔기 때문에 가장 빈번하게 사용되며 영향력 있는 심리치료로 자리 잡아 왔습니다. 이 책에서는 CBT란 무엇인지 알아보고, CBT의 원리와 활용 방법을 통해서 많은 사람이 실생활에서 겪고 있는 불면증, 불안, 우울증, 외로움, 분노(화), 스트레스, 트라우마(정신적 외상), 잘못 길들인 나쁜 습관과 같은 부정적인 정서와 행동을 변화시킬 가능성을 살펴보았습니다.

사람은 모두 생각합니다. 생각은 우리의 머릿속에서 끊임없이 계속됩니다. 예를 들어, 자신에 대해 '나는 정말 대단해.', 다른 사람에 대해 '나는 그 사람이 싫어.', 그리고 주변 환경에 대해 '우리 회사는 정말 좋아.' '이 세상은 위험해.'와 같은 생각들을 하지요. 사람은 모두 다르기 때문에 생각 역시 모두 다를 수밖에 없습니다. 그리고 생각은 감정과 행동에 영향을 미칩니다. 어떤 생각은 화나게 하고, 슬프게도 하며, 걱정을 안겨 주기도 합니다.

예를 들어, '나는 못생겼어. 아무도 나를 좋아하지 않아.' '아무도 나를 팀원으로 뽑지 않을 거야.'와 같은 생각을 하게 되면 좋지 않은 감정이 생겨납니다. 반대로 '나는 우리 회사에서 없어서는 안 될 중요한 존재야. 그래서 모두 나를 좋아할 거야.' '주말에 친구들이 나한테 운동하러 가자고 연락 올 거야.'라고 생각한다면 기분이 좋고 행복감을 느끼게 됩니다. 그러므로 생각이 무엇인지 잘 살펴보면 자신의 감정과 행동에 대해 많은 것을 알 수 있게 됩니다. 사람은 자신의 생각이 무엇인지 인식할 때도 있지만, 대부분 알아차리지 못하고 지내기도 합니다.

알아차리든 알아차리지 못하든 생각에는 부정적이고 왜곡된 생각, 비합리적인 생각, 역기능적 생각이 도사리고 있기도 합니다. 이런 생각들은 부정적인 정서와 행동을 유발하여 건강을 해치고, 성공적이고 행복한 삶을 살아가는 걸 방해합니다. 행복 혹은 불행은 특정한 상황이나 조건에 따라서 달라지는 게 아니라, 오직 생각이나 마음가짐에 따라 결정된다는 것은 오래전부터 현인들이 밝혀낸 진실입니다. 우리 또한 살아 온 경험을 통해서 잘 알고 있습니다.

CBT의 원리와 기법을 활용하여 자신의 생각을 그저 사실로 받아들이기보다 신념에 도전하길 바랍니다. 소크라테스의 산파술 질문을 통해 새로운 증거와 사고가 상반되어 있음을 깨닫고, 대안적인 해석을 하며, 주어진 사건이나 상황을 더 현실적이고 효율적으로 지각하고, 그에 대한 대처 능력을 길러 봅시다.

물론 생각을 바꾼다는 것은 쉽지 않습니다. 사소한 일조차 마음 고쳐 먹는 일은 힘든 일입니다. 그러나 부정적이고 병리적인 사고를 바꾼다는 것은 내 삶의 품격을 높이는 일이기도 하기 때문에 끈기와 열정을 갖고 CBT의 원리를 실천해 보길 추천합니다. 모든 일이 마찬가지이지만 생각을 바꾸는 데에도 연습과 노력이 필요하고 끈기와 열정이 있어야 합니다.

미국 펜실베이니아대학교 심리학과 교수 앤절라 더크워스 Angela Duckworth는 각 분야에서 성공하는 사람들의 특성에 대해 연구한 결과, 성공의 열쇠는 그릿GRIT이라고 결론 내렸습니다. 장기적 목표를 향한 끈기와 열정으로 정의되는 그릿은 어떤 상황적 어려움에도 불구하고 포기하지 않고 끝까지 버티는 힘을 의미합니다. 삶의 품격이 달라지도록 생각을 바꾼다는 것은 말처럼 쉽지 않습니다. 그릿, 즉 목표를 향해 나아가는 과정에서 지속해 나가는 끈기와 열정을 갖고 CBT의 원리를 자신의 삶에 적용하도록 해야 합니다.

씨를 뿌려도 물을 주는 일을 게을리하면 그 식물은 말라 죽는다는 사실을 모두가 잘 알고 있습니다. 그럼에도 불구하고 성과가 나오지 않는다고 해서 노력이라는 물을 주는 작업을 잊어버리거나 쉽게 포기하고 맙니다. 위대한 업적을 세운 사람이나 자기 분야에서 성공한 사람은 사실 재능이 있는 사람이 아니라 꽃이 필 때까지 끈기 있게 자신의 재능에 계속 물을 줄 수 있었던 열정적인 사람입니다. 끈기와 열정을 갖고 생각을 바꾸기 위한 연습과 노력을 게을리하지 말아야 하는 이유이지요.

1장에서 제시한 생각의 중요성을 강조한 명언들을 다시 한번 읽고 음미하면서 오늘도 당신의 하루가 긍정으로 가득 찬 의미 있는 하루가 되길 기원합니다.

참고문헌

제1장

1. Seiler, L. (2008). Cool connections with cognitive behavioural therapy: Encouraging self-esteem, resilience and well-being in children and young people using CBT approaches. 김정민 역 (2016). 아동과 청소년을 위한 인지행동치료: 자아존중감 및 자아탄력성 향상 프로젝트. 학지사.

2. Beck, A. T. (1967). Depression: Clinical, experimental, and theoretical aspects. Harper and Row.

3. Beck, A. T. (1979). Cognitive therapy of depression. 원호택 역 (1997). 우울증의 인지치료. 학지사.

4. Corey, G. (1996). Theory and practice of counseling and psychotherapy. 6th ed. 조현춘, 조현재 역 (2003). 심리상담과 치료의 이론과 실제. 시그마프레스.

5. Wright J. H., Wright A. S., Beck A. T. (2016). Good days ahead: The multimedia program for cognitive therapy. Empower Interactive.

6. 신성만, 김주은, 신정미 등 (2021). 심리상담의 이론과 실제. 마인드포럼.

7. Beck A. T., Emery, G. (1985). Anxiety disorders and phobias: A cognitive perspective. Basic Books.

8. Hoffman, S. G., Asnaani, A., Vonk, I. J. J., et al. (2012). The efficacy of cognitive behavioral therapy: A review of meta-analysis. Cognitive Therapy and Research, 36, 427-440.

9. Ellis, A. (1991). The philosophical basis of rational-emotive therapy. Psychotherapy in Private Practice. 8, 97-106.

10. Ellis, A., Ellis, D. J. (2011). Rational emotive behavior therapy. American Psychological Association.

11. 김춘경, 이수연, 이윤주 등 (2016). 상담의 이론과 실제. 2판. 학지사.

12. 이민규 (2008). 생각을 바꾸면 세상이 달라진다. 교육과학사.

13. 정종진 (2018). 이제부터 행복해지기로 합시다. 시그마북스.

14. Seligman, M. E. P. (2004). Authentic happiness: Using the new positive psychology to realize your potential for lasting fulfillment. 김인자 역 (2009). 마틴 셀리그민의 긍정심리학. 물푸레.

15. Ellis, A. (1989). Rational emotive therapy (Chapter 6). In: Sedding, R. J. D. (ed.). Current psychotherapies. 4th ed. F. E. Peacock.

16. 노안영 (2018). 상담심리학의 이론과 실제. 2판. 학지사.

제2장

1. 양창국 (2001). 정상 수면생리. 임상이비인후과. 12, 3-14.

2. Morin, C. M., LeBlanc, M., Daley, M., et al. (2006). Epidemiology of insomnia: Prevalence, self-help treatments, consultations, and determinants of help-seeking behaviors. Sleep Medicine. 7, 123-130.

3. Pigeon, W. R., Pinquart, M., Conner, K. (2012). Meta-analysi of sleep disturbance and suicidal thoughts and behaviors. The Journal of Clinical Psychiatry. 73, e1160-e1167.

4. Palagini, L., Maria Bruno, R., Gemignani, A., et al. (2013). Sleep loss and hypertension: A systematic review. Current Pharmaceutical Design. 19, 2409-2419.

5. 국민건강보험공단 (2018). 「잠 못 드는 밤 '불면증' 진료 인원 꾸준히 증가해」 건강보험 정책연구원.

6. American Psychiatric Association (APA) (2013). Diagnostic and statistical manual of mental disorders (DSM-5). 5th ed. American Psychiatric Association.

7. 이재정 (2009). 대학생을 대상으로 한 불면증 인지행동치료 프로그램(CBT-I)의 효과. 아주대학교대학원 석사학위논문.

8. Foreman, E. I., Pollard, C. (2011). Introducing CBT: A practical guide. Icon Books Ltd.

9. Olfson, M., King, M., Schoenbaum, M. (2014). Benzodiazepine use in the United States. JAMA Psychiatry, 72, 136-142.

10. de Gage, S. B., Moride, Y., Ducruet, T., et al. (2014). Benzodiazepine use and risk of Alzheimer's disease: Case-control study. British Medical Journal. 9, 349.

제3장

1. 권석만 (2004). 젊은이를 위한 인간관계의 심리학. 개정증보판. 학지사.

2. 박성숙 (1990). 아동기 정서장애. 한국학교보건학회지. 3, 46-53.

3. 장금주 (2011). 불안장애에 대한 인지행동적 접근. 명상심리상담. 6, 233-277.

4. Foreman, E. I., Pollard, C. (2011). Introducing CBT: A practical guide. Icon Books Ltd.

5. Clark D. M. (1986). A cognitive approach to panic. Behaviour Research and Therapy. 24, 461-470.

6. Hope, D, A., Heimberg, R. G., Turk, C. L. (2000). Managing social anxiety: A cognitive-behavioral therapy approach. 최병휘 역 (2014). 사회불안증의 인지 행동치료: 사회불안 다스리기. 2판. 시그마프레스.

7. Barrios, B. A., Hartmann, D. P. (1988). Recent developments in single-subject methodology: Methods for analyzing generalization, maintenance, and multicomponent treatments. Progress in Behavior Modification. 22, 11-47.

8. Kendall, P. C. (2012). Child and adolescent therapy: Cognitive-behavioral procedures. 4th ed. Guilford Press.

9. 대한신경정신의학회 (2009). 신경정신의학 2. 중앙문화사.

10. 신민섭, 김상선, 오경자 (2006). 아동 청소년 정신장애에 대한 인지행동치료. 인지행동치료. 6, 145-161.

11. Rutherford, M. R. (2019). Perfectly hidden depression: How to break free from the perfectionism that masks your depression. 송섭별 역 (2020). 괜찮다는 거짓말: 우울증을 가리는 완벽주의 깨뜨리기. 북하우스.

12. Butler, G., Hope, T. (1995). Manage your mind: The mental fitness guide. Oxford University Press.

13. Wilkinson, A., Meares, K., Freestones, M. (2011). CBT for worry & generalised anxiety disorder. Sage.

14. 김문주 (2003). 마음을 다스리면 공부가 잘된다. 학지사.

15. 정종진 (2004). 데니슨 공부법. 한언.

16. 천성문, 이영순, 박명숙 등 (2015). 상담심리학의 이론과 실제. 3판. 학지사.

17. 노안영 (2018). 상담심리학의 이론과 실제. 2판. 학지사.

18. Bennett-Levy, J., Butler, G., Fennell, M. J. V., et al. (2004). The Oxford handbook of behavioural experiments. Oxford University Press.

제4장

1. 이광자, 원정숙, 임숙빈 등 (2011). 정신간호총론. 6판. 수문사.

2. 권석만 (2000). 우울증. 학지사.

3. 배정이 (2003). 우울증 환자의 우울경험 연구. 정신간호학회지. 12, 36-46.

4. Foreman, E. I., Pollard, C. (2011). Introducing CBT: A practical guide. Icon Books Ltd.

5. Malone, D. A., Lartey, P. (2004). Depression and suicide. Clinical Preventive Medicine. 2,

69-80.

6. 권정혜, 이재우 (2001). 우울증의 인지행동치료. 인지행동치료. 1, 1-22.

7. 정종진 (2018). 이제부터 행복해지기로 합시다. 시그마북스.

8. Grenville-Cleave, B. (2012). Introducing positive psychology: A practical guide. Icon Books Ltd.

9. Greenberger, D., Padesky, C. A. (2015). Mind over mood: Change how you feel by changing the way you think. Guilford Publications.

10. 신성만, 김주은, 신정미 등 (2021). 심리상담의 이론과 실제. 마인드포럼.

제5장

1. May, R. (1953). Man's search for himself. 백상창 역 (2010). 자아를 잃어버린 현대인. 문예출판사.

2. 권석만 (2004). 젊은이를 위한 인간관계의 심리학. 개정증보판. 학지사.

3. Weiss, R. S. (1973). Loneliness: The experience of emotional and social isolation. MIT Press.

4. Schmidt, N., Sermat, V. (1983). Measuring loneliness in different relationships. Journal of Personality and Social Psychology. 44, 1038-1047.

5. 안도연, 이훈진 (2011). 외로움 개입 예비 프로그램의 효과: 주관적 외로움 및 인터넷 사용행동 개선을 중심으로. 인지행동치료. 11, 1-15.

6. Novaco, R. W. (1994). Anger as a risk factor for violence among the mentally disordered. In: Monahan, J., Steadman, H. J. (eds.). Violence and mental disorder. The University of Chicago Press.

7. Spielberger, C. D., Jacobs, G., Russell, S., et al. (1983). Assessment of anger: The state-trait anger scale. In: Butcher, J. N., Spielberger, C. D. (eds.). Advances in personality assessment. Erlbaum.

8. Spielberger, C. D. (1989). State-trait anxiety inventory: Bibliography. 2nd ed. Consulting Psychologists Press.

9. Beck, A. T. (2000). Prisoner of hate: The cognitive basis of anger, hostility, and violence. Perennial.

10. Berkowitz, L. (1990). On the formation and regulation of anger and aggression: A cognitive-neoassociationistic analysis. American Psychologist. 45, 494-503.

11. Douglas, F. B. (1991). Anger and irrational beliefs in violent inmates. Personality and Individual Difference. 12, 211-214.

12. Ellis, A., Tafrate, R. C. (1997). How to control your anger before it controls you. Citadel Press.

13. 이시형 (1977). 홧병에 대한 연구. 고의. 1, 63-69.

제6장

1. Foreman, E. I., Pollard, C. (2011). Introducing CBT: A practical guide. Icon Books Ltd.

2. 정종진 (2016). 교양으로 읽는 생활 속의 심리이야기. 2판. 공동체.

3. Rosenberg, M. (2003). Nonviolent communication: A language of life. 캐서린 한 역 (2017). 비폭력대화: 일상에서 쓰는 평화의 언어, 삶의 언어. 한국NVC센터.

4. Walker, M. E., Wasserman, S., Wellman, B. (1994). Statistical models for social support networks. In: Wasserman, S., Galaskiewicz. J. (eds.). Advances in social network analysis: Research in the social and behavioral sciences. Sage Publications, Inc.

제7장

1. Hodge, J, D. (2003). The power of habit: Harnessing the power to establish routines that guarantee success in business and in life. 김세중 역 (2004). 습관의 힘. 아이디북.

2. Samuel S. (2012). Self-help: With illustrations of character and conduct (Classic Reprint). Forgotten Books.

3. Foreman, E. I., Pollard, C. (2011). Introducing CBT: A practical guide. Icon Books Ltd.

4. Prochaska, J. O., DiClemente, C. C., Norcross, J. C. (1992). In search of how people change: Applications to addictive behavior. American Psychologist. 47, 1102-1114.

제8장

1. Foreman, E. I., Pollard, C. (2011). Introducing CBT: A practical guide. Icon Books Ltd.

2. Meyer, J. (2013). Making good habits, breaking bad habits: 14 new behaviors that will energize your life. 정성묵 역 (2015). 습관을 바꾸면 삶이 바뀐다. 두란노.

3. 김정호 (2004). 마음챙김 명상의 유형과 인지행동치료적 함의. 인지행동치료. 4, 27-44

4. Seligman, M. E. P. (1972). Learned helplessness. Annual Review of Medicine. 23, 407-412.

맺음말

1. Duckworth, A. (2016). Grit: The power of passion and perseverance. 김미정 역 (2016). 그 릿(Grit): IQ, 재능, 환경을 뛰어넘는 열정적 끈기의 힘. 비즈니스북스.

그 외 참고한 문헌

1. 서울대학교 행복연구센터 (2013). 행복교과서. 주니어김영사.

2. 신상훈 (2010). 유머가 이긴다. 쌤앤파커스.

3. 정종진, 정영훈 (2015). 하루에 하나씩 나를 위한 선물 365: 행복, 성공, 동기를 불러일으키는 365일 인생수업. 시그마북스.

4. Beck, A. T. (1976). Cognitive therapy and emotional disorders. International University Press.

5. Beck, A. T. (2011). Cognitive behavior therapy: Basics and beyond. 2nd ed. Guilford Press.

6. Beck, A. T., & Weishaar, M. (2008). Cognitive therapy. In: Corsini, R. J., Wedding, D. (eds.). Current psychotherapies. 8th ed. Thomson Brooks/Cole.

7. Davidson, R., Kabat-Zinn, J. (2004). Response to letter by J. Smith. Psychomatic Medicine. 66, 149-152.

8. Ellis, A. (2001). Overcoming destructive beliefs, feelings, and behaviors. Prometheus Books.

9. Holden, J. (2001). Cognitive-behavioral counseling. In: Locke, D. C., Myers, J. E., Herr, E. L. (eds.). The handbook of counseling. Sage.

10. Kabat-Zinn, J. (2003). Mindfulness-based interventions in context: Past, present and future. Clinical Psychology: Science and Practice. 10, 144-156.

11. Meichenbaum, D. (1977). Cognitive behavior modification: An integrative approach. Plenum Press.

12. Meichenbaum, D. (2007). Stress inoculation training: A preventive and treatment approach. In: Lehrer, P. M., Woolfolk, R. L., Sime, W. (eds.). Principles and practices of stress management. 3rd ed. Guilford Press.

13. Prochaska, J. O., DiClemente, C. C. (1983). Stages and processes of self-change of smoking: Toward an integrative model of change. Journal of Consulting and Clinical Psychology. 51, 390-395.

한언의 사명선언문

Since 3rd day of January, 1998

Our Mission   – 우리는 새로운 지식을 창출, 전파하여 전 인류가 이를 공유케 함으로써 인류 문화의 발전과 행복에 이바지한다.

               – 우리는 끊임없이 학습하는 조직으로서 자신과 조직의 발전을 위해 쉼 없이 노력하며, 궁극적으로는 세계적 콘텐츠 그룹을 지향한다.

               – 우리는 정신적·물질적으로 최고 수준의 복지를 실현하기 위해 노력하며, 명실공히 초일류 사원들의 집합체로서 부끄럼 없이 행동한다.

Our Vision   한언은 콘텐츠 기업의 선도적 성공 모델이 된다.

저희 한언인들은 위와 같은 사명을 항상 가슴속에 간직하고
좋은 책을 만들기 위해 최선을 다하고 있습니다.
독자 여러분의 아낌없는 충고와 격려를 부탁드립니다.

• 한언 가족 •

HanEon's Mission statement

Our Mission   – We create and broadcast new knowledge for the advancement and happiness of the whole human race.

               – We do our best to improve ourselves and the organization, with the ultimate goal of striving to be the best content group in the world.

               – We try to realize the highest quality of welfare system in both mental and physical ways and we behave in a manner that reflects our mission as proud members of HanEon Community.

Our Vision   HanEon will be the leading Success Model of the content group.